一书在手，尽览英语民族大历史

Winston
Churchill

丘吉尔论民主国家
A HISTORY OF THE ENGLISH-SPEAKING PEOPLES

The New World
发现美洲新大陆

〔英国〕温斯顿·丘吉尔 著

刘会梁 译

上海三联书店

作者简介

　　温斯顿·丘吉尔（Winston S. Churchill, 1874.11—1965.1），二十世纪伟大的政治领袖。1900 年当选为英国保守党议员，之后历任英国政府殖民部次官、商务大臣、内政大臣、海军大臣、不管部大臣、军需大臣、陆军大臣、空军大臣、财政大臣等要职。在每一个岗位上，他都做得有声有色，颇有建树。1939 年，英国参加第二次世界大战后，他开始担任海军大臣；后来在1940年5月至1945年7月间，担任联合政府首相；1951 至 1955 年间又出任保守党政府首相。由于在一战期间担任英国海军大臣，二战时又担任英国首相，故两次带领英国度过最艰难灰暗的时刻，并获得最终胜利。他高度的文学素养亦为举世公认，著作等身，包括:《伦道夫·丘吉尔传》《我的非洲之行》《自由主义和社会问题》《人民的权利》《我的早年生活》《印度》《当代的伟人们》，以及描述其先祖的《马尔巴罗传》（四卷），记录第一次世界大战的鸿篇巨制《世界危机》（五卷），记录第二次世界大战的《第二次世界大战回忆录》和历史著作《丘吉尔论民主国家》（四卷）等。

序

　　本卷涵盖两个世纪中发生的影响深远的事件：欧洲的冒险家发现了美洲新世界并在那里定居；在思考与信仰、诗歌与艺术领域，其他的新世界也在人们眼前一一展开。1485年到1688年，英语民族散布到全球。他们与西班牙势力对抗，并将之击败，打通了海上通路，美洲殖民地应运而生。生气勃勃与富有冲劲的力量在大西洋西海岸崛起，经历许多后转变为美利坚合众国。英格兰与苏格兰都奉行新教。不列颠岛的两个王国在苏格兰的引领下归于一统。僵持不下的原则问题引起了一次内战。奥利弗·克伦威尔的个性不可一世，英格兰在他的统治下做了一次共和制实验。但是，在全民族人民的要求下，英格兰又恢复了王室传统。本卷终了时，英格兰的新教信仰在一位荷兰君主的统治下稳如泰山，国会在国家事务上至高无上，美洲快速地发展，而英、法之间的一场世界性的长期斗争迫近眉睫。

温斯顿·丘吉尔

1956年9月4日于肯特郡

全书目录

第一卷　大不列颠的诞生 ………………………………… 1

  第一部　岛国民族 ………………………………… 1

  第二部　国家的形成 ………………………………… 121

  第三部　封建时代的结束 ………………………………… 285

第二卷　发现美洲新大陆 ………………………………… 1

  第四部　文艺复兴与宗教改革 ………………………………… 1

  第五部　内战 ………………………………… 115

  第六部　王政复辟 ………………………………… 219

第三卷　革命的年代 ………………………………… 1

  第七部　英格兰迈向世界霸权 ………………………………… 1

  第八部　第一个大不列颠帝国 ………………………………… 83

  第九部　拿破仑 ………………………………… 189

第四卷　大国演义 ………………………………… 1

  第十部　恢复与改革 ………………………………… 1

  第十一部　伟大的共和国 ………………………………… 101

  第十二部　维多利亚时代 ………………………………… 207

目　录

第四部　文艺复兴与宗教改革 …………………………………… 1

第一章　圆的世界 ………………………………………… 3
第二章　都铎王朝 ………………………………………… 13
第三章　亨利八世国王 …………………………………… 22
第四章　枢机主教沃尔西 ………………………………… 30
第五章　与罗马的决裂 …………………………………… 42
第六章　修道院的末日 …………………………………… 56
第七章　新教的奋斗 ……………………………………… 67
第八章　贤明女王贝丝 …………………………………… 80
第九章　西班牙无敌舰队 ………………………………… 94
第十章　最光荣的女王 …………………………………… 104

第五部　内战 ………………………………………………… 115

第十一章　统一的王室 …………………………………… 117
第十二章　"五月花号" …………………………………… 130
第十三章　查理一世与白金汉 …………………………… 141
第十四章　亲自主政 ……………………………………… 151
第十五章　议会的反抗 …………………………………… 166
第十六章　大叛乱 ………………………………………… 181
第十七章　马斯顿荒原与内斯比 ………………………… 194
第十八章　斧头落下 ……………………………………… 203

第六部　王政复辟 …………………………………………… 219

第十九章　英格兰共和国 ………………………………… 221
第二十章　护国公 ………………………………………… 232

第二十一章　王政复辟 …………………………………………… 246

第二十二章　快乐的君主 ………………………………………… 259

第二十三章　天主教的阴谋事件 ………………………………… 274

第二十四章　辉格党与托利党 …………………………………… 283

第二十五章　信奉天主教的国王 ………………………………… 295

第二十六章　一六八八年的革命 ………………………………… 304

第四部

文艺复兴与宗教改革

第一章　圆的世界

我们现在来到所谓的十六世纪，即公元数字以"十五"为开始的一百年。人们非得用这样的英文表达方式，但它令人困惑。它涵盖的这一时期非同寻常，影响到整个欧洲。有些变革潜在已久，却在此时突然爆发。两百多年来，文艺复兴的思潮一直启迪着意大利人的思想与心灵，色彩鲜明的古希腊、古罗马的传统文化出现，但尚未影响到基督教的信仰基础。教皇成了俗世的统治者，如同君主般恣情声色，享受富贵荣华，同时还拥有宗教上的权力。教会买卖"赎罪券"，宣称"赎罪券"可以使活人与死人免受炼狱之苦，收入剧增。主教与枢机主教的职务皆可买卖，平民则被课以重税。教会组织的这些恶行广为人知、招致憎恨，却未受到指责。同时期，在古典文化的启发下，文学、哲学与艺术的成就如百花绽放，让沉浸其中的人心智大开。这是一群人文主义者，他们试图融合古典理论与基督教教义；其中最重要的人是鹿特丹的伊拉斯谟。文艺复兴的思想能够传播到英格兰，大都归功于他。中古时代的欧洲社会，大多建构在宗教的基础上，印刷术让新知识与新理论流入这个社会；1450 年起，印刷厂成了文化发展的中心。在西方，从里斯本到布拉格已经有六十所大学；该世纪初，这些大学丰富了学习与交流的途径，让学术发展更为自由。中世纪时，教育的目的局限于训练神职人员，现在却稳定地扩展，不仅训练教士，还培育学者与见识广博的绅士。这些人成为文艺复兴的完美典范。

随着心智大开，人们开始质疑长久以来所坚信不疑的一些理论。

十五世纪，人们开始提及过去一千年间发生过的事情，如一些中世纪的理论。中世纪的思想仍存在心中，但人们已经感觉到自己处在一个新时代的边缘。这是艺术与建筑的辉煌时期，因哥白尼之缘故，这时期也是科学革命的开端。哥白尼证明了地球绕日运转，后来伽利略也在重要的时机证实了这一理论。这个新观念对人类的宇宙观有深远的影响，在此之前，人们一直认为地球是宇宙的中心。现在，新观点萌发了。

调查、辩论、寻求新解释的欲望先在古典文化的领域发酵，渐渐进入宗教研究领域。希腊文，甚至希伯来文、拉丁文的文本，都有人重新研究。这样一来，曾被人们接受的宗教信仰，不可避免地遭受大众质疑。文艺复兴是改革的温床。1517年，三十四岁的德国教士马丁·路德谴责教会买卖"赎罪券"；他对于此事与其他教会重要问题的抨击信被钉在维滕贝格城堡的门上①，在智识上大胆地挑战教皇。起初，他只是反对教会的种种恶习，很快就变成挑战教义。在这场争斗中，路德冒着上火刑柱的危险，展现出坚定的信念，赢得了声誉。他开始发起，也可以说是开始推动一个改革运动，不到十年的时间，他的主张便横扫欧洲大陆，该运动得到"宗教改革"的称号。宗教改革在不同的国家有不同的形式，在茨温利与加尔文领导下的瑞士尤其如此。加尔文的影响从日内瓦越过法兰西，传到尼德兰与不列颠；在不列颠，苏格兰受其影响最深。

路德的学说有许多不同的形式，但是他本人严守"人因信仰而非教规得到救赎"的原则。意谓：与世上其他异教徒一样，善良正直的生活无法保证获得永乐，相信基督的启示才是最重要的。指引路德的明灯是《圣经》中的教导与个人良知的觉醒，而非教皇的权威。他本人只相信宿命论。亚当在伊甸园犯罪，是因为万能的上帝让他那样做。

---

① 1517年，维滕贝格大学圣经学教授马丁·路德针对教会赎罪券提出质疑与抗议，并用拉丁文写成《九十五条论纲》，钉在维滕贝格教堂的门上，希望教会的领袖及神学家响应并与他公开辩论。——译注

因此，人有了原罪。约十分之一的人可以逃脱或已经逃脱必然、无止境的天谴。所有的修士与修女都可以借由结婚来得到抚慰。路德自己便是范例。他在四十岁的时候，娶了一位还俗的修女，过着幸福快乐的生活。

*　　　　*　　　　*　　　　*　　　　*

宗教改革的影响波及欧洲的每个国家，以日耳曼为最。日耳曼人并不想服从罗马的苛捐杂税，路德的改革运动唤起了他们的民族主义觉醒。路德给日耳曼人送上《圣经》的德文译本，让他们能够保持民族尊严。他也让贵族们有机会保有教会的产业。这些教义被极端分子所利用，导致了德国南部的社会动乱，死了几万人。路德自己则与被他煽动的民众对立。他用最粗俗的字眼唤醒民众，却在人们响应的时候毫不迟疑地回拒他们。他在教义问题上竭尽全力与教皇奋战，对给予他力量的饱受压迫的民众却未能实际关注。他称群众是"猪"，或其他更粗俗的字眼；提及如贵族、富裕的统治阶级等"封建领主"时，则叱责他们未尽全力镇压农民暴动。

异教势力一直存在。数个世纪以来，反对罗马教会的情绪在欧洲各个国家都很强烈。但是，从路德开始的教会分裂运动，是崭新且难以应付的。所有参与者，不论是罗马教廷的敌人，还是捍卫者，都深受中世纪观点的影响。他们均自视为古代及早期教会纯净作风的恢复者。宗教改革使那个时代变得更加混乱与不安，民众与国家统治者却不愿与长久以来阻止欧洲进步的绊脚石奋战。在罗马教廷与宗教改革运动抗争一段时期后，欧洲大陆建立了新教教会，且派系众多，其中路德教派涵盖了较大区域。至于罗马教廷，由于受到本身的天主教复兴运动——"反宗教改革"运动及宗教法庭的支持，在历经一连串的宗教战争后，它证明自身还是能维持旧有地位。旧秩序的攻击者与捍卫者之间的分歧，不仅威胁到现代欧洲每个国家的安定，也破坏了若干国家的统一。从战争中脱身的英格兰与法兰西伤痕累累、动荡不安，仅能维持国家的统一。爱尔兰与英格兰之间出现了新的障碍，英格兰与苏格兰之间却打造出了新的联系。日耳曼人的神圣罗马帝国解体，分裂成许多小公国与城市；尼德兰分裂成我们如今所称的荷兰与比利时。各个王朝都受到威胁，旧的忠君思想被抛弃。本世纪中叶，加尔文教派成了新教的前锋，耶稣会成了天主教反攻的武器。直到一百年后，由于双方精疲力竭，路德发起的这场革命才宣告结束。此时，中欧早被三十年战争弄得惨不忍睹，1648 年签订的《威斯特伐利亚和约》结束了这场争战，但战争的导火线早被人忘记了。到十九世纪，整个基督教世界才学会互相敬爱与尊重。

维多利亚时代的一位著名神学家、演讲家查尔斯·比尔德在十九世纪八十年代直言不讳地提出了若干问题：

由理智的观点来看，宗教改革是一场失败的运动吗？它是不是毁了一套枷锁却加上了另一套枷锁？我们都有义务承认，尤其是在日耳曼，宗教改革不久便与自由学术分道扬镳；这意味着它与文化背道而驰，在枯燥的理论争议中迷失了自己，从未对觉醒的科学表示欢迎。……甚至于后来，那些曾极力拥护宗教改革的神职人员，反而对科学侧目而视，且声明他们完全不用依仗现代知识。在任何宗教改革的通用理论基础上，我不知道是否能回答这些隐含的指控。最有学问、知识最渊博、最能宽容的现代神学家，也是最不愿充分接受梅兰希顿①的学说与加尔文学说的人。……事实上，不能高估了宗教改革者借着反抗中世纪基督教至高无上的牢固地位而争取真理与自由的态度，他们无法解决他们引发的问题。他们不仅缺少必要的知识，甚至看不清自己深陷的争议范围。他们只负责打开宗教改革的水闸；尽管他们出自善意检查与

---

① 德国基督教新教神学家。——译注

规范这道洪流，但是洪流从那时起便猛烈奔腾，摧毁了旧的地标，肥沃了新的田野，带来生命与复苏。反观宗教改革本身，仅从理论与教会发展来判断，便等于宣告了它的失败；将它视作欧洲思想运动的一部分，指出它日渐成熟的学术和时时发展的科学的主要关系，证明它与自由相关的必要性，这将是相互包容的过程，可以为过去辩解，瞻望未来。①

*　　　*　　　*　　　*　　　*

文艺复兴与宗教改革的势力积聚力量的时候，欧洲以外的世界正逐渐向欧洲的探险家、贸易商及传教士屈服。由古希腊时代起，很多人已知道这个世界是圆的、呈球形的理论。十六世纪的航海活动证明了这个理论，这可以回溯到以前。早在中世纪，欧洲的旅行家已踏上前往东方的旅途，种种传说燃烧了他们的想象力，包括神奇的王国与财富。那里是人类的发源地：有祭司王约翰王国的故事②，有中亚与现代阿比西尼亚③之间各王国的故事，更贴近的故事则是马可·波罗由威尼斯到中国的游记。但是亚洲人也正朝着西方挺进。曾有一刻，似乎整个欧洲将会屈服于来自东方、逼近的可怕威胁。蒙古游牧部落来自亚洲中心地带、配备弓弩的信奉异教的可怕骑士，快速横扫俄罗斯、波兰和匈牙利，并于1241年在布雷斯劳与布达佩斯附近，重创日耳曼人和欧洲的骑兵。只有德意志与奥地利稍稍得到他们的垂怜。幸运的是，这一年"大汗"④在蒙古殡天，蒙古将领匆匆赶路，奔驰几千英里返回首都哈拉和林，选举继任者，西欧遂逃过一劫。

整个中世纪时期，基督徒与异教徒在东欧与南欧边境的战斗持

---

① 查尔斯·比尔德所著的《16世纪的改革》，1927年版，第298—299页。
② 中世纪的传奇伟人、君主，据说在亚、非建立了王国。——译注
③ 东非国家埃塞俄比亚的旧称。——译注
④ 即成吉思汗。——译注

续不断。边疆的人民经常生活在恐惧之中，异教徒不断地向前推进，1453年，君士坦丁堡终被奥斯曼土耳其人攻陷。现在，最严重的危机威胁着基督教欧洲的财富与经济。拜占庭帝国的毁灭与土耳其人占领小亚细亚这两件事，危及通往东方的陆路。这条陆路曾经富裕了地中海的城镇，让热那亚人与威尼斯人奠定、累积财富，现在被截断了。动乱向东延伸，虽然土耳其人为了征收税金想与欧洲保持贸易往来，但商业与交通却愈来愈不安全。

意大利的地理学家与航海探险家一直在寻找通往东方，且不会受到异教徒阻挠的海上之路。他们从地中海东部繁忙的活动中得到很多造船与航海的经验，却缺乏应付海洋探险的资金。葡萄牙是第一个发现新航道的国家。在英格兰"十字军"的帮助下，葡萄牙在十二世纪独立，将摩尔人渐渐地驱出领地，现在，要将势力伸向非洲的海岸。冈特的约翰之外孙、"航海家"亨利王子首先发起一连串的冒险事业。探险就由里斯本开始了。整个十五世纪末叶，葡萄牙的水手沿非洲西海岸南下，寻找黄金与奴隶，慢慢地延伸向已知世界。直到1487年，巴尔托洛梅乌·迪亚士绕过非洲大陆末端的最大海角，他将之命名为"风暴角"，具有真知灼见的葡萄牙国王，将它重新命名为"好望角"。这个希望没有落空；1498年，葡萄牙航海队的达·伽马在卡利卡特港下锚；这条海道联结了通往印度与远东的财富之路。

*　　　*　　　*　　　*　　　*

同时，一件对世界未来更重要的事，在一位名为克里斯托弗·哥伦布的热那亚人心中成形。他对着同胞的梦想地图沉思，计划向正西方航行，越过那些已知的岛屿，驶入大西洋，寻找另一条通往东方的航线。他娶了一位葡萄牙水手的女儿；这个水手曾在"航海家"亨利王子的麾下服务，从水手的文件上，他获悉这些伟大的海洋冒险活动。1486年，他派他的兄弟巴塞洛缪·哥伦布去寻求英格兰对这次冒险活动的支持。巴塞洛缪在法兰西的外海被海盗掳获，等他抵达英格兰，虽赢得了新王亨利·都铎的注意，但为时已晚。哥伦布已得到西班牙统治者阿拉贡的斐迪南与卡斯蒂利亚的伊莎贝拉的共同支持[①]，1492年，在他们的资助下，船队由安达卢西亚的帕洛起航，驶向不为人知之地。三个月后，哥伦布在巴哈马群岛的一个岛登陆。他所发现的并不是通往东方的新航线，而是位于西方、不久之后被人称为美洲的新大陆。

约一百年后，英格兰才开始发展其海上势力。这个时期，它的成就还微不足道。布里斯托尔的商人试着寻找一条越过大西洋、通往远东的西北航道，但是没有成功，没有得到什么鼓励。伦敦与东英格兰的商人，比较关心与尼德兰的贸易所得到的实际利润。不过，亨利·都铎倒是很欣赏私人冒险，只要不卷入与西班牙的纷争便可；他资助了哥伦布的同乡，热那亚人约翰·卡博特的远征。1497年，卡博特在布雷顿角岛附近登陆。这里几无贸易远景，且一望无垠的险恶大陆妨碍前进。第二次航行时，卡博特驶向美洲海岸，前往佛罗里达的方向，此举极度接近西班牙势力活动范围。直到卡博特去世，谨慎的亨利·都铎才放弃大西洋冒险事业。

*　　　*　　　*　　　*　　　*

西班牙人抵达新大陆，发现贵重金属后，与葡萄牙人开始了漫长的对抗。两国其中的一项动机，就是要将基督教的教义传布到未被发现的异教徒之地，他们便请教皇主持公道。此时，教皇握有裁判权。十五世纪九十年代，一连串的敕令发布后，出身博尔吉亚家族的教皇亚历山大六世在世界上画了一条界线，将西班牙与葡萄牙的势力范围分开。这个举世瞩目的安排促使西班牙与葡萄牙缔结条约。双方同意

---

① 1469年，阿拉贡的斐迪南与卡斯蒂利亚的伊莎贝尔结婚，两个国家合并，诞生了今天的西班牙。——译注

以亚速尔群岛以西三百七十里格^①的南北线为界，因此，葡萄牙人觉得自己有权占领巴西。

虽然葡萄牙人最先开始海洋冒险活动，但是他们的国家太小，无法支持这样的活动。据说半数的葡萄牙人，在设法控制海外属地时丧生。不久，西班牙就赶上了他们的脚步。哥伦布首次航行的同年，西班牙土地上硕果仅存的摩尔人城市格拉纳达，在中世纪最后一次"十字军"东征中沦陷。此后，西班牙人便将他们的所有精力用在拓展新大陆上。不到一个世代^②的时间，一位领西班牙薪水的葡萄牙船长麦哲伦，出发驰往南美洲，带着他的船队越过太平洋，环绕地球。他在菲律宾遭人杀害，大副指挥他的船队绕过好望角后回国。世界各处散落的文明集中在一起。各项新的发现赋予北海上的英格兰小王国新的重要性。英格兰将取代葡萄牙与西班牙两国而崛起，不过时机尚未到来。东方的香料正由海路销往安特卫普的欧洲市场。整个贸易的路径开始转变以至彻底改变。横越大陆的陆路遭到了冷落，西北欧让意大利各城的重要地位褪色。繁荣的未来不在地中海，在大西洋沿岸，新的强权势力如英格兰、法兰西与荷兰等在大西洋沿岸都有港口，很容易就进入海洋。

*　　　*　　　*　　　*　　　*

新大陆的财富不久就影响到欧洲的旧秩序。在十六世纪的前半叶，西班牙殖民者科尔特斯征服了墨西哥的阿兹特克帝国，西班牙冒险家皮萨罗征服了秘鲁的印加人。现在，这些土地上的庞大矿藏，开始源源不断地运到大西洋另一边的欧洲。依靠着不同的途径，金银流入欧洲，新的日用品、烟草、马铃薯与美洲的糖等产品也是如此。得到新财富，欧洲旧大陆开始脱胎换骨。经过长久的停顿之后，人口再度增长，农

---

① 一里格约等于三英里。——译注
② 一个世代约为二十至三十年。——译注

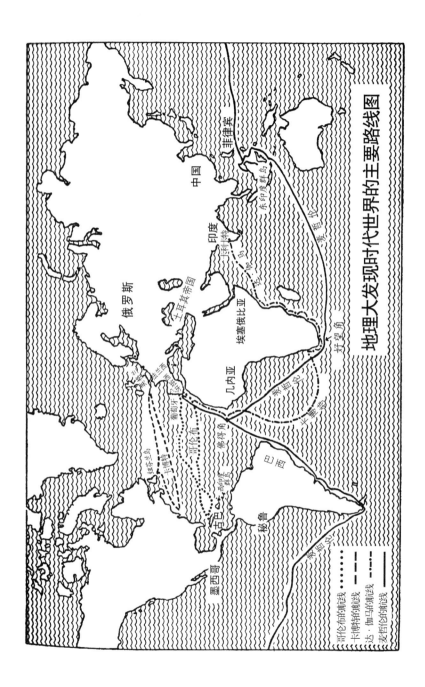

地理大发现时代世界的主要路线图

俄罗斯

中国

菲律宾

土耳其帝国

印度

东印度群岛

埃塞俄比亚

好望角

几内亚

巴西

秘鲁

墨西哥

古巴

西印度群岛

佛得角

哥伦布

哥伦布的航定线 ·········
卡博特的航定线 ‑ ‑ ‑ ‑
达·伽马的航定线 ‑·‑·‑·
麦哲伦的航定线 ————

11

庄与工厂的生产开始拓展。需要更多的金钱来支撑新的探险、新的建筑、新的冒险事业及新的管理之道。统治者与民众都不了解财政管理，经济拮据的各国贵族们最先依赖的解决方法是贬值货币，物价因此暴涨。当路德将他的主张贴在维滕贝格城堡教堂的时候，币值已经在快速地下降。在美洲银币的冲击下，一系列的通货膨胀浪潮横扫欧洲大陆，一直到二十世纪，同样势不可当的情形才再度发生。欧洲的地主与农民发现，这样的情势不能再继续了；整个欧洲有一股新的力量，开始凝聚，在获得君主的重视后，发挥作用。对商人、贸易者与银行家而言，那是个充满机会的时代。有众多著名的家族，其中最著名的可能是日耳曼的富格尔家族，利用自己的庞大财富推动文艺复兴，获得雅誉。曾有一个时期，教皇与皇帝都得依赖这些家族的财政资源。

通货膨胀的时候，有太多的艰难困苦需要调适。但是，强壮的成长与充盈的福祉让每个阶级获益。对于一个世纪之前，因为黑死病而让近乎三分之一的人丧生的世界而言，存活下来的人得到了极大鼓舞。人们探索着进入一个更广大的时代，更加自由地交换商品与服务，扮演重要的角色。新大陆已经打开了门户，地理上新增的南美洲与北美洲，不仅增加了欧洲人的居住之所，还开拓了欧洲人的生活方式与视野及可以利用的财富。

第二章　都铎王朝

有一世代以上的时间，英格兰的君主政体陷入惊涛骇浪的继位纷争。1485 年 8 月 22 日，里士满伯爵亨利·都铎在英格兰中部的一个小镇博斯沃思市场附近，赢得了决定性的胜利，他的对手理查三世在战役中被杀。以亨利七世为名，一个新的王朝开始掌握王权。在亨利七世谨慎治国的二十四年间，英格兰开始了一个新纪元。

亨利的首要任务是说服权贵、教会与士绅阶级，接受博斯沃思战役的决定，承认他已登上王座。在全国代表面前，他对接受加冕一事极尽小心。因此，需先获得封号，其次得到议会的认可。无论如何，议会都要同意他试验性的统治。他长久以来的计划如愿实现，娶了敌对的约克家族的女继承人伊丽莎白。

金钱匮乏使英格兰王室长久以来积弱不振，但是军事上的胜利让亨利重获十五世纪时因为没收充公及褫夺公权而转让的许多王室领地。此外，还有其他一些大产业。曾是兰开斯特家族继承人的他，握有遗产中最有价值的核心地带。借由占领，格洛斯特公爵理查德①在北部各郡的产业也属于他；后来，威廉·斯坦利爵士因不满在博斯沃思战役后获得的奖赏而背叛，被处以极刑，其位于英格兰中部的广大资产交到王室手中。从此亨利七世确保了稳定的收入。

但是这样还不够，必须控制英格兰持有的土地所有权。敌对的君

---

① 第一册中仍为伯爵。——译注

主快速继位，让地主产生了不安，造成法律问题的混乱。战争带来的处决与死亡，粉碎了封建家族的势力。存活者与拥有较少土地的许多士绅阶级，因为仇视、过去的立场，或过去的背叛行为，惹上一连串的法庭诉讼，经常有失去产业的危险。很难找到哪家人在内战时，不曾支持过战败的一方。所有的问题对亨利七世而言，都极其危险。因为，如果地主对其财产的合法拥有权感到不确定或不安稳，当另一位篡位者出现，他们便会向其靠拢。因此他通过法令，明确道：凡对现今的国王——也就是在王位上的国王——效忠的人，将确保其生命与财产的安全。区分出"实际的国王"与"合法的国王"，是这位新统治者的特点。亨利七世确立自己的地位后，并没有放松，而是继续建立自己的权力。

*　　　　*　　　　*　　　　*　　　　*

之后就是边界的事。中古英格兰的整个历史中，南北之间有很大的分歧。南方社会较为发达，居于富饶的乡野，有发展良好的城镇，与佛兰德斯及意大利之间有很兴盛的羊毛贸易。"玫瑰战争"曾经严重威胁这种有组织的生活，亨利就是在南部得到民众的支持的。引用一位编年史家的话："他无法忍受贸易的衰退。"他为与尼德兰贸易的英格兰商人争取到有利的条件。国家和平，商业有所发展。他摆平农村的失序，让商人阶级的代表与他在议会中合作。亨利对这个阶级极尽小心，从社会大众的共同利益及稳定政府这两点来考虑。如果这是专制政治，它也是人们心甘情愿的专制政治。

北方的情况则迥然不同。许多像帕西家族那样的封建家族控制着一切。土地多山且荒凉，民众无视法律又性喜闹事。信息传递缓慢，国王的权威时常无人理会，甚至有时遭到蔑视。与苏格兰人的"边境"战争、沼泽地强盗领袖、偷袭牛群、焚烧村庄等传说或习惯还存在着。格洛斯特公爵理查德在这些地方深得人心。他的精神与环境十分相合。

他以粗犷豪爽的方式管理，治绩良好，甚至在博斯沃思一役之后，约克城人仍忠心地保留他的名声。亨利不仅要在这些区域维持秩序与权威，还要建立防御苏格兰人的安全边界。身为格洛斯特产业新的拥有者，他已经在北方取得一个战略基地。在十五世纪，不可能在伦敦管制整个英格兰，由于行政管理的机制太原始，需要许可证管理人，因此便成立市议会来治理北部与威尔士边境。亨利信任的臣属被授予相当大的行政管理权；他施恩过的新官员与接受过法律训练的新官员，开始在治理工作中扮演决定性的角色。他们在王室与法庭中都很活跃。现在，他们的地位首度居于封建旧贵族之上。这样的人包括：亨利·怀特——国王信任的一位北方的代理人，关键要塞贝里克的指挥官；还有南方的埃德蒙·达德利及西德尼家族、赫伯特家族、塞西尔家族与罗塞尔家族的后裔。

内部失序的威胁与来自海外的外患同时袭来。亨利须不间断地注意那些得到外国援助支持的王位觊觎者。他的地位得依靠他自己的政治手腕与判断能力，而不是世袭地位的认可。勃艮第宫廷是反叛他的阴谋中心，勃艮第公爵夫人是理查三世的妹妹，她曾两度积极地投身两位觊觎王位者的行动，反抗都铎政权。第一位是兰伯特·西姆纳尔，但他下场不太好，后来成为在御厨做粗重工作的男仆；第二位是比较可怕的，是图尔奈一位船夫兼税吏之子珀金·沃贝克，有人说他是伦敦塔被谋害的两位王子中的弟弟。他获得的支持有：爱尔兰不满约克派的贵族、勃艮第的金钱、奥地利与佛兰德斯的军队及苏格兰的同情，这让他逍遥法外七年之久，公开地反抗王权。珀金·沃贝克曾三度企图夺取英格兰王位。但是自博斯沃思之役起，支持国王的阶级都表现得坚定不移。沃贝克侵略肯特，在军队到达之前，便被乡民击退；他由苏格兰发动攻击并越过"边界"后，仅侵入四英里。他于1497年参加康沃尔郡的叛乱，最后也冰消瓦解。他逃往圣堂，在那里被押往伦敦予以监禁。两年后，他在两次逃亡失败后俯首认罪，在泰伯恩被处死。这件事在辱骂声与奚落声中落幕，他当时造成的危险却是不

15

可否认的。

亨利七世有千万个理由觉得自己的王位有点动摇。"玫瑰战争"削弱了英格兰在威尔士的权威,战争的影响在爱尔兰最为显著。王朝的斗争在爱尔兰激烈进行,盎格鲁—爱尔兰家族中都有兰开斯特派与约克派的人,在都柏林四周的"英格兰管辖区"及利麦立克与哥尔威等遥远的英格兰前哨,也都有兰开斯特派与约克派的城市。所有动乱都是家族宿仇的延续。巴特勒家族因其世袭首领奥蒙德伯爵之故,是兰开斯特派,一直比敌对的费兹杰罗家族更忠于英格兰国王。由伦斯特的基尔代尔伯爵与蒙斯特的德斯蒙得伯爵领导的费兹杰罗家族,与原住民首领有密切的血缘与婚姻关系,是约克派,他们希望扩充自己的势力。

在蒙斯特,德斯蒙得的费兹杰罗家族"比爱尔兰人更像爱尔兰人"。在英格兰管辖区,基尔代尔被称作"大伯爵",践行着他的封建职责,领导英格兰人,但是位于香农河的遥远地区,实行的却是另一种统治。来自英格兰的这位议员发现,面对基尔代尔的优势,当地力量及遍及全岛的结盟关系,要维护他们的合法权利是无益的。这是从爱德华·布鲁士败亡之后,就不为人知的事情,即基尔代尔的家族极有可能为整个爱尔兰建立一个王朝。但是,即使基尔代尔仍对英格兰忠心耿耿,他会不会忠于约克派的国王或兰开斯特派的国王呢?许多迹象令人怀疑,他的亲信德斯蒙得支持兰伯特·西姆纳尔,他本人却支持珀金·沃贝克。爱德华·波因宁斯爵士于1494年被任命为爱尔兰的议员,限制他的权力,劝导在德罗赫达的爱尔兰议会通过著名的《波因宁斯法》,将爱尔兰议会附属在英格兰议会之下,这个法案一直令人不满,历经三百年,直到二十世纪才被废除。

基尔代尔被褫夺了公权并送往伦敦,但是亨利七世很聪明,认识到不能轻易地用封建审判来裁决这位有势力的罪犯,因为其好战的家族都在都柏林的外围,堂弟、表弟、姻亲、委托人等遍布全岛。对"大伯爵"的指控,除了对珀金·沃贝克可疑的示好这一项,都足够严重。

难道不是他烧了卡瑟尔的大教堂？他承认确有此事，但却用向国王上书的方式为自己开罪。"我是烧了教堂，我想大主教不在里面。"亨利七世用一句格言回应，这句格言很有名，有可能不是真的："既然整个爱尔兰无法管理基尔代尔，就让基尔代尔伯爵管理爱尔兰吧。"基尔代尔得到特赦，获释，并且娶了国王的表妹伊丽莎白·圣·琼，被送回爱尔兰，继波因宁斯后担任议员一职。

在爱尔兰，有能力召集与指挥军队的人才有权力。在这一点上，英格兰国王极具说服力与影响力。任何能够召集与控制武力的大贵族，英格兰国王都可以授予他议员一职的王室标识及身份。在另一方面，借着提高巴特勒家族与伯克家族的地位，国王甚至能让一个基尔代尔去控制大宗族的首领们。有一段时间，只能借由这种不牢靠的、易变的制衡关系建立中央政府。不曾有任何一个英格兰国王找到使"爱尔兰领主"称号比他的"法兰西国王"称号更真实的方法。

但当时有一个强大的"盟友"在手——大炮。当年大炮帮助法兰西驱走英格兰人，现在帮助英格兰人入侵爱尔兰。加农炮用立即就能懂的语言，对爱尔兰的城堡喊话，这些大炮来自英格兰。爱尔兰人会使用，但不会制造。它一度成为英格兰人控制爱尔兰事务的关键武器，而亨利七世和爱德华·波因宁斯爵士却未料到这一点。有许多世代，费兹杰罗家族的首领从半盖尔人的宫廷恐吓"管辖区"。在爱尔兰人眼中，保持更真实的王室威严远胜于服从都柏林城堡中处境窘迫的英格兰议员。现在，文化发展的步伐跨入火药时代。

*　　　*　　　*　　　*　　　*

亨利七世处理苏格兰事务的方式，体现出他特别的精明判断力。他的第一步棋，是将武器装备经由贝里克运往与王室对立的贵族那里，而且与反对派系不断地密谋，动摇苏格兰国王詹姆士四世的地位。像过去那样，边境的动乱扰乱了两个王国的和平。当詹姆士对觊觎王位者珀金·沃贝克施以援手时，情况变得恶化。但是，亨利七世最终达到了目的，与詹姆士签订了停战协议。他不是一位有想象力的人，但他也有梦想。他希望苏格兰与英格兰接连不断的战斗会结束，也期盼时常威胁中古时代英格兰的法兰西与苏格兰联盟永远结束。无论如何，亨利七世统一英格兰与苏格兰的第一步，是在 1502 年将女儿玛格丽特嫁给詹姆士四世。直到他死后，北方都很平静。

对法兰西，他的许多政策也极为成功。他认识到通过威胁比通过战争更能有所斩获。他召开议会，同意为对抗法兰西而征税，并且聚集一小支军队，于 1492 年渡海到加莱，包围了布洛涅。同时又与法兰西国王谈判，而后者无法同时面对西班牙、神圣罗马帝国及英格兰，被迫收买亨利。亨利七世在两方面都有收获：像爱德华四世一样，他不但从法兰西那里如期地得到庞大的财政援助，还从英格兰这里得到为作战所征的税收。

欧洲最有势力的新王国是西班牙，它最近因为斐迪南与卡斯蒂利亚的伊莎贝拉共同的努力，成功地打赢摩尔人，铸成一个强国。他们的婚姻代表国家的统一。自 1489 年亨利七世的长子阿瑟与他们的女儿凯瑟琳订婚以来，英格兰便与西班牙稳定地合作，保卫了来自法兰西的战利品——西班牙获得法兰西的领土，亨利七世则得到每年的贡金，其数目在最初几年是王室正规岁入的五分之一左右。

亨利七世是一位政治家，被灌输了欧洲文艺复兴时期新奇的、无情的政治观念。他年轻时，在外国的宫廷做流亡者，还有人悬赏要他的脑袋，这让他学到许多。他注意到路易十一与勃艮第的查理作战时的婚姻谈判、条约签订、雇用职业重骑兵等，还有法兰西国王与地方贵族之间，以及教会与国家之间的贸易规范与关系。他衡量与检讨当时的问题，通过务实的精练、正确分析的能力磨炼他威尔士人特有的精明与敏锐，这在当时的拉丁民族中很罕见。

他以本土的制度作基础进行改造，想要在英格兰建立强有力的君主政治。像与他同期的佛罗伦萨的洛兰佐·德·美第奇一样，亨利七世常常是稍稍修改旧形式，而不是作因陋就简的改变。未作任何宪政改变，但行政管理再度在坚固的基础上建立起来。加强了国王的枢密院，授予它议会级的权力，不经过宣誓而调查任何人，仅仅根据书面证词即定罪，这种方式在国外是"成文法"的惯例。"星室法庭"固定在威斯敏斯特开会，有两位大法官出席。这个法庭原本是国王枢密院的一个司法委员会，审理案子的当事人均是政党、贵族或犯下滔天大罪的人。后来有人抱怨说，那些对抗富室豪强、蓄养家奴作为私人军队以及贿赂陪审员等诉讼案件的审理能力太差，且受到压制。这些案件也成了"星室法庭"大法官的审理范围。

但国王枢密院的主要功能，是从事治国而非裁判罪行。成员的选拔由君王做决定。有些可能被选上了，也并无伴随而来的权力，他们可能马上会被国王撤换。但是，他们可以暂停英格兰任何法庭的任何行动，将审查的案件转交给他们自己，也可以逮捕任何人，拷问任何人。枢密院内部有个小委员会，专司外交事务。另一个委员会专司财政，在中古时代英格兰财政部的累赘陋习中，开辟出了一条新路。指定了司库管理人，只对国王负责。国王本人位于中心，是个人理政的具体表现。他时常授权或审查支出，甚至细枝末节处都有国王的缩写字签名，至今，在伦敦的史料室仍可见到。亨利七世大概是坐在英格兰王位上的最好的生意人。

他也是个极其精明、会发掘英才的人。他的大臣里，只有少数几个是世袭的贵族。有许多是教会中人，出身寒微。理查德·福克斯——温切斯特的主教，身为首席部长，在英格兰，他是国王之下最有权势的人。在巴黎遇到亨利之前，他在赫里福德做过小学校长，两人在流亡中成了患难之交。埃德蒙·达德利，这位则是伦敦市的"代理执行官"。他受到国王的注意，与规范佛兰德斯的羊毛贸易有关。最先发明外交密码、被任命为西班牙大使的约翰·斯蒂尔，开始打拼事业时，还是个杂货商或布商。理查德·恩普森则是制作筛子工人的儿子。亨利七世起初的力量还不够强大，无法撑起犯错的担子。每天，亨利所有的闲暇时间，都用来处理政务，"特别是碰到人事问题"，该用谁、如何奖赏、让谁下狱、判为非法、流放或处死等。

与其他同龄的王子一样，亨利除了对行政管理感兴趣外，主要的兴趣是外交政策。他始终保有英格兰在海外的第一个永久特使职务。他认为，外交不失为暴行的良好替代物，及时、正确、源源不断的消息对外交至关重要。英格兰甚至建立了间谍系统。亨利外交才能的卓越，在他的一名外交精英给其主子鲁多维克公爵的一封米兰特使的急件中是如此描述的："关于欧洲事务，国王拥有正确的消息，来自他的代表，来自领他酬劳的其他国家子民，也来自商人。如果殿下想要送消息给他，一定得特别详细，或者比其他人早传给他。"他又说："意大利内政的变迁，使他进行调整，并没有太多威尼斯人对比萨发生争执，但国王每天都收到这方面的相关信件，让他清楚地了解到比萨事件，教皇与法兰西国王已经针对该城订立了盟约。"

亨利像其他王子一样，大兴土木。他位于威斯敏斯特的小教堂与位于里士满的宫殿，都是他建筑品位的宏伟纪念碑。虽然他私人自奉俭约，却刻意维持着壮丽排场：他身着华服，佩戴稀世珠玉，衣着耀眼；在公众面前活动时，都有华盖遮蔽，贵族在一旁侍候；其宫廷中，每天大约有七百人在伦敦塔吃晚餐，消费全由他承担，并且有弄臣、吟唱诗人、管猎犬者，他豢养的一些豹子也在一旁作乐助兴。

亨利七世是位有意识的改革者。他不理睬古制，史家对此有所争议。甚至在"玫瑰战争"的末期，约克派的君主还在为一个新型、强大、中央集权的国家打造基础。但在亨利七世的统治下，所有挫败的希望都一一实现。他将中古时代的制度转变成现代统治机关的能力与智慧，从未受到人们的质疑。他的成就宏大、持久。他力图在前人的残垣灰烬中建立起权力。他节俭、小心地聚集起那个时候被视为不固定的财富。他训练了一群有效率的臣仆。他壮大王室，但又未放弃与平民院合作。他视繁荣与君主制度为一体。在文艺复兴时代的欧洲国王中，他的成就与名声没有被法兰西的路易十一或西班牙的斐迪南盖过。

几乎所有现存的亨利七世画像都是根据面模绘制的，五官毫无疑问很真实，但是看起来过于严峻，并不符合当时对于他的描述。不过，这些画像似乎与一般人所知道的他的性格与事业颇为一致。国家肖像馆的肖像是他驾崩前四年画的。在这幅画中，可以看到他灵活、敏锐、严厉的灰色眼睛，弧形的背景，从里向外眺望。纤柔、保养良好的双手轻轻地放在画的底部。双唇紧闭，嘴角露出淡淡的笑容。他在画中有股幻灭、疲劳、不休不止的警觉神色及显著的悲愁模样与责任感。这就是都铎王朝的"建筑师"，这个王朝将带领英格兰摆脱中古时代的失序状态，进入国势强盛的时代。

第三章　亨利八世国王

从几个世纪后的角度去看，年轻的亨利八世国王成长的年代，是一个旧秩序垂垂待毙的年代。但是对那些生活在其中的人而言，似乎并不是如此。在统治者的眼中最为清楚的改变，是现代欧洲国家制度的创立。这种新鲜、危险、难解的情形，是从来不曾有过的现象。英吉利海峡对面的新法兰西，因百年战争而实力大增。路易十一与他的儿子查理八世，不再是一群松散结合在一起的封建领主的领袖。他们统一了人口众多的法兰西，一个从英吉利海峡到地中海的大国。法兰西诸侯中最难对付的一个诸侯——英格兰国王，其先人都是大领主，声称能与法兰西王室平起平坐，现在终于被逐出这块土地。只有加莱还留在"征服者"威廉与金雀花王朝亨利的继承者手中。

同时，法兰西王室的一个支系——勃艮第家族，约一个世纪来一直质疑法兰西国王的威信。1477 年，随着"大胆者"查理①的去世，这个家族结束了。勃艮第家族剩下的所有继承权，经由勃艮第的玛丽与神圣罗马皇帝马克西米连的婚姻传递下去。因此，哈布斯堡家族控制了过去住在勃艮第公爵的公国、郡县、贵族领地与城市等，靠着权术与财富，得到尼德兰与比利时。哈布斯堡与瓦卢瓦在法兰西的东北边境长期对峙，对抗就此拉开。但是，尽管时间显示法兰西王室的权威并不稳定，瓦卢瓦王朝所统治的邦联，还无法被视为法兰西的一部分，

---

① 勃艮第公爵。——译注

但法兰西与英格兰的长期战争已经结束，实力倍增。国王现在可以向非贵族阶级征税，无须诉诸任何阶级的裁决。他现在也拥有一支常备军，利用税收雇用瑞士步兵，制造大炮与维持炮厂，还可以负担法兰西斗志昂扬的骑兵的开销。

一个中古时代的国家——神圣罗马帝国，似乎蔑视这种侵略行为与中央集权的过程。很明显，神圣罗马帝国正在分崩瓦解。但是，在过去的两个世代，皇帝都是哈布斯堡家族之首，武力解决不了的事可凭外交与运气予以解决。马克西米连身为皇帝，永远是说明"触及"与"掌握"这两者之别的最佳例证，他娶了欧洲最有财势的女继承人。因此，奥地利的王室开始力行"借着婚姻获得胜利"的格言。下一代遵守这个忠告，成果更加辉煌：马克西米连与玛丽的继承人腓力大公，娶了一位比他母亲更有财势的女继承人——乔安娜公主，她是卡斯蒂利亚、阿拉贡、西西里与那不勒斯的继承人。她的姐姐则嫁给了阿瑟王子与之后的亨利八世，加速了都铎王室的兴起。

在这个强权日增的世界，英格兰的国王必须在资源远较邻国少的情形下行动。英格兰的臣民人数仅三百万多。它的税收较邻国少，既没有常备军，也没有听命于王室的国家机构。然而，因为地理上靠近法兰西与尼德兰帝国，英格兰又要被迫参与欧洲事务。它的国王涉入战争与谈判、同盟国的更易、权力均衡的变动，而国王对这些斗争没有任何经验。

在这个变动的世界中，陆地上的胜负，常常握在"常胜将军"冈萨沃·德·科多瓦率领的西班牙无敌步兵之手。有时，瑞士步兵、加斯东·德·福瓦的可怕骑兵，或法兰西国王的一些将军也会夺得胜利。长久以来对英格兰国王很有用处的作战方法与制胜秘诀及那些老旧的政治手腕则毫无用处。约一世纪之久，欧洲大陆政治的异动迫使英格兰独自面对法兰西或西班牙，英格兰的统治者必须小心翼翼，他们深感灾难临头，也意识到自己的脆弱。

$$* \qquad * \qquad * \qquad * \qquad *$$

在兄长阿瑟王子去世之前，亨利一直为教会服务。因此，他在父亲所设置的学习环境中长大。大多数的时间里，他都是在研读一些深奥的学问，如拉丁文、法文、意大利文、神学和音乐；他也锻炼身体，精通马上长枪的比武运动、打网球与猎鹿。他作风直率，当时最聪明的一位女性——摄政尼德兰、奥地利的玛格丽特——对他印象深刻，认为他是言而有信的年轻人。由于他的父亲善于积蓄，他在登基时拥有的钱财比基督教国度的任何一个王储都要多。所有大使对他的看法，都是赞赏。"亨利陛下是我见过的最英俊的君主；他比常人高，小腿至大腿的曲线极为优美；他肤色好且容光焕发，赤褐色的头发，是法兰西式短且直的发型，圆脸俊美宛若标致妇女；他的脖子长且粗。他会说法语、英语、拉丁语及一点意大利语，擅长演奏鲁特琴①与拨弦古钢琴，看到乐谱便能歌唱，力气大过任何一个英格兰人，而且能拉强弓，马上长枪的比武功夫非凡。""他喜欢狩猎，总在他有意经过的乡野路上，预先备好马匹，在没有累坏八到十匹马之前，注意力是不会转移的。他极爱打网球，看到他玩这种游戏，可真是世上一大妙事。他穿着质量上佳的衬衫，光滑的皮肤透过它灿然生光。"②

亨利成年后身材魁梧，一头红发，保留着其祖先多个世纪以来在威尔士边界战争时的活力与精力。他在王位上魁伟的身形，让身边的人都感觉到一种不顾一切的气质、一种潜在的影响力与热情。一位法兰西大使自称，在亨利的宫廷中度过数月之后，一旦走近亨利国王，他就会恐惧于亨利的个人气场。虽然，对陌生人而言，亨利看起来很开放、亲民、可靠，粗犷的个性能立即使群众产生好感，甚至最亲密

---

① 较常出现在十四至十七世纪，形似吉他的拨弦乐器。——译注

② 阿尔伯特·弗雷德里克·波拉德所著，《亨利八世》(1919)，第39—40页。

的人，都很少能看穿他内心的秘密与拘谨，他更不会对任何人吐露心事。对时常看到他的那些人而言，他几乎是两个人，一个是喜好狩猎、饮宴与排场的愉快君王，儿童的朋友，每种运动的赞助者；另一个是朝觐殿上或枢密院中冷静、敏锐的观察者，警觉地观察、衡量各论点的轻重，除了在重大事件的压力下，他拒绝吐露自己的想法。在他狩猎远行时，若有信使带着文件到达，他便飞快地离开逐猎的同伴，召唤"随侍的咨议大臣"，讨论他所谓的"伦敦事务"。

他充沛的精力与残暴的行为，也融合着耐心与勤勉。亨利深信宗教，经常聆听长达一两个小时的布道，他所写的神学论文具有很高的水平。他习惯在礼拜日望弥撒五次，平常每日三次，并且在弥撒中亲自担任教士。他从未在星期日错过圣餐饼与圣水，并在耶稣受难日忏悔。他对于神学的热心，让他自教皇那里得到了"信仰的捍卫者"的封号。他是个勤奋的工作者，每天要消化成堆的急件、备忘录与计划，而不需要秘书帮忙。他写诗作曲。对大众事务守口如瓶。他从出身最卑贱的人当中挑选顾问：托马斯·沃尔西是伊普威治一位贫穷、流里流气的屠夫之子，这位屠夫因为卖不适合人类食用的肉类，而名列市镇档案；托马斯·克伦威尔是位小律师；托马斯·克兰默是位名不见经传的讲授神学的人。像他父亲一样，亨利不信任世袭的贵族，宁可相信交游不广者的谨慎意见。

即位之初，他就宣布："我不会让任何人有管理我的权力。"随着时间的流逝，他更加任性且脾气变得更坏。他的怒气之可怕，令人不敢直视。有一次他说，国家中没有什么贵族，如果他的意愿遭到违逆，"他会让他们人头落地"。他在位三十八年当中，的确有许多人头落地。

这位残暴的人是顾问的梦魇。一旦心中有了确定的计划，他就很少会放开；抗拒只会使他变得更执拗；而且，一旦开始进行，他总是试图做得更多，除非是受到限制。虽然他对自己能容忍顾问的直言不讳感到自傲，但别人在他下决心后仍继续反对他则实属不智。如同托马斯·摩尔爵士对沃尔西所言："陛下认为，一度进谏且不屈不挠维持其谏议的人，太危险。"沃尔西与克伦威尔两人在亨利去世后才透露，控制亨利的唯一秘诀，是不能让他接触危险的观念。但是，这是不可能完全避免的。他的习惯是同所有阶级的人交谈——理发师、猎人、"提供国王口腹之好的御厨"，尤其是同身份低微且与海有关的人交谈，以听取意见；他还会驰骋狩猎，有时长达数周。他自行出现在各处。每个夏天他会到全国出巡，保持与他十分了解的臣民联系。

他父王 1509 年去世的六个星期之后，他做的第一件事便是娶他兄长阿瑟的遗孀，阿拉贡的凯瑟琳公主。他当时才十八岁，公主比他大五岁零五个月。她努力吸引亨利且心愿实现。因为，斐迪南与亨利七世先前就为这个联姻定下计划，并且取得教皇对教会禁止近亲结婚条款所做的许诺。因此亨利八世急着完婚。亨利在位的前二十二年，凯瑟琳都和他站在同一阵线，同时，让英格兰变成欧洲事务中的一股势力，让外国统治者不敢小觑。她直到三十八岁，除了有过三四次短暂的失宠外，一直是他爱慕的女人，控制他的愚行，而且在她数次生产的空档，还以精细的方式帮忙处理政务。亨利很快便习惯他的婚姻生活，尽管这中间有一系列霉运，而霉运只会使不够坚强的人失去勇气。在亨利刚满十九岁时，王后生下的第一个婴儿成了死胎。另一个婴儿在出生一年后，也夭折了。这样的情况共有五次。

＊　　　　　＊　　　　　＊　　　　　＊　　　　　＊

亨利国王继续与他的岳父——阿拉贡的斐迪南——长期结盟，带给了英格兰荣耀与财富。他支持教皇，教皇也送给他金玫瑰，这是授予基督教诸侯的最高荣誉。他与父亲的重臣——大法官兼坎特伯雷大主教威廉·沃勒姆、温切斯特主教理查德·福克斯及达勒姆主教兼王室秘书托马斯·鲁索尔等商议国家大事，并在他们的指导下，继续执行父亲制定的政策——如果法兰西继续进贡就不介入欧洲事务。但是，亨利处在欧洲新政治的旋涡边缘。他应当投身其中吗？在过去几年中，欧洲"最富有的城市"称号已经数度易手，每个城市都有所贡献。边界几乎逐月都在变动。凯瑟琳的父亲——阿拉贡的斐迪南——已经征服了那不勒斯王国，以及法兰西边境的两个行省——塞当与鲁西永。其他的诸侯也是如此。迷人的征服远景展现在亨利八世眼前，但他父王所用的年迈咨议大臣们却依然固执地追求和平。亨利七世派遣英格兰的部队到海外作战仅有一次，他宁可雇用佣兵，让这些佣兵与外国军队并肩作战。亨利八世现在觉得这个政策必须要改变。

有段时间他一直注意多塞特侯爵发现的人才——迪恩·沃尔西。沃尔西在牛津的莫德林学院担任教师的时候，侯爵的几个儿子在该校就读。多塞特非常喜欢沃尔西，因此邀请他到家中过圣诞并且数次赐予他俸禄。后来这位年轻的教士得到加莱城主随军牧师的职位。除了学识渊博外，沃尔西还拥有不凡的谈判与理财才能，他曾经做过莫德林学院的财务主管。亨利七世看到他的才能，将他由加莱城主那里调过来，管理海外官方事务。1509 年 11 月，亨利八世提升他到枢密院委员会，成为王室官员，当时他才三十六岁。

两年后，在英格兰决定参加神圣同盟对抗法兰西的过程中，沃尔西的影响力日增。因为，在这一星期，沃尔西首次以枢密院执行委员的身份，在一批文件上签名。他指派以前的学生——年轻的多塞特侯爵——担任总指挥，执掌备战工作。趁法兰西正关注意大利，亨利八世计划重新夺回六十年前丧失的波尔多，同时，斐迪南国王入侵横跨比利牛斯山脉的独立王国纳瓦拉。教皇与威尼斯共和国共同抵抗侵入意大利的法军。这一年是 1512 年，是百年战争以来英军首次出征欧洲。

英军远征加斯科涅尝到败绩。斐迪南拿下了整个纳瓦拉。根据英格兰驻西班牙资深大使威廉·奈特博士的说法，斐迪南表现出极大热诚，将他的加农炮运过比利牛斯山脉，并且邀英格兰人与他一起对抗法兰西。但是英格兰人发现，他们在玫瑰战争中惯用的作战方式，如长弓与穿戴沉重铁甲的骑兵，在欧洲大陆都已经老旧，不能使用。斐迪南与法兰西人都雇用瑞士与奥地利的职业步兵，这些士兵持十八英尺长矛，长矛向各个方向如针刺般伸出，排成扎扎实实的方阵，大步向前挺进。当时被称为火绳枪的原始火器太笨重，引发慢，以至于无法对这些迅速移动的方阵造成严重的挫伤。斐迪南给予亨利八世许多军事上的意见，建议亨利八世应该利用聚集的财富建立一支势不可当、属于自己的职业部队。但是，在亨利八世听取这个计划之前，多塞特部队因为不习惯加斯科涅的葡萄酒与法兰西的战术，感染痢疾，导致军队瓦解。部队的士兵们都拒绝服从长官的命令而登船返国。多塞特随他们一起放弃了这场没有成果的征战。经过1512至1513年整个冬季的谈判，斐迪南与威尼斯人放弃了亨利八世与教皇，与法兰西缔结和约。他们的结论是，神圣同盟的名声虽然响亮，却只是个无用的政治团伙。

在英格兰，所有失败的责任都落在新顾问沃尔西的肩上。事实上，他在必要的、艰苦的战争行政管理工作中，已初次展现了才干与无穷的精力。不过，枢密院的世俗成员，一开始便反对由一位教士主导战争决策，意图将他驱走。但是亨利八世与教皇却从未动摇。教皇尤利乌斯二世曾在罗马受到法兰西军队的包围，遂将全部法军逐出教会。他留起当时已不流行的山羊胡，发誓要向法兰西国王报复，否则不剃胡子。亨利八世也不落人后地蓄了胡子，像他的头发一样，是赤褐色的。他雇用马克西米连皇帝的炮兵与大部分奥地利部队，安排他们为英格兰王室效力。历史告诉我们，那位教会皇帝要求扩展他的军队。但是他拒绝了，他说他会在这场战役中为亨利国王与圣乔治效力。

这些安排虽然所费不赀，但成果辉煌。在亨利的指挥下，英军与奥地利的佣兵于1513年8月在"马刺之役"击溃了法军，如此称呼这一役是因为法军撤退得十分快速。欧洲最有名的骑士贝雅尔①连同许多法兰西贵族一起被俘。整个法兰西东北最富足的城市图尔奈，一看到英国大炮便投降，被英格兰卫戍部队占领。更重要的是，曾留在后

---

① 法兰西军人，屡建战功，被封为骑士，人称"无畏骑士"。——译注

方担任英格兰摄政的凯瑟琳王后，送来了北部的最新消息。

为了帮助法兰西盟友，苏格兰人于亨利八世离开国家之际，于9月以五千之众渡过特威德河入侵英格兰。在博斯沃思之役被杀的理查三世手下诺福克公爵之子——萨里伯爵托马斯·霍华德——受到家族褫夺公权的限制，却仍被委派指挥的重任。这位技艺精湛的老将是在多塞特失败后，英格兰仅存、富有经验的将军，熟知每一英寸土地，他毫不迟疑地行军绕过苏格兰部队。尽管人数比是以二对一，他仍坚守在敌军与爱丁堡之间。1513年9月9日，在福洛登战场打了一场血仗，两军都面对他们的祖国。整个苏格兰，高地与低地的贵族和他们的家臣摆出了传统的圆环阵或长矛兵组成的圆环阵，环绕在王旗四周。英格兰的弓箭手再度隔着长距离，对这些大队人马发射密集致命的箭雨。尤有甚者，在徒手攻击中，英格兰步兵手中的钩镰枪或战斧发挥更大效果。同时，英格兰骑兵在等待因屠杀而造成的冲入缝隙的机会。夜幕降临时，苏格兰的精英骑兵横卧沙场，阵亡在战斗中，其中包括他们的国王詹姆士四世。这是长弓赢得的最后一场胜利。萨里伯爵受到封赏，恢复了诺福克公爵的地位。在苏格兰，一位年方一岁的儿童继位登基，是詹姆士五世。护国公是他的母亲玛格丽特——亨利的妹妹。此后，亨利八世在位的大部分时间，北方边界都保持和平。

神圣罗马帝国皇帝的女儿——奥地利的玛格丽特——在布鲁塞尔举行了庆祝活动。亨利八世现年二十二岁，获准整夜"穿着他的衬衣"在帝国宫廷中与美女共舞。米兰的大使报告说："他表现得极为精彩，像公鹿一样地跳跳蹦蹦。"枢密院曾禁止赌博，禁止英军携带妇女。但这位大使补充道："是奥地利人提供了一切。"他参赌时，作风颇为奢华，从未在赌桌上丢掉王室风范。他喜欢在那种场合里一掷千金，输得很开心，而达官贵人对他所赐的厚礼都十分满意。

第四章　枢机主教沃尔西

　　1513 年秋季，法兰西四面受敌。沃尔西通过皇帝雇了一支瑞士军队，借道贝桑松入侵勃艮第。贝桑松是法兰西康提的要塞首府，是传到哈布斯堡手中的部分勃艮第属地。第戎陷入敌手，法兰西没有可以抵抗瑞士的军队，于是加倍征收平民税，重新雇海外佣兵。亨利八世一心一意想在 1514 年重新在法兰西展开军事攻势，但是他的获胜并不为西班牙的斐迪南所喜。斐迪南正着手与法兰西另缔和约，设法将马克西米连皇帝拖进来。

　　面对盟友们的背弃，亨利八世很快发动反击。他首先留心国土防御并且采取措施强化海军军力。然后，他设法维持与法兰西的和约，每年从法兰西得到的贡金比他父亲所得到的多一倍。在媾和期间，最大的盛事是亨利的妹妹玛丽与路易十二的联姻。玛丽才十七岁，而路易十二已经五十二岁了。据说她设法取得兄长的承诺，如果这次是为了外交而结婚，那么下一次她就可以自由，为爱情而结婚。不论有无承诺，她所做的便是如此。她做了三个月的法兰西王后，成为太后；不过亨利的不悦来自她守寡不久便嫁给了萨福克公爵查尔斯·布兰登。最终，王室的愤怒平息，亨利八世参加了他们的结婚庆典。这桩婚姻最后有一个悲剧性的结局，即他们的孙女简·格雷郡主只做了十天英格兰女王。

*　　　　*　　　　*　　　　*　　　　*

随新娘侍从一行渡海到法兰西的人当中，有位名叫玛丽·博林的年轻女郎，她是诺福克公爵的三位侄女之一。这三姊妹相继陷人与亨利八世危险且可能丧命的爱情中。玛丽与她的妹妹安妮曾经在法兰西一家与宫廷有关的贵族学院接受过教育。玛丽返回英格兰时，嫁给了内宫的一位侍从——威廉·凯里，不久就成了国王的情妇。她的父亲①因此得到恩宠并封为罗克福勋爵；她的妹妹安妮则继续待在法兰西读书。

沃尔西因为在外交上的胜利而获得丰厚的赏赐。在和谈之际，他得到了林肯主教之职。和约签订之后，他又得到了约克大主教之位。一年之后（即1515年9月），由于国王的推荐成了枢机主教。不过，宗教方面的一连串荣誉，并未给予沃尔西实际的行政权力。1515年，亨利八世封他为大法官，取代沃勒姆。亨利八世逼沃勒姆交出印章。

沃尔西以国王之名，做这个国家实际的统治者，长达十四年。他得到这个地位，不仅归功于优秀的谈判能力，还归功于个人魅力。有位与他同时代的人写道，他有"天使的机智"，能够欺骗、奉承他想说服的人。他与国王在一起的时候，才华横溢、悠然自得，是个"在新消遣里寻找欢乐的人"。这些特点，都可以吸引年轻君主。其他想要成为亨利咨议大臣的人，却看到了这位枢机主教性格中不同的一面。他们痛恨在辩论中被他轻蔑地驳倒；他们憎恶他的傲慢，嫉妒他财富日增、备受宠眷。在影响力达到高峰之时，沃尔西享有的薪俸相当于二十世纪初一年五十万英镑的收入。他养着千名奴仆，就其府第壮丽程度而言，压倒了国王的宫室。他的亲戚也获得可观的财富，他的私生子在还是个小男孩的时候，便得到十一个教会的职务，还获得这些职务的俸禄。数年下来，这些对他不利的事日积月累。但就目前而言，在宰相制度尚未运作前的很长一段时间，他成功地掌控大权，整个英格兰无人可及。

---

① 托马斯·博林爵士。——译注

亨利国王因为治国有成而声望日隆。当然，有许多人抱怨前两年所加征的战争税。但是，将金钱花费在豪华排场与堂皇气势的同时，沃尔西设法开设了新的岁入来源。亨利的臣民如同在他父亲的统治下一样为税赋所劳苦，但其税赋负担比欧洲其他任何国家的臣民还是轻。英格兰的北部还因为要支持建造士兵营舍与边境战事而免交税金。

在海外的成功，使得沃尔西能够发展亨利七世中央集权政府的原则。在他担任议会大法官的十二年中，仅召开过一次议会，两次的会期，才三个多月。"星室法庭"变得更加活跃。它仿照罗马法，发展出简单的新方法，免除了成文法的证据制度，能够提供证据的人会逐一带进法庭讯问，甚至都不必举行宣誓仪式。快速结案，罚锾很重，英格兰没有任何人的权力大到足以藐视"星室法庭"。加莱卫戍军队有位普通士兵，派他的妻子去控告加莱的议员对他的不公，也进行了完整的审讯会。在"玫瑰战争"之后长大的新一代，都习惯于王室的法律与秩序，也确保这个制度是会成功的。

因此，这种专制政府的制度，在理论上尽管很专制，与《大宪章》的原则相冲突，事实上却是一种缄默地以人民真正的意愿为依归的制度。亨利八世像他父亲一样，发现手中已经有了现成的工具，就利用不领薪俸的地方治安法官、地方乡绅或地主，教导他们如何管理。万分复杂的规则与规定都交给保安官处理。在本世纪，还制作过保安官手册，并且无数次再版，其中几乎涵盖了乡村生活中会出现的每种偶发事件。

都铎家族的确是英格兰地方政府制度的建筑师，一直到维多利亚时代，这个制度几乎都维持不变。未领薪俸的地方人士，因为可以仰仗国王的帮助，所以不畏惧且不偏不倚，时常三三两两在乡村开会，处理细琐的事情。较大的事宜，诸如修桥补路、羊只失窃等都在每季于适当的乡镇开会解决。这是乡绅所能给予的粗略的审理方式，但他们的友谊与派系时常会妨碍到国家与王室二者的利益。总体上，地方治安法官会将王室的命令传达给人民，但他们偶尔不愿意听劝，

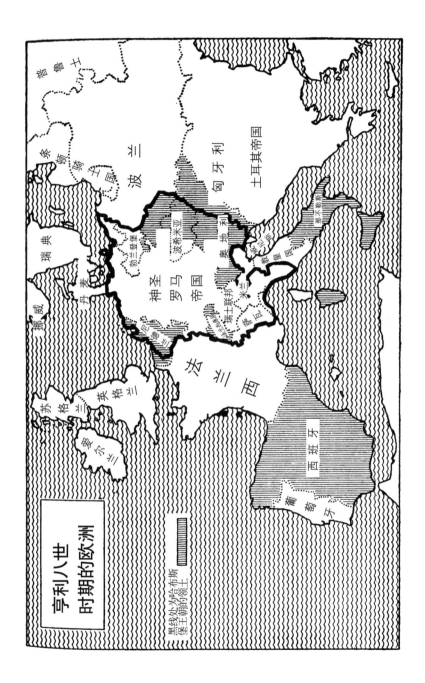

普鲁士

条顿骑士国

波兰

匈牙利

土耳其帝国

瑞典

那威

丹麦

勃兰登堡

西里西亚

波希米亚

奥地利

摩拉维亚

萨尔勒斯堡

皇国

尼德兰

神圣罗马帝国

瑞士联邦

萨瓦

米兰

苏格兰

英格兰

爱尔兰

法兰西

西班牙

葡萄牙

亨利八世
时期的欧洲

黑线处为哈布斯
堡王朝的领土

一心只想表达民间反抗王室的呼声。有时他们在郡县的作风也会在平民院出现，甚至在都铎王朝的统治迈向它的巅峰之际，议会的忠诚成员也不害怕说出自己的意见。沃尔西看出这种情况所暗藏的危险，宁可自己拟出政策也不要议会不领情的咨询意见。即使之后的反抗不明显，亨利八世与托马斯·克伦威尔已经学会审慎地对待平民院。尽管偶尔会有摩擦，甚至乡间还会有暴动与叛乱，总体说来仍是合作伙伴的关系。王室与社会都认清了合作伙伴的关系已有何种成果，也认清了这会展现什么样的远景。

*　　　*　　　*　　　*　　　*

亨利八世在登基后几年便开始扩展海军的大计，而沃尔西则关心外交策略。亨利八世已经建好当时最大的战舰"大亨利号"，重达一千五百吨，上下共七层，还有让人无法置信的整列大炮。舰队是在国王的监督下建立的，他命令舰队将领巨细靡遗地向他禀奏每艘舰航行的情况，直到英格兰能掌控狭海①时，他才满意。沃尔西为外交所做的安排也不逊色。他在西欧组建了一个"信使"与"特派员"队伍，英格兰在马尔博罗与威灵顿从事战争期间，都由这些人获取情报。亨利七世极尽小心组织起来的外交部门被视为核心部门，其人才都是来自牛津新学问②培养出来的人，其中包括理查德·佩斯、约翰·克拉克与理查德·桑普森，在亨利统治期间，后两者注定能成为主教。在文艺复兴鼎盛之际，信息就像其他历史时期一样五彩缤纷，紧密地交织在一起；各项事件、军队的规模、意大利城市的叛乱、枢机主教团内部的动态、法兰西的税务，全都有人仔细地衡量与记录。在欧洲，沃尔西至少有多年是个有影响的因素，可平衡轻重。

这个辉煌时期在 1520 年 6 月于金布地达到了顶点，当时亨利八世

---

① 英吉利海峡与爱尔兰海。——译注
② 对《圣经》和希腊、拉丁古典作品的研究。——译注

渡过了英吉利海峡，首次遭逢敌手——法兰西的弗朗索瓦一世。历史告诉我们，亨利主要的困惑是他的容貌，他无法决定如何看起来潇洒。是一如平常留着胡子呢，还是将它刮干净？起初他被凯瑟琳说服，刮了胡子。但是不久以后，他就后悔，又重新留起胡子。他的胡子长得很茂密，让法兰西人印象深刻。

在基思尼斯附近的金布地战场上，骑马持枪比武与排席设宴，旗帜缤纷、金光闪耀，帐篷四布、礼服多彩多姿，使全欧洲的人都感到目眩神摇，这是中古骑士制度的最后一场展示。据说，许多贵族将磨坊、城堡与草原挑在肩上。但是，亨利与弗朗索瓦却无法结交为友。亨利正与弗朗索瓦的敌人谈判。此人就是马克西米连皇帝的孙子，最近才登基为神圣罗马帝国皇帝的查理五世。在基思尼斯，亨利企图借精良装备与狡猾的外交手腕压倒弗朗索瓦。他依仗相当不错的体能，突然向弗朗索瓦挑战角力。弗朗索瓦一世将他轻轻一抓，摔倒在地。亨利大怒，脸色发白，但是却按捺下怒气。各种典礼仪式继续进行，亨利却无法忘掉这次羞辱。无论如何，他仍在其他地方寻找盟友。不到一个月，他便与神圣罗马帝国皇帝结盟，并因此丧失了法兰西贡金。当皇帝对弗朗索瓦一世宣战的时候，英格兰的财富已经浪费在布伦的长征及随同皇帝作战的佣兵队伍的津贴上。沃尔西不得不另外筹措军费。战争第二年，肯特与东部一些郡县起而反对沃尔西课征的一种财产税时，这种税还被荒唐地误称为"友善补助"，亨利假装不知道课税的事。政府必须鸣金收兵，放弃这次军事行动。沃尔西得到国王的首肯，秘密地向弗朗索瓦一世提出议和。

这些提议是沃尔西的重大失算。仅仅六个星期之后，神圣罗马帝国的部队就在意大利北部的帕维亚（Pavia）大胜法军。此役之后，整个意大利半岛落入皇帝之手。意大利在拿破仑入侵之前，便受到哈布斯堡王族的统治。弗朗索瓦一世被俘，法兰西接受惨痛的和平条件，英格兰却并未分享到胜利的战果。亨利再也无法扭转欧洲的局势。这自然是沃尔西的罪过，亨利也认为这位枢机主教太过自由行事。他坚持要去巡视沃尔西正在牛津大学创建的伟大新学院——枢机主教学院，这所学院是牛津大学里的基督教教会，也是牛津大学里规模最大、基金最充足的学院。亨利抵达时，对浪费在木石建设上的庞大金额十分惊讶。他对这位枢机主教说："奇怪，你找到那么多的钱建造你的学院，却无法筹到足够的钱结束我的战争。"

至今，亨利与沃尔西还是形影不离。1521年，他将理查三世的手下白金汉之子，血缘上很接近王位继任的一个世系——白金汉公爵，送上了绞刑台。一直以来，亨利的暴行都让那些被免职的贵族起而反对国王遴选的大法官。帕维亚一役之后，亨利开始有了另一种想法：他或许得牺牲沃尔西，以此保住君主的名望，最好也搭上凯瑟琳王后。1525年时，凯瑟琳王后已经四十。五年前于金布地战场上，弗朗索瓦与其朝臣曾背地嘲笑，说她已经"年老色衰"。她是位典型的西班牙公主，成熟过早且年华易逝；而且，她无法为亨利生下一名子嗣。国王的私生子，当年六岁的里士满公爵，必须通过《议会法》，才能立为王储；或者，英格兰接受凯瑟琳现年九岁的女儿玛丽，让她凭借本身的继承权成为自玛蒂尔达以来英格兰的第一位女王。一位妇女是否可以依英格兰法律继承王位，仍属争议。英格兰能否忍受妇女的统治？难道玛丽不会变得很像她的西班牙母亲，心胸狭窄又固执己见？或许在西班牙、法兰西或奥地利等国家举国皆兵的情况下，女王是可以生存的。但是女王是不可能被自由的英格兰人接受的，英格兰人会服从亨利七世与亨利八世，是因为人民愿意服从他们。即便他们没有中央军队，除了伦敦塔中的御用军。玛丽能不能依都铎王朝的方式，以德治国，而非武力治国呢？

对于一个时有继位争执的国家而言，玫瑰战争那样的长期争斗是场梦魇。对君主而言，这是事关国家存亡的大问题，也是道德良知的问题，亨利的七情六欲，以及他对国家稳定性的担心，全部混合在一起。这些问题让亨利困惑了两年多。他很清楚，第一步得废掉凯瑟琳。1527年5月，沃尔西枢机主教代表教皇特使与亨利串通，在沃尔西位于威斯敏斯特的府邸中召开秘密的教会法庭，召亨利出庭，控告他违反教会禁止近亲结婚的法令，娶其寡嫂。亨利结婚的权利，依据了斐迪南与亨利七世于1503年获得的教皇特赦敕令，在实际层面上，凯瑟琳虽与阿瑟结婚，并未圆房，在法律上并不是亨利的寡嫂，亨利是可以娶凯瑟琳的。凯瑟琳听取西班牙前后几任大使的建议，直到她生命垂危之时，都坚持说未曾与阿瑟圆房，但没有人相信此说，毕竟她与阿瑟王子同住在一个屋檐下达七个月之久。

在长达三天的辩论结束之后，法庭裁决应当将此问题交由英格兰其他有学问的主教定夺。然而，几位主教却回复说，假如曾获得教皇的特准，这样的婚姻便完全合法。于是亨利便试图说服凯瑟琳，说他们二人从来就没有合法地结过婚，在乱伦中生活了十八年，罪无可恕。他还说未来不再与她同进同出，所以希望她远离宫廷。凯瑟琳大哭，拒绝离开王宫。

大约两个星期之后，沃尔西渡过英吉利海峡，与法兰西进行缔结盟约的谈判。当沃尔西不在国内的时候，亨利开始公开追求博林。安妮·博林自法兰西求学归来，已经是一位二十四岁，活泼又富有才情的女性，身材苗条，体质娇柔，双瞳黑如潭水，秀发黑密而长，长到她都可以坐在上面，不过她却让黑发松松地披肩垂下。威尼斯大使写道："情妇安妮·博林并不是世界上最美丽的女性。她中等身材、肤色深、长颈、宽嘴，甚至是平胸。"她个性火暴、口无遮拦、盛气凌人，虽然并不受大众欢迎，但不久之后就有一伙追随者，其中许多人都因偏好路德派新的宗教学说而闻名。在日期记载为1527年8月16日的神圣罗马帝国大使报告中，人们首次听到安妮·博林在宫廷的事，也就是亨利宣告他的婚姻无效的诉讼程序四个月之后。他是否在筹划离婚后，才发现了博林？还是他一开始就安排要娶博林呢？我们永远不知道答案，因为亨利对于他的私事极为保密。他在观察了一两年之后说："三个人商量的事，如果两个人不在也可能守秘。如果我认为我的帽子知道我的秘密，我会将它丢到火中烧掉。"他的情书被教皇的使节弄到了手，目前收藏在梵蒂冈图书馆。虽用词造句很好，但都未签上日期，除了提到博林让他等了差不多一年之外，几乎没有透露任何事。

沃尔西与凯瑟琳小心地看管着亨利。他以前也有过情妇，但从来没有公开过。在宫中经常出现一位贵妇，与他共度一段时光，引起一场非比寻常的骚动。博林与亨利一起安排了一位王室特使，去觐见教皇克雷芒七世；这位特使不仅要设法宣告亨利的婚姻无效，还要设法得到马上再婚的特准，而这一切必须避开沃尔西选派的常驻罗马大使。威廉·奈特博士已年逾七十，奉诏由退休生活复出，担任这个微妙的使命。奈特博士接到了两个完全不同的指示。其中一项指示根本没有提到再婚这件事情，这个指示是在经过贡比涅前往罗马的途中，给沃尔西过目用的；另一项指示，则是奈特要执行的指示。沃尔西看到做样子的指示，立刻明白，这是由无知俗人所写的草稿。他匆匆回国修改指示，并获悉一切。虽然他现在接掌谈判的事务，但每种权宜手段，都证明毫无成效可言。被派往英格兰审理此案的教皇特使坎佩吉奥枢机主教，使用所有的借口拖延。现在意大利已经落入哈布斯堡家族之手，教皇受到神圣罗马帝国的支配。1527 年，他们占领了罗马，大肆洗劫，让欧洲感到震惊。实际上，教皇现在是查理五世的俘虏，查理五世认为亨利不应该与他的姨母离婚。

这件事打击了沃尔西。亨利聘请了新的咨议大臣。诺福克公爵的一位追随者——史蒂芬·加德纳博士——被任命为国王秘书。就在这个任命不久，剑桥大学年轻的神学讲师、博林一家的朋友——克兰默，向加德纳提出建议：国王的婚姻是否合法的问题，应当从律师那里撤回，交给欧洲的大学去研究。亨利立刻接受了这个建议，召见克兰默并且向他致意。信件与使者被遣至欧洲所有的大学。与此同时，亨利在六年来首次将诏书送往议会，在他筹划进行的改变中，逐渐加强自己的力量。完成了种种安排的是诺福克与加德纳，并不是沃尔西。沃尔西感到羞辱而退休，回到他从未访问过的约克大主教辖区。有一次，他到格拉夫顿谒见国王，当他进去的时候，发现博林在场，诺福克还当面侮辱他，让他未能朝觐就被斥退。

1529 年 10 月 9 日，沃尔西又进一步受到侮辱。王室法庭根据理查二世在朝时通过的《蔑视王权法规》中的一项，对他起诉。这些议会法令旨在维护王室法庭，对抗教会法庭的司法权，曾经是沃尔西喜欢用来作为国王对违法罪行榨取钱财的工具。这些法令规定：任何人由罗马，或其他地方的法庭获得移交罗马的案件，诸如，到教廷控诉国王，将国王逐出教会，导致教皇发出不利国王的敕令或器具，对国王本人、王权与王位或国土带来不利的其他任何事，都将失去王室的保护，所有的财物都将归国王。当王室法庭在进行诉讼程序时，诺福克与萨福克双双走向沃尔西的住处，要夺走他手中的印章，这意味着他不再是大法官。沃尔西抗议，说他曾被任命为终身大法官。次日，他们重新带着国王签署的诏书出现在沃尔西的住处。在他们拿走印章之后，这位伟大的枢机主教崩溃了，坐在座位上，为他的不幸哭泣哀叹。

但是，博林决心要毁掉他。她将心思放在约克大主教位于伦敦的约克宅邸。她认为，宅邸的大小对她与亨利而言恰好方便，一来是大得足够款待他们的朋友作乐；二来是小得可供凯瑟琳王后有个容身之处。博林与她的母亲带着国王去查看枢机主教在约克府邸的财物，亨利对他发现的财富大发雷霆。他召见法官与有学识的法律顾问，问他们要怎样做才能合法地拥有约克府邸。要知道，这是永远属于约克大主教的府邸。法官们建议，沃尔西应当发表声明，将约克府交给国王与他的继位者。因此，王室法庭的一位法官，奉命前去见沃尔西。亨利内官的一位官员乔治·卡文迪什，留下了对这位主教最后日子的报道。根据他的记载，沃尔西说："我知道，国王确实有国王的胃口。你怎么说，谢利法官？正义与良心能够容许我把不属于我和我继承人的东西让给他人吗？"这位法官解释了法律界看这个案件的角度。然后枢机主教说："我从没有违背陛下的意愿，也很高兴能够满足国王陛下对一切事物的意愿与享乐，在这个问题上尤其如此。如法官所言，我会依法而行，绝不会抗命不从。然而，我求你们为我向国王陛下表明，我极其谦卑地期望陛下能大发慈悲地记住这句话：有天堂就会有地狱。"

亨利对一位枢机主教的种种非难毫不在意。威胁仅会让他采取更加彻底的措施。"蔑视王权"的指控遂又加上另一项罪名：在国王不知情的情形下，沃尔西与法兰西国王通信叛国。根据《蔑视王权法规》，确认沃尔西有罪的五天之后，诺森伯兰伯爵来到约克附近卡坞约克大主教的府邸，用非常微弱又柔和的颤抖声音说："阁下！我要以严重叛国的罪名逮捕你。"枢机主教说："你的逮捕令在哪里，让我看一看。"伯爵回答道："不！阁下，你不能看。"枢机主教说："嗯，那么我不会任你逮捕。"他们在这件事上争论，这时咨议大臣沃尔什进来了，然后枢机主教说："好啦，再没有什么可说的。先生，我知道你是枢密院中的成员。我想你是沃尔什，我愿意束手就擒。但这并不是对我的诺森伯兰勋爵让步，他不让我看逮捕令。因为，只要你是国王枢密院的成员，你的叛国罪就有充分的逮捕权。最坏的人不需要任何逮捕令，只要靠着国王的命令，便有充分理由逮捕这个国家中最了不起的同伴。"

当沃尔西返回伦敦的时候，伦敦塔准备好了白金汉公爵被处死之前所用的囚室，但沃尔西在途中病倒了。他在附近的莱斯特大修道院过夜时，告诉出来迎接的僧侣们："我来就是想将骨骸留给你们。"两天后的早上，八点钟左右，他在最后的弥留时刻，向聚集在床边的那些人喃喃地说："如果我曾经像服侍国王那般勤勉地服侍过上帝，他就不会在我白发苍苍之际放弃我了。"不久之后他就去世了。人们发现他上好的荷兰麻布衬衣里面有件刚毛衬衣，而除了他的教堂牧师之外，所有的仆人一概不知这件刚毛衬衣的来历。

沃尔西在政府中的显要官职，都赐给了新的行政官员：加德纳得到了英格兰最富裕的辖区——温切斯特的主教辖区；诺福克成了枢密大臣；萨福克任副助理枢密大臣。到托马斯·摩尔爵士取代沃尔西担任大法官的前几天，亨利国王亲自使用印章，在国家的文件上盖章。

随着枢机主教的去世，潜伏的政治团体纷纷开始争权。乡绅在伦敦参与公共事务的野心，受过教育的、富足的文艺复兴时代的英格兰对于抛开教士教导的愿望，各个派系对权力赤裸裸的贪婪与渴求，都开始动摇这个国家的基础。此时，亨利八世三十八岁。

第五章　与罗马的决裂

关于亨利与凯瑟琳的婚姻，克兰默诉请各大学做出裁决的主意，后来证明大为成功。这位年轻的讲师因此受到奖赏，被任命为与神圣罗马帝国皇帝之间的大使，甚至教皇国的博洛尼亚大学都宣布亨利国王结婚合法，认为教皇将近亲通婚的基本法律置之于不顾。其他许多大学包括巴黎、图卢兹、奥尔良、帕多瓦、费拉拉、帕维亚、牛津与剑桥等都随声附和。亨利国王早就知道自己是对的，这些大学的赞同似乎就是最后拍板定案的一环。他决心向教皇表示他的不悦，准备采取一些惊人措施反对英格兰教会的权力。他问，为什么教会的庇护权能阻挠国王的司法？又为什么准许教区牧师住得离教区很远，同时由薪俸过低的替代者为这些素餐者做教区的事？为什么意大利人可享用英格兰国王辖区的税收？为什么神职人员为教区居民的死亡检验遗嘱与赠礼就要索取费用？亨利国王打算请他博学的平民院议员提出改革计划。

早在 1515 年，一件著名的案件曾经动摇英格兰教会。伦敦的一位裁缝商理查德·亨尼挺身而出，反对教会征收费用，这个纷争后来扩大为大胆挑战教会权威的风潮。结果亨尼遭到逮捕，被神职人员囚禁在罗拉德塔。有人发现，他在那里被处了绞刑。这是自杀还是他杀呢？议会与伦敦市的反对声越聚越大，最后甚至吵到被反对的伦敦主教本人。但是，这些宗教改革时代的早期冤屈，都被沃尔西当时不可动摇的权力平息了。现在平民院急于恢复被人中断的案件。所有平民院懂法律的人成立了一个委员会，以较短的时间拟好了必要的法案。主教们与大修道院院长们的贵族院，仍比他们的世俗同僚组成的平民院拥有较多表决权。贵族院同意修改庇护权，并且废除仅影响下层神职人员殡仪费的法案。但是当这份《遗嘱认证法案》提交到平民院的时候，所有主教，特别是坎特伯雷大主教，全都皱着眉头发牢骚。罗切斯特的主教费希尔是老派势力的代表，警告贵族院议员们说，宗教改革会带来社会革命。他提到了约翰·胡斯①所领导的宗教改革导致捷克全国叛乱。

"议员先生们，"他说，"你们每天都看到由平民院送来的法案是什么样子，这些法案全都想要摧毁教会。请看在上帝的面上，想想以前波西米亚是怎样的王国。当那里的教会倒了的时候，这个王国的光荣也垮了。现在平民院的议员无其他目的，只想打倒教会。据我看来，所有这一切仅仅是因为缺乏信仰。"

不久平民院的议员便听到了这篇大胆的演说，点出最后几个字暗喻的含义：平民院制定的法律，是异教徒与异教民众制定的法律，不值得保留。他们中重要的三十位议员成立了代表团，由议长带头向亨利国王申诉。亨利召见了惹事的主教们，并请费希尔解释。费希尔闪烁其词。他宣称，他只不过是表示波西米亚人缺乏信仰，不是说平民院议员缺乏信仰。对这个解释，其他的主教都表示同意。但历史告诉我们："这种平淡无奇的辩解，根本不能让平民院议员感到满意。"在《遗嘱认证法案》能够在贵族院强行过关之前，两院已展开了唇枪舌剑，积怨日增。因此，从宗教改革开始时，平民院就产生了一种团体精神；而且在它"长寿"的任期内，比之前任何议会都要热切地寻求对主教们施以报复的措施，因为平民院一直认定主教们在《遗嘱认证法案》上涉嫌规避与欺诈。平民院对于主教团的仇视一直没减少，长达一百多年。

---

① 捷克爱国者、宗教改革家。——译注

亨利对平民院所做的事表示高兴，并且告诉他遇到的每个人，包括神圣罗马帝国大使："我们已经下令，要我们王国的神职人员尽快改革。我们已经大肆削减他们的权力，取消他们对一般臣民滥施权威所加征的几种税。我们现在将要接管'首年献金'（主教们为主持圣礼或圣职而付给罗马的第一年收入），防止教士们领一份以上的圣俸。"但是他马上说明，他仍完全维持正统教义，他仅信奉科利特①与其他在年轻时便熟知的卓越神学家所提倡的原则，即人们尽可批评教皇的制度，但无碍于信天主教信仰。他说："如果路德限制他自己仅仅谴责神职人员的恶行、滥权与错误，而不攻击教会与其他宗教机构的圣礼，我们全都会追随他，为他歌功颂德。"他做过这种直率但不失理性的声明之后，为宣告婚姻无效而与罗马进行的谈判遭遇到更大阻碍。亨利一生中，愈有人反对，他愈不服输。这次，他决心表现他是认真的。

1530 年 12 月，总检察长指控全体神职人员，犯了十四世纪通过的《蔑视王权罪与神职人员的法规》，当时是为了限制教皇的权力，才定下这个法规。他们已在默认沃尔西担任教皇特使时使用的许多高压手段而违反了这些条规。亨利得到议会的支持，在《遗嘱认证法案》一事上击败了主教们，知道"宗教会议"不会公然反抗他。教皇的教廷大使插手，鼓励所有的神职人员反对国王时，他们全都惊讶、愤慨，甚至没有允许他开口，所有的神职人员便恳求教廷大使让他们静一静，因为他们并没有得到国王的允许，可以与他谈话。为了宽恕他们犯下《蔑视王权罪与神职人员的法规》的罪行，亨利向宗教会议索取了大笔金钱。向坎特伯雷索取了十万英镑，约克是一万九千英镑，这比他们最初准备缴纳的还要超出许多。进一步谈判之后，亨利还得到一个新称号。1531 年 2 月 17 日，神职人员承认国王是他们"特别的保护者，唯一至尊的君主，若基督的律法能够许可的话，甚至是至尊的领袖"。

自 1529 年起，为了《遗嘱认证法案》一事的纷争，议会已经休会

---

① 英格兰神学家，曾写过相关的宗教论文。——译注

数月，现在重新召开，听取与宣传王室对离婚的看法。大法官摩尔来到议院说："有些人说，国王设法办理离婚是因为爱上了某位贵妇，而非出于任何良心上的不安，但这并不是事实。"他还宣读国外十二所大学的意见，展示由外国学者所写的一百册"书"，它们全都同意国王的婚姻不合法。大法官说："现在，你们这些平民院议员可以在你们自己的郡县报告你们的所见所闻，然后所有的人都将会理解，国王并没有像那些陌生人所说的，只是企图恣意寻乐。国王只是为了免除良心不安，只是为了保障王位继承权的安全而已。"

在这整个过程中，凯瑟琳王后一直住在宫中。尽管亨利公开地与安妮·博林一同骑马聊天，却让凯瑟琳掌管他个人的衣物，包括监督洗衣房与内衣制作。他需要衣物时，仍请凯瑟琳照料，而非由安妮·博林帮忙。安妮·博林又嫉妒又生气，但是几个月下来，国王还是拒绝放弃他的老规矩。于是博林家族又有新的尝试，劝说凯瑟琳正式放弃她的权力。1531 年 6 月 1 日，诺福克、萨福克、加德纳与安妮·博林的父亲——现在是威尔特伯爵、诺森伯兰及其他人，一起去见她。她像以前一样，拒绝正式放弃任何权力。大约在 7 月中旬，安妮·博林与亨利离开温莎堡，远行狩猎，时间比他们过去任何一次远行狩猎的时间都要长。凯瑟琳日日等待，一个月过去了，却仍旧没有国王要回宫的消息。最后信使来了，报告说国王将要回宫。但亨利不愿见到王后，并且命令她立刻前往赫德福特（即沃尔西在摩尔的旧府邸）。此后，凯瑟琳与她的女儿玛丽便被逐出宫。

*　　　*　　　*　　　*　　　*

1531 年至 1532 年的冬天，让人难忘，因为亨利遇到了统治期间最紧张的危机。罗马草拟了一道逐出教会令，甚至可以说是禁令，命令国王在十五天之内抛弃情妇安妮·博林，命令上仅处罚的部分是空白的。教皇的愤怒如黑影一般，笼罩着英格兰。宫中的圣诞节变得极为严肃。一位史学家记载："所有的人都说，那年的圣诞节听不到音乐，因为王后与一些贵妇人都不在。"但是，就像回到他在位早期的黑暗日子一样，亨利在远征波尔多失败后，对于自己想要的结果，是毫无妥协地追求，反对仅会让他更坚信自己的计划。他曾对神圣罗马帝国大使夸口《首年献金法案》已经拟定妥，当最坏的情况发生时，将以此作为斗争手段。这让亨利开始武装，准备与教廷作更大的争斗，甚至超过之前与《大宪章》的争斗。其前言写着：如果罗马教廷要将英格兰逐出教会、停止教权，或强制执行诉讼程序，那么所有的圣典与宗教仪式都应当继续照常进行。停止教权的命令，不应由任何一位高级教士或神职人员执行或公布。如果被国王提名担任主教职的人选受到来自罗马敕令的限制，无法接掌神职，应由大主教对其授任，或由任何即将被命名的大主教授任。原本教廷财政要依靠首年献金，现在被缩减到只有百分之五。

这是亨利送交议会审理的法案中最困难的一个法案。他有义务亲自去贵族院，至少三次。当时，法案可能无法过关。后来，他想到一个全新的权宜之计，他将平民院公开分成两派。他想到一个计划。议员中，祝福国王能够得到幸福、王国更加繁荣的人站到一边，而反对这个立场的人站到另一边。持反对立场的人当中，有些人害怕国王大发雷霆，改变了立场。这个法案在经过重大修正后，通过了。

下一步，则要让神职人员服从王室。亨利让平民院准备了一份文件，称作《反教士司法权请愿书》，打击教会法庭的权威。"教士司法权"是享有司法裁判权的主教与其代表们的法律术语。起初，教士会议来势汹汹，但后来仅用暧昧、含混不清的言辞表示服从。但是亨利拒绝妥协，就在第三次尝试时，教士们终于同意亨利所订的条款，使他成为英格兰教会真正的主人。1532 年 5 月 16 日下午，当这些条款呈给国王核准时，托马斯·摩尔辞去了大法官之职，以抗议国王在宗教事务上也拥有的最高权力。每一件事，他都曾忠心耿耿地为君王效命，但现在他看得出来，亨利所走的路，一定会不可避免地与他自己的良知、信念发生冲突。

因此，英格兰的宗教改革是个缓慢的过程。这个机会主义的国王，设计好了每一步，直到英格兰完全不受罗马的控制为止。沃尔西为准备这条路，曾经费尽心力。在关键的数年间，他曾经支持过教廷，结果得到的回报是极为广大的权力，通常只有教皇自己或其使节才能拥有如此大的权力。因此，英格兰较其他任何一个基督国家，更熟悉教廷赋予其教士的教廷司法裁判权，也使得这项权力更容易移交给国王。沃尔西曾将教皇的权威使用得比以前更贴近人们的生活，但这种不请自来的亲近，让人产生厌恶。老主教沃勒姆本是反对国王离婚的主要人物，他八月去世，为此事提供了更多的机会，也制造更多的难题。亨利并不急着任命继任的大主教，他必须考虑他能做到哪种程度。如果发生争斗的话，主教们能否忘掉他们在就任神职时对教皇许下的誓言？会不会发生叛乱？神圣罗马帝国的皇帝是凯瑟琳王后的外甥，他会不会由低地国家^①入侵英格兰？国王又能不能依仗法兰西保持中立呢？

为了权衡这些因素，亨利国王仅带着几位朋友，包括安妮·博林前往布伦，与弗朗索瓦一世讨论。他回国时已经心安，相信可以完成最惊人的坎特伯雷大主教任命，于是将克兰默由驻神圣罗马帝国的大使馆召回。克兰默曾结过两次婚，第二次是在日耳曼，于神职授任礼之后，依日耳曼教士奉行的新方式娶了一位知名路德派教士的侄女。教士结婚一事，在英格兰依旧非法，克兰默的妻子便乔装先行。克兰默于 1532 年 11 月 1 日，在曼托瓦离开神圣罗马帝国皇帝，在 12 月中旬抵达伦敦。一个星期之后，被任命为坎特伯雷大主教。他接受了这个任命，此后直到亨利去世之前，克兰默的妻子都得藏匿着。如果非得陪伴出行，据说她都藏在一个特地打造的大行李箱里。

一个月之后，亨利秘密地娶了安妮·博林。史学家没有查明该场

---

① 荷、比、卢三国。——译注

婚礼是由何人主持，在何地主办。克兰默本人并不是教士，他与神圣罗马帝国的大使都说，婚礼是于 1533 年 1 月举行的。毫无疑问，在罗马天主教的世界中，亨利犯了重婚罪，因为他与阿拉贡的凯瑟琳早已结婚，差不多有二十五年之久。这桩婚姻还不曾在罗马甚至英格兰宣布无效，也未被任何法庭或公开的法案宣告无效。他只不过认为自己根本没有合法地结过婚，然后就让律师与教士去弥补这个漏洞。

克兰默以传统的方式当上了大主教。在国王的要求下，借着威胁教皇，严格地实行《首年献金法案》，克兰默得到教皇的批准诏书。克兰默以一般的誓言发誓要服从教皇，但却在事前与事后都保留了一些权力和大典授予的神职。这件事很重要：这位即将完成宗教改革的人，就这样被教皇接纳并且赋以全权。然而，就在他上任两天之后，有人在议会提出了一项法案，将教皇原来在英格兰拥有的审理与裁决宗教法庭所有案件的权力，授予坎特伯雷大主教。未来如果有人到外国进行诉讼，都会依据《蔑视王权法规》予以严惩。英格兰法庭的判决将不受任何教廷裁决或逐出教会的影响，而拒绝举行宗教仪式或主持圣礼的教士，可能遭到监禁。这项极其重要的法案，在议会中以适当的程序通过。这是托马斯·克伦威尔的杰作：废除了教廷残留在英格兰的权威，即为人所知的《上诉法》。接下来的那个月，亨利写了一封信，描写他的地位是"国王与君主，除了上帝之外，不承认世界上有任何地位更优越的人，而且不服从世界上任何创造物的法律"。英格兰从此与罗马完全决裂。

亨利建立了他的至尊地位，便着手加以利用。在 1533 年 3 月，教士会议面对着两个问题：一个人娶其兄长的妻子，死者虽然无子嗣，但已在婚姻中圆房，此人这种做法是否违反上帝的律法，而无资格得到教皇的特许？出席的高级教士与神职人员的回答是：是。罗切斯特主教费希尔的回答是：否。阿瑟王子与凯瑟琳结婚圆过房没有？教士们的回答是：是。但是费希尔主教的回答是：否。因此，费希尔主教遭到逮捕，被监禁在伦敦塔。大约十天之后，诺福克公爵带着国王的特使来到安特希尔，拜见凯瑟琳王后。他们向她提出应当自愿正式放弃称号的各种理由。她正在阻挠王位继承。国人不会接纳她的女儿当女王，而且，如果她继续不讲理，进行阻挠，英格兰可能会陷入混乱。如果她交出后位，仍可以享有崇高地位。王后拒绝退位。他们将教士会议的决定告诉她，教士会议将会阶段性地剥夺她的后位，她将不再有任何的头衔。她表示抗拒。但是国王的特使又做了另一项宣布：凯瑟琳无论如何都不再是王后了；因为亨利国王早已经与安妮·博林结了婚。

现在亨利的秘密婚姻是人尽皆知了。两个星期之后，克兰默在丹斯塔布主持开庭审理，派了一位代理人去安特希尔传凯瑟琳出庭。她拒绝了。在她缺席的情况下，大主教克兰默照样做出判决。凯瑟琳与亨利的婚姻事实上是存在的，但在法律上不然。它从一开始便无效。五天之后，亨利与安妮·博林的婚姻在法律上被宣布有效。安妮·博林王后于 6 月 1 日在威斯敏斯特大教堂加冕。

次月，一切真相大白，新王后已经怀孕。临近分娩的时候，亨利一直在格林尼治陪她，极尽小心地不让她受到打扰。很多坏消息从海外与边境传来，那样的情况下，亨利骑马到郊外，在旷野中召集枢密院，以防王后猜测到情势的严重性，不然，也或是为了避开瘟疫。有一张床价值连城，富丽非凡，本来放在国库，是一位法兰西贵族的一部分赎金，现在拿出来备用。1533 年 9 月 7 日，后来的女王伊丽莎白在这里诞生了。

人们遍燃篝火以示庆贺，但亨利心中并没有感到丝毫欣喜。他一直想要一位子嗣。他不理会世人议论，还犯了重婚罪，冒着被教皇废黜与外敌入侵的风险，现在只得到一位女儿。根据记述，老保姆问道："陛下想看看您的小女儿吗？"亨利气愤地回应道："我的女儿，我的女儿！你这老妖怪，这巫婆，不许这样跟我说！"他马上骑马离开格林尼治与安妮·博林，在三天之后到达威尔特郡的狼厅——一位值得尊敬的老臣约翰·西摩爵士的府邸。这位爵士有位聪明的儿子从事外交工作，还有位漂亮的女儿，以前是凯瑟琳王后的宫女。珍·西摩大约二十五岁，虽然很有吸引力，但是没有人认为她是个绝色美女。神圣罗马帝国大使是这样报告的："她的皮肤十分白皙，可以说是几近苍白。她并不是非常聪明，甚至可以说是傲慢。"但是她性格非常爽朗，讨人喜欢，因此亨利爱上了她。

在伊丽莎白诞生之后，再也无法掩盖批评国王与他的宗教措施的声音。人们说："如果要在两位公主之间做个选择，那么何不选择嫡出的玛丽呢？"对于这样的争论，亨利不理会其中任何一种声音。通过的法案赋予伊丽莎白继承权。1534 年 3 月，英格兰所有达到法定年龄的人，不分男女，都被迫宣誓效忠此法案，并声明绝不效忠所有在英格兰境内的外国政权。除非得到特准，否则教士们无权传教。相关当局还公告了一种求告祈祷文，供所有的教堂使用，祈祷文中有这样一段话："亨利八世的地位仅次于上帝，是英格兰天主教会唯一至尊的领袖，他的妻子安妮·博林及他的女儿伊丽莎白公主，是他们的继承人。"以文字恶意地宣称国王是暴君或异教徒者，会被视作叛国。亨利王朝的统治日渐残暴，数百人因此祷文而被绞杀、破膛或分尸。

费希尔与托马斯·摩尔爵士都拒绝宣誓，被监禁在伦敦塔数月之久。摩尔曾提出非常精彩的抗辩，但是亨利国王以往对他的信任已经转变成憎恨。在王室的压力下，法官宣告他犯了叛逆罪。费希尔被监禁在伦敦塔的时候，教皇立了七位枢机主教，其中一位是罗切斯特主教约翰，被英格兰国王囚禁在狱中。亨利一听到这个消息，在盛怒之下数次表示，他要将费希尔的头颅送到罗马，去做枢机主教的帽子。费希尔于1535 年 6 月被处死，摩尔于 7 月被处死。对于他们的死，亨利必须负主要的责任，这桩事是他一生的污点。不久之后，亨利就被驱出教会，理论上，他是被教皇废除了王位。

摩尔与费希尔反对国王在教会内拥有至高无上的地位，他们的表现是高贵的、英雄式的壮举。他们明白现存天主教制度的缺陷，但是他们也痛恨恐惧会摧毁基督教国家团结的具有侵略性的民族主义。他们看出，与罗马的决裂是让独裁专制摆脱所有的束缚。摩尔以捍卫者的角色挺身而出，捍卫所有从中世纪眼光看来最美好的事物。他向历史陈述这些事物的普遍性、在精神价值上的信念，以及其世俗感受。亨利八世用残忍的斧钺扼杀的不只是一位有智能、有天赋的咨议大臣，也包括一个制度，虽然这个制度实际上并没有实现它的预想，但是为人类提供了长久以来最光明的期望。

*　　　*　　　*　　　*　　　*

当安妮·博林再度怀孕的消息传出时，亨利国王仍在追求珍·西摩。但是这一次亨利拒绝与安妮·博林有任何瓜葛。她面容憔悴、病倒床榻，也失去了她的清新气质。宫廷中谣言四起，说他三个月中仅同她谈过十次话，尽管他以前几乎无法忍受仅与她分开一个钟头。安妮·博林心急如焚，担心支持凯瑟琳与玛丽的人会起来反抗她与女儿伊丽莎白。安妮·博林未与亨利或他的顾问们协商，便派遣她的保姆传话给玛丽，若玛丽宣誓效忠《继位法》和放弃王位继承的权利，她愿意承诺任何事情。利诱之后是威胁，但玛丽拒绝让步。有一天，在保姆做了不顺利的报告之后，安妮·博林泪如泉涌。不久后，她的叔叔诺福克公爵大步走入房间，告诉她亨利狩猎时发生了严重的意外。她又忧又惊，几乎晕厥，五天之后，不幸流产。

亨利国王不但不怜惜她，反而情绪失控，大发雷霆。他去探视她，一再重复说："我看上帝无意让我有个儿子。"他转身离去时，还怒气冲冲补充说，等她身体好一点时，他才会再跟她讲话。安妮·博林回答说，未能再生个孩子并不是她的错。听到国王狩猎坠马的消息时，她早就吓坏了。除此之外，她那样爱他，比凯瑟琳还爱他，看到他向其他人示爱，她心都碎了。亨利一听到她这样暗示他和珍·西摩的事情，火冒三丈地离开房间，许多天都拒绝去看她。珍·西摩被安置在格林尼治。她的一名男仆被神圣罗马帝国大使收买，通过他，我们听到了王室求婚的故事。

有一天，亨利派他的侍童从伦敦带着装满金币的钱包与他的亲笔信函给珍·西摩。珍吻了亲笔函却未拆开，便将它交给了侍童。然后，她跪下来说："我请求你替我恳求国王了解我谨慎的原因：我是家世清白的淑女，世上无任何财宝比得上我的名誉。如果国王想将我变成钱财可买的礼物，我哀求他，仅在上帝派给我丈夫时，才那样做。"亨利非常的高兴。他说她表现出至高美德，为了证明他的心意配得上她的人，他承诺将来除非她的亲戚在场，否则便不会与她交谈。

1536 年 1 月，凯瑟琳王后辞世。如果亨利有意再婚，他现在就可以与安妮·博林王后断绝关系，他之前的婚姻也不会引起尴尬的问题。西摩家族的人早已经散布流言，说安妮·博林王后想要个儿子，所以在生下伊丽莎白不久便对国王不忠，有好几个情夫。如果证据确凿，就是死罪。因此，安妮·博林王后受到了监视。某一个星期天，有人看到两个年轻的臣子——亨利·诺里斯与弗朗索瓦·韦斯顿爵士进入王后的房间，而且传言说有人看到他们与她做爱。次日，羊皮纸的文件送到亨利面前，建议授权一个有力的调查团，由大法官或其他任何四位陪审员领头，调查与审理每种叛国行径。亨利签署了文件。星期二的一整天，调查团进行审理，直到深夜仍旧找不到充分的证据。接下来的星期日，国王内廷的一位擅长演奏鲁特琴的侍从——斯米顿——被认为是王后的情夫而遭到逮捕。斯米顿在屈打成招下承认罪名。星期一，诺里斯参加在格林尼治举行的"五朔节"比武挑战。国王在比武之后骑马前往伦敦时，将诺里斯召唤到他的身边，告诉他自己怀疑的事情。虽然诺里斯矢口否认一切，但还是被逮捕并且送到伦敦塔去了。

当天晚上，安妮·博林知道斯米顿与诺里斯都被监禁在伦敦塔。次日清晨，她也被请到调查团。虽然是她的叔叔诺福克公爵主持审问，安妮·博林后来还是埋怨说，对待任何一位英格兰王后都不应当如此野蛮。在审问终结时，她遭到逮捕并且被看管到潮涨时分，以方便用船只将她押往上游的伦敦塔。消息很快就传开了，大批群众聚集到河岸，看到一只专用艇载着她迅速地逆流而上，艇上有一队担任押送的士兵、她的叔叔诺福克、两位宫廷内侍——牛津阁下与桑迪斯阁下。她的"叛徒门"被移交给驻守伦敦塔的威廉·金斯顿爵士。

当天晚上，在约克府邸，当亨利的私生子里士满公爵像平常一样向他道晚安时，亨利的眼泪夺眶而出。他说："感谢上帝的慈悲，你与你的姐姐玛丽已经逃脱了那该死的恶毒婊子的毒手。她正企图毒死你们二人。"亨利不断地开宴会，企图忘掉自己的耻辱。被怀疑是居心不良、存有偏见的神圣罗马帝国大使写道："自从安妮·博林等人遭到逮捕以来，亨利国王比以前快乐多了。他与贵妇们外出，到处设宴，有时他会在许多乐器的演奏或歌声与乐团音乐的伴随下，在午夜之后沿着河边嬉游。这些音乐家都尽力表现，以衬托出他摆脱那个瘦老妇人之后的快乐。"（实际上安妮·博林当时才二十九岁。）"他最近与卡莱尔主教及贵妇们一起去参加宴会。次日，主教告诉我说，亨利已极尽欢乐之能事。"

星期五上午，前一个星期受命审理叛国罪的特别法庭成员，其中包括安妮·博林的父亲威尔特郡伯爵及几乎整个最高法庭的法官，开庭审讯安妮·博林的几个情夫。由十二名骑士奉命组成特别陪审团，判决被告都有罪。他们被判处绞刑、破膛与分尸，但是处决要延迟到安妮·博林王后接受审判之后。三天后（即下周一）特别法庭才在伦敦塔的大厅，开始审讯安妮·博林。二十六位贵族坐在高起的审判台上，其中一半以上是贵族院的议员。诺福克公爵担任主审，他因主持这一次的审判，被任命为贵族院议长。大法官托马斯·奥德利爵士，出生于平民家庭，没有资格审判王后，只能坐在诺福克公爵旁边提出法律上的意见。伦敦市长与郡长代表团、人民代表等，依王命坐在大厅的通风井上。王后由伦敦塔的中尉埃德蒙·沃尔辛厄姆爵士带上法庭，聆听检察长宣读的起诉状。她被指控对国王不贞，答应在国王归天后嫁给诺里斯，给诺里斯藏毒的小盒子以便毒死凯瑟琳与玛丽，其他罪行还包括与她的兄长乱伦。王后坚决否认指控，并且对各项指控提出详细的辩解。贵族们先退庭商议，然后出庭宣判安妮·博林有罪。诺福克宣布判决：依国王之意，将安妮王后烧死或斩首。

安妮·博林镇定而又勇敢地接受了判决。她宣称，如果国王允许的话，她想要像法兰西贵族一样被刀斩首，而不是像英格兰贵族一样被利斧砍头。她的愿望获得了恩准。但是在国王的领土中找不到会用刀行刑的剑子手，因此必须将行刑日期由星期四延到星期五，以便向神圣罗马帝国所辖的圣奥默借用一位剑子手专家。星期四的夜里，安妮·博林几乎没有睡。伦敦塔的院子里正在为行刑搭建一座大约五英尺高的台子，院内传来的敲打之声在远处隐约可闻。清晨，民众获准进入院子。不久之后，大法官与亨利的儿子里士满公爵、克伦威尔、伦敦市长及郡守们也都来了。

1536 年 5 月 19 日，剑子手双手握住沉重的刀，等候行刑。伦敦塔的驻守先出现，后面跟着安妮·博林。她穿着用皮毛镶边的、深灰色锦缎做的美丽晚礼服，里面还衬着猩红色的长袍。她选中这件晚礼服是为了露出脖颈，便于行刑。她得到一大笔钱，以供施舍群众。她仅简单地对群众说："我在这里不是向你们讲道，而是来就死。请为国王祈祷吧，因为他是位好人，已尽他所能待我。我并不指控任何一个让我死亡的人，不指责法官或任何其他人，我因为犯了国法而甘愿就死。"然后她取下镶珠的头饰，露出小心束起来的秀发，以免妨碍到剑子手行刑。

一位宫女用布蒙上了她的眼睛，她跪了下来说："为我祈祷吧。"在念主祷文之前，她低下了头低声喃喃道："愿上帝怜悯我的灵魂。""愿上帝怜悯我的灵魂。"她又重复了一遍。此时剑子手走上前来，慢慢地看准目标，大刀划过天空，便结束了一切。

当行刑的消息一公布，亨利就穿上了黄色袍服，帽上插了一支翎毛。十天之后，在约克府邸与珍·西摩私下完婚。事实证明，珍·西摩是亨利梦寐以求的那种百依百顺的贤妻。安妮·博林过于专横霸道、冲动。在安妮·博林被处决的前两年，有位大使这样描述她："当这位妇人想要任何东西的时候，没有人敢反对，即使敢，也不会那样做，甚至国王自己也是如此。他们说，令人无法置信的是，国王任安妮·博林摆布。因此，安妮·博林希望做某些事时，国王虽不喜欢，她还是会不顾国王的反对去做，还会假装勃然大怒。"珍·西摩恰恰相反，虽然高傲却温柔，亨利与她欢度了一年半的时光。她是亨利唯一惋惜与哀悼的王后。她在生下第一个孩子——未来的爱德华六世之后去世了，享年二十七岁。亨利用王室之礼将她安葬在温莎宫的圣乔治小礼拜堂。他后来亦长眠在她身边。

第六章　修道院的末日

　　珍·西摩为后期间，宫中一片祥和，但是英格兰的农村却怨声四起。亨利在税收上日渐短缺，教会的财产成了诱人的目标。就在安妮·博林受审之前，他亲自到平民院建议一项法案，关闭那些收容不到十二名僧侣的小修道院。这样的修道院在全英格兰有四百所之多，全部修道院的地租是笔相当大的数目。宗教秩序日益败坏，为人父母者越来越不肯将他们的孩子送到修道院。僧侣到乡村去寻觅新人，时常得将旧的社会地位差别搁置一旁，吸引贫苦的农家子弟。但是新的见习修士人数不足。在许多修道院，僧侣都放弃继续招募新人。他们挥霍教徒捐赠的财物、砍伐林木、典当金银餐盘，以及任凭屋宇倾圮失修。许多年来，教会的访客已发现严重的违规情况。废止修道院的构想并非是全新的想法，沃尔西曾废止过几处小修道院，以资助他在牛津的学院，而从那个时候起，亨利国王为了他自己的利益，已废止超过二十所的修道院。议会要关闭较小的修道院几乎是毫无困难，议会也很满意这些修道院中的教士不是被转到大的修道院，而是用年金遣散回家。1536 年的夏季，钦差大臣巡视各地，快速地解散修道院。

　　亨利国王现在有个新的主要顾问。托马斯·克伦威尔曾在意大利当过佣兵、便衣干员、放高利贷者，并在沃尔西手下学习治国之术，也从师父的垮台中学到教训。他为人无情，愤世嫉俗，有马基雅维利之风，是新时代的人物。他的雄心与精力相得益彰，而他洞彻世事的能力也有助于发展雄心。他继沃尔西之后担任国王的重臣，却未花费力气去效仿下台的枢机主教排场之浮华。他在治理国家与教会这两方面的成就都比较大。在国家管理上，他设计了新方法以取代现成制度。在他之前，数百年来的国家政策都是由王室制定和实施的。亨利七世虽然改进了这种制度，但在某种意义上，仍然是中世纪君王的形态。托马斯·克伦威尔在掌权的十年间，将此制度彻底改革。他于 1540 年下台时，政策已经由王室之外的政府部门执行。引进现代英格兰的政府机构制度，或许是他最大的成就，尽管此成就不如其他工作那般有戏剧性。克伦威尔是我们伟大国家机构的建筑师。

身为第一大臣，托马斯·克伦威尔以显著、冷酷的处理效率解散修道院。这一步颇受富裕者的欢迎。地位显赫的贵族与乡绅以优越的条件得到了所有富庶的产业。邻近的商人，或一些伦敦市市民与朝臣买下或租下教会土地。许多地方乡绅长期以来都是修道院土地的管事，现在他们都买下曾管理了几代的资产。整个中产阶级对教会持有特权与财富都感到不满。那些在经济上没有任何贡献，反而霸占国家收入很大份额的人，最让中产阶级痛恨。亨利国王很受议会与富裕阶级的支持。被赶出修道院的僧侣，总数有万人之多，必须靠着补助金的救助来过日子。有些僧侣甚至娶了女尼，许多都成了受人尊敬的教区神职人员。解散修道院，土地变成了国王的财物。在当时，这些土地的价值一年就超过十万英镑，而将以前修道院的财产出售出租时，国王又可得到一百五十万英镑，虽然远低于财物所值，在当时也算是数目偌大。这种交易的主要结果生效了，虽非本意，它使拥有土地的阶级与商人阶级都拥护宗教改革与都铎王朝。

对大众产生的直接冲击，难以判断。坚强的劳工阶级还没有遇到失业或陷入困境的情况。不过，许多贫穷、孱弱、有病痛的人，尤其是在北方受了苦的人，修道院的慈善救济曾是他们能找到的唯一救助，后来这些人有很长一段时间被忽略了。

旧传统的势力在北方很难消失，新秩序激起的阻力比在南方遭到的反抗更大，新的世俗地主也比原来的教会地主更加恶劣。但是，一般社会大众不是唯一实施圈地的地主。宗教改革之前，不止一位大修道院院长曾设法借各种手段圈地来改善农田与畜牧田。为了满足日益增长的人口与纺织业拓展之需要，英格兰的农业正开始由农耕转向放牧。因此教会产业的新主人——乡绅阶级与商人阶级提供的观念与投资的金钱，改变了阡陌纵横的土地。有时宗教改革被认为应当为现代经济制度的所有弊病负起责任。但是，如果这些弊病真是弊病，早在亨利八世怀疑他与阿拉贡的凯瑟琳之间的婚姻是否有效之前，便已经存在。托马斯·摩尔虽然未能活着看见事情的发展，却在他著的《乌托邦》一书中为他同时代的人们勾勒出新经济制度的鲜明特征。

宗教改革运动深刻地改变了宗教信仰的状况。《圣经》现在有了新的、影响深远的原则依据。老一代的人认为，《圣经》落在没有学识者的手中是很危险的，只能供教士阅读。诺福克公爵说："我从来就没读过《圣经》，未来也永远不会去读它。在新学问出现之前，英格兰一片祥和。唉，我宁愿所有的事物都像过去一样。"由丁道尔[①]与科弗代尔[②]所翻译的英文《圣经》完整版，1535年秋末首次出版，如今已经再版多次。政府禁止教士鼓励大众阅读《圣经》，还有流言说，亨利国王在宗教事务上的代理人——托马斯·克伦威尔，曾经帮忙推动此项翻译工作。除非有主教在场，否则即便是得到许可的传教士，也要暂时停止传教，一直要到米迦勒节（9月29日）之后才恢复传教。而1536年8月托马斯·克伦威尔下令，要以母语而非拉丁语，教授主祷文与戒律。次年，克兰默为教导大众而编写的《基督徒的基本原则》，显示了明确支持新宗教的观念。这的确是一大改变。百姓都非常激动，尤其是在有强烈天主教背景与经济落后的北方。

*　　　*　　　*　　　*　　　*

---

① 英格兰新教殉难者。——译注
② 英格兰奥斯定会托钵教士。——译注

秋天，过了米迦勒节开始课征新税的时候，英格兰北部与林肯郡聚集了大批农民与乡下人，扬言要抵抗新税制并且维持旧的教会秩序。这场暴动以"慈悲的朝圣之旅"为名，是非强制性的。其领袖是个名叫罗伯特·阿斯克的律师，他是被众人捧到这个位置的。贵族与高阶教士都没有参加。虽然暴动者的人数超过国王的募兵，国王除了王室卫士外，别无其他正规部队，但是亨利立刻显示出沃尔西所称的"国王的胃口"①。他拒绝与暴动者妥协。当他的税务官们在林肯郡被暴动者囚禁时，他发出令人惧怕的信息：

"这些人实在太凶恶了，除非你能够说服他们解散，并且把带头的主谋都绑起来送交军官，用他认为最好的方式处置他们……否则我们就没有其他方法拯救他们。我们已经派遣萨福克公爵……率领十万骑兵与步卒、军火、大炮火速前往……我们也已经指派另一支大军，当暴动者一走出他们的地盘，便进攻他们，尽一切力量焚烧、劫掠、摧毁他们的财物、妻子与子女。"

在这之后，税务官员报告说，整体而言，老百姓都准备承认国王是教会的最高领袖，也容许他以津贴的方式取代他原先想要征收的初次收益与什一税，这两项原先都是属于教士的。他们说："但是他这一辈子都再也不会拿到老百姓的钱，也别想再压迫任何大修道院。"他们仍旧抗议国王遴选的咨议大臣，要求罢免托马斯·克伦威尔、克兰默与其他四位主教，这些人被疑为传播异端邪说。

亨利坚定地回答道："关于遴选咨议大臣一事，我从未读过、听过或知道有任何一位君王的咨议大臣与高级教士，是由粗鲁无知的平民来任命。……所以你们这一个郡的粗鲁平民，如禽兽一般，毫无经验，竟然敢找你们国王的错误，是何其放肆。……至于关闭宗教集会所一事，要知道这是我们国家所有宗教与世俗的贵族凭借《议会法》执行的，不是咨议大臣根据他们的意愿或幻想而提出来的，就像你们以不当的

_____
① 参见第四章。

方式要劝服我们的国家那样。"亨利补充道，"如果暴动者不愿意投降，他们与其妻儿都将成为刀下之鬼"。约克郡的叛众也与林肯郡的暴动者有同样的目标，这些目标一如他们的誓言所示："我以我对万能上帝的爱发誓……不容与全体国民为敌的邪恶血统与邪恶决策享受他的恩典，坚决保护我面前的基督十字架，坚持基督的信仰。复兴教会，打击这些异教徒及其邪说。"

1537 年初，叛乱像它兴起时那样快速地溃败，但是亨利决心惩治主谋者以杀鸡儆猴。仅在卡莱尔大审中，就有七十人被当作叛徒，处以绞刑。而当常胜将军诺福克有意宽容叛乱者时，亨利传话说，他渴望处决大批人犯，总共约有两百五十名叛乱者被处死。

暴动分子曾经反对征税与关闭修道院。亨利现在以加强征税回应，并且在镇压叛乱后开始关闭修道院。政府为了给旧教更大的打击，在巴黎大量印制英文版《圣经》，这个版本比以前任何版本都豪华，并于 1538 年 9 月指示，国家每个教区都应当购买整套英文版的《圣经》，置于各个教堂，教区的居民才方便阅读同一版本的《圣经》。据说，六大本的《圣经》置于伦敦市的圣保罗大教堂，大批教民整天聚集在大教堂阅读它们，找到声音洪亮的人朗诵它。这本《圣经》是后来所有版本的依据，包括詹姆士一世时所准备的钦定版本。

*　　　　*　　　　*　　　　*　　　　*

截至当时，托马斯·克伦威尔在政坛都很得意。但是，他开始与老派贵族的保守作风发生冲突。老派贵族对政治革命非常的满意，但是他们希望在国王取得最高权力之后，宗教改革就可以停止了，而且他们反对克兰默与他的追随者们改变教义。诺福克公爵是这股势力的首脑，而国王坚守正统思想，也同意他们的要求，除了在他的感情或是利益关系也搅进来时。温切斯特的主教，后来玛丽女王的参赞——史蒂芬·加德纳是诺福克一群人的幕后智囊。这些领袖们费尽心思地指出，法兰西与神圣罗马帝国皇帝可能入侵英格兰，并且执行教皇宣称的废黜王位的判决。亨利本人着急地想要避免与欧洲列强在宗教上决裂。天主教的阵线似乎太过强大，而托马斯·克伦威尔在海外能找得到的盟友，只不过是一些微不足道的日耳曼小公国。诺福克派抓住这些重大议题，等待机会。机会就像亨利王朝许多令人怀念的行动一样，伴随着亨利的婚事而来。

由于亨利拒绝与欧洲大陆的路德派教徒妥协，修改教义和教会仪式，托马斯·克伦威尔什么也不能做，只能寻求与德意志北部的路德派诸侯在政治上结盟，带来有学问的路德派神学家，为一位英格兰公主，也是为亨利本人交涉与日耳曼联姻一事。亨利现在是位鳏夫，他考虑联姻的一个欧洲大陆家族是克利夫斯公国。这个公国在某种程度上与他持有相同的宗教态度，痛恨教廷，又限制路德教派。外交方面传来了惊人的消息。法兰西大使与神圣罗马帝国大使一起来见亨利，通知他，弗朗索瓦一世邀请正在西班牙领地的查理五世，在去平定刚特叛乱时，务必路经巴黎，查理五世已经接受了邀请。这两位国王决定要忘掉旧恨，共创大业。

这样一来，与德意志北部的诸侯结盟对抗两位天主教国王一事，现在是势在必行。亨利与克利夫斯的长公主安妮联姻的谈判匆匆进行。托马斯·克伦威尔报告说，安妮·克利夫斯的魅力是有口皆碑的。他表示："对于她的面貌与身材，每个人都是赞叹有加。有人说她的美胜过米兰公爵夫人，犹如金色的太阳压倒了银色的月亮。"当代绘画大师，宫廷画师霍尔拜因奉命绘制她的肖像，这幅肖像现在可能在罗浮宫还可以看到。这幅肖像并没有表现出安妮·克利夫斯公主的美色。英格兰驻克里夫斯的大使警告过国王："这幅画像栩栩如生。"他还补充道，安妮·克利夫斯仅会说德语，大部分的时间都在刺绣上，不会唱歌，也不会弹奏任何乐器。她三十岁，身材高挑纤细，脸上洋溢着自信与果断，有点雀斑。据说，她机智且活泼，不会过分沉湎于啤酒。

安妮·克利夫斯在加莱过圣诞节，等待风暴减弱，于 1539 年的最后一天抵达罗切斯特。亨利已经整装搭乘他的私人游艇前往，所带礼物中有一张上好的黑貂皮。亨利在新年匆匆前往探视。但是一看到她，他既惊愕又局促不安。一路上细心盘算好的拥抱、赠礼与问候全都忘得一干二净。他嗫嚅着说了几句话后，便回到游艇，在艇中一语不发有几分钟。最后他非常悲伤，若有所思地说："我在这个女人身上看不到人们报告中所说的长处，而我很讶异，聪明的人居然做出这样子的报告。"回程时，他告诉托马斯·克伦威尔："随便他们想说什么。她可是一点都不漂亮。这个女人只不过身材不错，别无其他优点。……如果我事前知道的像现在这么多，她就绝不会来我国。"他私底下称呼她为"佛兰德斯的牝马"。

但是来自海外的威胁迫使亨利不得不履行他的婚约。后来他告诉法兰西大使："你们已经将我逼到死角。但是，感谢上帝，我仍然活着，也不是一个像我所想的小国之王。"因为他现在像欧洲的任何人一样，对于相关婚姻的教会法规非常了解，他将自己变成了在法律婚姻上可能被宣布无效的完美范例。他并没有同安妮·克利夫斯圆房。他告诉他亲密的咨议大臣，由于政治的需要，他违背自己真正的意愿与良知完成了婚姻的形式，因为他害怕引起世界上的骚动，更不想驱使安妮·克利夫斯的哥哥克利夫斯公爵落入神圣罗马帝国皇帝与法兰西国王二人的手中。安妮·克利夫斯有个不清楚的婚约，她曾经与洛林公爵之子有过婚约，而此项婚约并未解除。事实上，亨利仅仅是在等待时机，注视欧洲的情况，到时机成熟可以采取离婚行动。

诺福克与加德纳现在看到了他们的机会，可以借另一位新贵妇打垮托马斯·克伦威尔，就像当年打垮沃尔西一样。诺福克的另一位侄女凯瑟琳·霍华德，在加德纳的府中被引见给亨利，亨利对她一见钟情。诺福克派很快强大到足以向托马斯·克伦威尔的权势挑战。1540年7月，亨利被说服，甩掉托马斯·克伦威尔与安妮·克利夫斯。托马斯·克伦威尔依《褫夺公权法案》被处死。他的主要罪状是相信异端邪说并且散发谬误的书籍，被影射叛国。安妮·克利夫斯同意取消婚约，教士会议宣布它无效。她在英格兰住下来，靠年金过了十七年。托马斯·克伦威尔于 7 月 28 日被处决后几天，亨利私下与他第五任妻子凯瑟琳·霍华德结婚。

凯瑟琳年约二十二岁，秀发是赤褐色，双瞳淡褐，是亨利妻子当中最清秀的一位。他的精神复振，健康已恢复，便到温莎去减肥。法兰西大使在 12 月报告说："亨利国王已经实行新的生活规律，在五六点钟起床，在七点钟望弥撒，然后骑马直到十点钟回来进餐。他说他感到在乡下过日子比整个冬天住在伦敦城的府邸要好得多。"

但是不久，性情狂野、脾气极大的凯瑟琳对比她年纪大三十岁的丈夫感到不满意。她与表兄托马斯·卡尔佩帕无所忌惮的恋情被人发现了，而她也于 1542 年 2 月在伦敦塔被处决，是安妮·博林被斩首的同一地点。在处决的前一天晚上，她请求给她一个木块，让她可以练习将她的头放在上面。她走上行刑台的时候说："我就死时是位王后，却宁可是卡尔佩帕的妻子。愿上帝怜悯我的灵魂。好百姓，我求你们为我祈祷。"

亨利的第六任妻子凯瑟琳·帕尔是一位严肃、个子娇小的寡妇，来自英格兰湖区，年三十一岁，有学问，对神学问题感兴趣，在嫁给亨利之前有过两任丈夫。她在 1543 年 7 月 12 日，于汉普顿宫嫁给亨利。一直到他三年后驾崩，她都是他敬佩的妻子，照料着他溃烂的大腿，最终，因伤势持续地恶化，亨利丧命。她设法让亨利与未来的伊丽莎白女王父女二人言归于好。玛丽与伊丽莎白都很喜欢她。她命好，比丈夫长寿。

     *   *   *   *   *

聪明的、年轻的文艺复兴时代的王子已经老了，变得喜欢发怒。腿痛使亨利脾气暴躁，他受够了那些弄臣与跟他一样缺乏耐性的人。猜疑占据他的心，行为极其无情。他与凯瑟琳·帕尔结婚时，正准备打最后一场仗。苏格兰是这次冲突的根源。两个民族的仇视仍旧存在，一次次地沿着荒野的边界发生。亨利重提过时的宗主权，谴责苏格兰人是叛徒，对他们施压，要他们放弃与法兰西的结盟。苏格兰人在哈利敦山脊击败了英格兰人的侵袭。1542年的秋天，诺福克率领的一支远征军又在克尔苏败阵，打败仗的主因除了粮食补给短缺外，还有英格兰军队无啤酒可饮。苏格兰人顺势将战争推入英格兰境内。这个决定招致的是灾难。因为领导无方，组织不够完善，苏格兰上万大军有半数以上在索尔威苔地丧命，被彻底击溃。听到这重蹈福洛登战役之覆辙的消息，詹姆士五世就死了，将苏格兰王国留给一岁大的女儿玛丽，即后来著名的苏格兰玛丽女王。

这个孩子马上成了争夺苏格兰的焦点。亨利要求她做自己儿子，即王位继承人的新娘。但是，苏格兰的太后是法兰西的玛丽·吉兹公主。亲法的天主教党派以枢机主教比顿为首，拒绝亨利所提的条件，开始同法兰西人谈判，要将玛丽嫁给法兰西的一位王子。英格兰从来都不会接受这样的联姻。在与法兰西斗争时曾经求助过亨利的神圣罗马帝国大使发现，他自己在亨利的宫中备受欢迎。英格兰与神圣罗马帝国再度携手抗法，1543年5月，查理五世与亨利批准了一项密约。从这年一直到1544年春天，继续备战工作。亨利将苏格兰战事交给了珍·西摩王后的兄长爱德华·西摩，现在的赫特福德伯爵。亨利自己要渡过英吉利海峡，率军与神圣罗马帝国东北的部队一起攻击弗朗索瓦一世。

这个计划很完美，但是执行得很失败。亨利与查理五世互不信任，互相怀疑对方在另外寻求与法兰西议和。亨利担心被深深拖入查理五世的计划，开始积极包围布伦。这座城于9月14日陷落，但至少亨利的军事行动有具体成果，可以让他为自己庆功。五天之后，查理五世与弗朗索瓦一世缔结和约，拒绝了亨利的抱怨与劝诫。同时，在苏格兰的英军火烧爱丁堡，将大部分地区夷为平地，之后便无力前进，1545年2月，在安克鲁姆沼泽区失败。

亨利的处境岌岌可危，没有任何盟友，英格兰面临着法兰西与苏格兰一起入侵的可能性。这场危机呼吁英格兰人民要做前所未有的牺牲，百姓从未被要求缴纳那么多的贷款保证金和税金，也未捐过那么多钱。为了当人民的表率，亨利将他自己的金银餐具熔化掉了，将他的产业抵押掉了。他在朴次茅斯为即将到来的入侵行动做准备工作。一支法兰西舰队突破索伦特海峡，一批部队在怀特岛登陆。但是他们马上便被击退，危机消除。次年，英法签订和约，布伦落入英格兰人之手，八年之后法兰西才以高价赎回。苏格兰问题还未解决。英格兰的战火闷烧着，虽然在比顿枢机主教遭到刺杀后，战争曾一度扩大，但是并未决出胜负。亨利在苏格兰完全失败。他不愿意宽厚地解决与苏格兰的冲突，又缺少强迫苏格兰人服从自己的力量。随后的五十年间，他们还在嘲弄亨利，给亨利的继承人找麻烦。

1546年，亨利只有五十五岁。秋天，他像往常一样出巡，经过萨里与伯克郡到温莎，于11月初返回伦敦。他从此再也没有活着离开首都。在最后几个月当中，有个问题在所有人的心中：大家早就知道这个王国的继承人会是个九岁的孩子，但是，谁才是王位背后的掌权人呢？诺福克，还是赫特福德？是保守派，还是改革派呢？

出乎意料地，有了三个答案。1546年12月12日，诺福克与他的诗人儿子萨里因叛国而遭到逮捕，送往伦敦塔，这是萨里的愚行导致了不可获免的麻烦。他口无遮拦地谈论国王可能会死的时间，还不合时宜地想起自己是爱德华一世的后代，又曾不顾传令官的阻止，将王室的纹章与他自己的纹章同时置于盾上。亨利记得，几年前诺福克曾被推为可能的王位继承人，也有人建议让萨里做玛丽公主的驸马。他的疑心病大作，快速采取行动。1月中旬，萨里被处死。

议会通过了对付诺福克的《褫夺公权法案》。27日，星期四，王室同意诺福克的死罪。但是同一天傍晚，亨利生命垂危。御医都不敢告诉他实情，因为依《议会法规》，预言国王何时死亡算是叛国。然后，漫长的时间慢慢地逝去，安东尼·丹尼爵士大胆地走到国王面前，告诉他病情，依正常判断不可能活下去了，因此劝他准备归天。亨利坚强地接受了这个不幸的消息。有人劝他召见大主教，他回答他想"小睡一下，然后，当我感到好一点，就会安排后事"。在他睡觉的同时，赫特福德与佩吉特①在外面的走廊走来走去，谋划如何巩固他们的权力。午夜前，亨利醒了过来。他叫人请克兰默前来。但克兰默来时，亨利已经虚弱得无法讲话，只能将他的手伸向克兰默。几分钟之后，这位至尊领袖便停止了呼吸。

*　　　　*　　　　*　　　　*　　　　*

　　亨利统治期间，英格兰的国家成长与国家性格有许多发展，但是这个朝代处死过太多人，成为亨利的人生污点。两位王后，两位国务大臣，一位像圣徒的主教，无数的大修道院院长、僧侣，许多敢反抗国王意志的普通百姓都被处死。贵族中有王室血统的每位成员，几乎都在亨利一声令下死在行刑台上。罗马天主教徒与加尔文派教徒都因异端邪说与宗教叛乱罪，被处以死刑。这些迫害不管是审讯法庭的形式，或是执法官员在国王面前主持的庄严仪式，均是灿烂的文艺复兴面对的野蛮结果。虔诚的善男信女捆在柴薪中遭受折磨，公堂上的酷刑，对微不足道罪行施加重罚，都与人道主义的开明原则形成鲜明的对比。但是亨利的臣民并没有因为厌恶而背弃他。在欧洲的动荡中，他无军队，却成功地维持着英格兰的秩序，他强加在英格兰的纪律是其他地方所没有的。在这场进行了一个世纪的宗教战争中，英格兰人并没有为了信仰拿起武器与自己的同胞战斗。奠定海权基础、恢复议会制度、给予人民英文版的《圣经》等，都得归功于亨利的统治，而最重要的是加强了受到欢迎的君主政治。在法兰西和日耳曼为内部斗争伤神之际，英格兰人的后代依旧在为民族强盛而努力。

---

　　① 政治家。——译注

第七章　新教的奋斗

亨利八世统治下的英格兰宗教改革，自热情与权力欲中得到了指导它的动力。亨利仍旧认为自己是位不错的天主教徒。不过，他信奉天主教的妻子们都未曾为他生个儿子。阿拉贡的凯瑟琳生了未来的玛丽女王，安妮·博林生了未来的伊丽莎白女王，而信奉新教的西摩家族的女儿珍生了个儿子，后来成了爱德华六世。亨利八世与全国人民都非常担心王位继承会发生问题。为唯一一个合法的儿子捍卫英格兰王位的希望与职责，促使亨利在执政晚期与罗马决裂，也与他的宗教信仰决裂。然而，信奉天主教的诺福克家族保有大部分的权力与影响力。他们的女性亲属凯瑟琳·霍华德可能被处决；他们的子弟诗人萨里，可能随她之后步上行刑台；修道院的土地可能被没收，而《圣经》可用英文印出来。在亨利还活着时，他们是改革派的阻碍。亨利曾经限制过克兰默的教义革新，并且支持诺福克派的利益，这派是以温切斯特主教史蒂芬·加德纳为代表的。如此便有了实际可行的妥协方式。亨利对如何做个君王与选择配偶，都依照自己的方式来，但是他从来都认为，没有必要改变臣民生来就习惯的宗教信仰或仪式。

随着新王朝的开始，一股更深、更强大的潮流发展起来。年幼君王的监护人兼首相是他的舅舅爱德华·西摩，现在是萨默赛特公爵。他与克兰默着手将亨利八世的政治改革转变成宗教改革。来自日耳曼，甚至遥远荷兰的学者，被请到牛津大学与剑桥大学担任教席，以改革的教义来教育新一代的教士。克兰默以出色的英文写成的《祈祷书》，于 1549 年得到议会批准。萨默赛特下台后，《宗教的四十二项教规》及第二本《祈祷书》问世。至少在理论上，这两部书一直使用到英格兰变成新教国家。萨默赛特与克兰默都是真诚的人，坚信大众会接受新的宗教观念。但是大众既不知道，也不在意神学战争，还有许多人积极地反对外国输入的教条。

萨默赛特是根据亨利的遗嘱被任命的护国公中的一位成员，他耀眼却也很危险的"护国公"地位，在法律上无依据，也无先例可言。对手心怀嫉妒，环伺在侧，甚至他的弟弟，高级海军大臣托马斯·西摩也有野心。脸色苍白的年幼君王爱德华六世，因体质差患了肺痨，可能活不长。下一位新教继承人是伊丽莎白公主，她现在与亨利最后一位也是运气最好的妻子——凯瑟琳·帕尔夫人住在一起。凯瑟琳·帕尔已嫁给了这位海军高级将领。托马斯·西摩甚至在妻子去世之前，便向年轻的伊丽莎白公主猛献殷勤，在她的卧室中打情骂俏，导致丑闻发生。托马斯·西摩图谋反抗兄长的证据被人发现了，护国公在 1549 年 1 月，不得不以《褫夺公权法案》将他判处死刑，在塔丘的刑台结束性命。因此，萨默赛特度过了新王朝的第一次危机。

*　　　*　　　*　　　*　　　*

农村的贫苦与不满，远比个人的威胁严重。中世纪英格兰的生活与经济正快速地解体。地主可以借生产羊毛发财，乡村却少了利润。几十年来，地主与农人之间争斗不断。乡村人民的权利慢慢地而又必然地遭到侵犯。私人占去了公用地，圈起来变成牧羊场地。修道院瓦解后，旧制度丧失了最强、最保守的势力，给正在进行的经济变革注入新的动力。圈地的倍增给全国带来不幸。在许多郡县，有多达三分之一的耕地变成生长青草的牧地，对在关闭修道院之际却仍然囊括财物的贪婪的新贵族，人民怒目而视。

因此，萨默赛特必须面对英格兰有史以来最严重的一次经济危机。

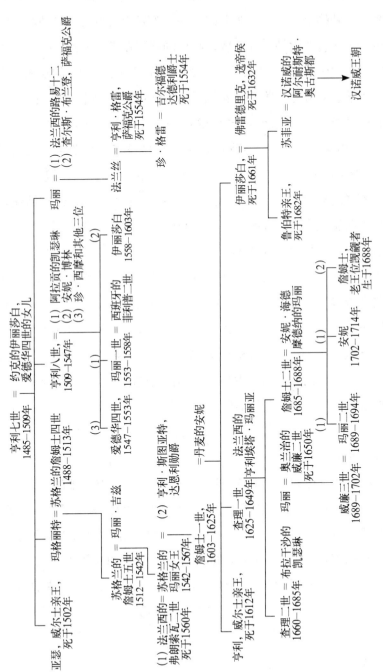

都铎和斯图亚特王朝

失业广布四方，币值贬低也引起种种困难。受人欢迎的传道者大声地斥责，休·拉蒂默主教于 1548 年在保罗十字架前所做的《犁田布道》，是对都铎王朝的重要抨击。他说："过去人们富有怜悯心与同情心，但是如今却毫无怜悯之情。在伦敦，我们的同胞在街头冻死，卧病在树干之间（即门柱之间），然后饿死。过去，任何在伦敦死去的富人，都会捐赠奖学金来帮助大学里的学者。他们会遗赠大笔金钱来济贫。……善心义行已变冷，没有人帮助学者或赈济贫民。圣谕①的知识已经揭示，许多认真的研究与工作已经提出，可是几乎没有人帮助实现这些圣训。"1549 年的春天，拉蒂默再度讲道："抨击那个时代的罪恶，人类造成的不祥的与可怕的匮乏，你们这些地主、收租金的，还有继任领主，每年在领地拿到的太多了。……我要告诉你们，我的领主与主子们，这可不会增加国王的荣誉。为了国王的荣誉，要领导他的臣民信仰真正的宗教。为了国王的荣誉，应当推动公益、供给匮乏之物，让这个国家所有的物品都能充分利用，让其臣民都有工作，不会游手好闲。如果国王的荣誉，像某些人所讲的，是在广大的人民之中，那么这些放牧者、圈地者与放租者，则毁了国王的荣誉。曾经有许多住户的地方，现在只有牧人与狗。我的领主与主子们，这样的行为显然是要将自耕农变成奴隶。增加生产与发展牧业，全都用来增加你们的私人物品与财富。过去你们已经拥有太多，现在又加倍拥有。即便传道者说破嘴，还是没有改善这种情况。"

　　萨默赛特身边的人，都曾经用拉蒂默所谴责的方法赚钱。他自己同情农民，任命委员会调查圈地问题。但是此举反而激增了不满情绪，鼓励被压迫者自行奋斗。两起暴动爆发。西南地区的天主教农民起来反抗《祈祷书》，而东部各郡县的乡下人反抗圈地的地主，这正好给萨默赛特的政敌可乘之机。1524 年至 1526 年，日耳曼在宗教改革之后发生流血的"农民战争"，城乡比较贫穷的阶级在改革者茨温利的率

----

　　① 《圣经》。——译注

领下，起来反对压迫他们的贵族。1549年，同样的事似乎也要发生在英格兰。外国的佣兵平定了西部的叛乱。但是在诺福克，问题比较严重。一位名叫罗伯特·凯特的制革厂的厂主带头起事。他在诺里奇城外的鼠穴丘建立总部。在以树枝盖顶的茅屋构成的营地里，聚集了大约一万六千名农民。凯特在大橡树下日复一日审讯掠夺穷人的乡绅。没有发生流血事件，但是乡绅因圈公地而得到的财产，都归还给了大众，暴动分子借地主的牛羊牲畜生活。地方当局毫无能力，据悉，萨默赛特了解了他们的抱怨。社会失序的情形扩展到了约克郡，马上在英格兰中部地区引起回响。

沃里克伯爵约翰·达德利，是亨利七世代理人的儿子，现在抓住了机会。他在亨利八世讨伐法兰西的军事行动中，显示出军事才能，小心翼翼地隐藏他真正的性格与动机。他是个自私自利、精力充沛的人，提倡拥有财富与财产。现在他奉命指挥部队平定农民暴动。政府觉得自身的军事实力很弱，所以承诺暴动者可以无条件赦免。凯特不为所动。王室传令官来到他的营前，但是一件小意外招致了灾祸。当时凯特正站在橡树旁边，在沉思如何接见沃里克，一个小顽童以"不当的言语与不雅的姿势"引起传令官一行人的注意，小顽童立刻被火绳枪击毙。枪杀事件激怒了凯特的追随者，双方遂开始战斗。沃里克的精锐部队是日耳曼的佣兵，他们精准的射击打乱了农民的阵势。三千五百人被杀，没有伤者。少数人为了活命，躲在农车后面，但还是投降了。凯特被俘，在诺里奇堡处以绞刑。沃里克因此得到"强人"的美名。

萨默赛特的敌人都为恢复秩序争功。他们将东部的起义归罪于萨默赛特的圈地委员会以及他对于农民的同情，将西部的叛乱归罪于他的宗教改革。他的外交政策使苏格兰人与法兰西结盟，丢掉了亨利八世征服的布伦。沃里克成了反对派的领袖。他的党派被称为"伦敦贵族"，用以商讨对付护国公。没有任何人支持护国公，反动派不费吹灰之力接掌了政权。萨默赛特在伦敦塔中被关了一阵子后，变得毫无权势，数月后被允许出席枢密院。但是情势越变越坏，支持他的人处境越来越危险。1552年1月，他身着盛装，像是参加国宴一般，在塔冢被处决。这位英俊且好心的人未能整顿亨利王朝的混乱情形，反而成了利益集团的牺牲者。不过，英格兰人民都记得他是"善良的公爵"。

他的继任者都不慎重，以致不成功。弗劳德[①]写道："在古代制度的残骸中，国家因人民的悲惨际遇、道德沦丧与社会混乱而解体，在这个时候，英格兰的有识之士无法不质疑，他们由宗教改革得到了什么好处。……政府腐败、法官贪赃。商人阶级仅关心发财致富。大众因为受到压迫而造反。那些未受污染的好人与精英分子仍然站在宗教改革这一边。"英格兰有名无实的国王爱德华六世是个十五岁，冷酷且傲慢的病人。他在日记中记下了舅舅的死亡，但并未添加任何评语。

* * * * *

沃里克成为诺森伯兰公爵，由于阶级反抗与社会动乱不安，他的政府反而团结在一起。他掌权三年，充分展现出统治阶级的贪得无厌。改革教义只是没收更多教会土地的借口，新主教们必须交出部分的主教产业才能授以神职。爱德华六世的"文法学校"，不过是伊丽莎白王朝为了把没收的修道院土地用来办教育而完成的庞大计划之开始。托马斯·摩尔对"政府"的定义是："富人借国家名义巧取豪夺的手段。"这个定义非常适合那几年的英格兰。

这个时期有项引人注目的事业。这可视为英格兰与东欧一个新兴强国展开关系的开端，至此，大家知道这个强权国家叫"莫斯科维"，不久之后，它便被称作俄罗斯。一伙英格兰人想要寻找经由北极海域通往亚洲的东北航道。在亚洲北部沿海地区，可能有人想要购买英格兰布匹与其他产品。早在1527年，有书预言说："没有不能居住的土地，也没有不能航行的海洋。"1553年，莫斯科维商业探险家公司得

---

① 英格兰历史学家。——译注

到政府的资助，支持一项探险。一位经验丰富的老海员塞巴斯提安·卡博特被招揽担任公司的负责人。塞巴斯提安·卡博特约在五十年前曾陪自己的父亲航行到纽芬兰。5月，三艘船在休·威洛比与理查德·钱斯勒的率领下出发。威洛比与他的船员都在拉普兰①的外海遇难。但是钱斯勒在阿尔汉格尔过冬，于春天时才横越陆上，抵达"恐怖的伊凡"在莫斯科的宫廷。长久以来，日耳曼的汉萨镇阻碍英格兰商人进出整个北欧，这种垄断现象现在已被打破，英格兰与俄罗斯开始进行贸易活动。在第二次航行的时候，钱斯勒遇到暴风雨，在苏格兰外海溺毙。他的一位同伴安东尼·詹金森继续进行他的事业。在伊丽莎白女王统治时期，詹金森曾经三度访问俄罗斯，成了沙皇②的密友。他沿着马可·波罗走过的丝路到达土耳其斯坦境内的城市布卡拉，渡海进入波斯，成为第一位在里海的上空扬起英格兰国旗的人。但是这些冒险都属于一个更伟大的时代，而不是爱德华六世与他继位者的时代。

根据1543年的《王位继承法》，下一位王位继承者是玛丽公主——阿拉贡信奉天主教凯瑟琳的女儿。诺森伯兰非常害怕未来。有一阵子，他想以伊丽莎白取代她的异母姐姐玛丽。伊丽莎白现在十九岁，就其年龄而言，算是十分老练而谨慎的，她无意卷入这样的安排。于是，诺森伯兰孤注一掷地策划了一项计划。亨利七世的小女儿曾嫁给萨福克公爵，依照亨利八世的遗嘱指定，他们的后嗣可作为他自己亲生子女之后的继承人。萨福克一系中年纪最长的孙辈是十六岁的珍·格雷小姐。诺森伯兰让小姐与他的儿子吉尔福德·达德利结婚。年轻的国王殡天后，不可避免地会引发一场军事政变。但是，现年三十六岁的玛丽公主行事非常谨慎，避免激起诺森伯兰进一步的行动。在爱德华六世病重的时候，她在诺福克公爵的领地避难，不去为弟弟送终。1553年7月6日，爱德华六世过世，珍·格雷小姐成为女王。这项宣布引起的唯一反应便是抗拒日增。全国人民都十分痛恨诺森伯兰。普

---

① 斯堪的纳维亚半岛的最北端地区。——译注
② 伊凡。——译注

通民众联合支持玛丽。枢密院大臣与伦敦市当局都顺应局势。诺森伯兰现在完全没有盟友。8月，玛丽带着伊丽莎白进入伦敦。珍·格雷与她的丈夫都被关入伦敦塔。徒劳无功的诺森伯兰只好屈服并保证永远信奉天主教，此举使新教党震惊不已。但是，他无法免于不光彩的下场。他写信给以前的一位同僚，表示："有句至理名言说，活着的狗胜过死了的狮子（好死不如赖活）。啊！那也许可以让女王欣然地赐我生路，就算是狗命也行。"这段话或许可以当作他的墓志铭。

*　　　　*　　　　*　　　　*　　　　*

现在成为女王的这位女性，大概是英格兰君王中最不快乐、最不成功的一位。玛丽·都铎是阿拉贡的凯瑟琳与亨利八世唯一幸存的孩子，在亨利执政早期被抚养长大，因为是王位继承人，她参加、接受所有典礼。她曾经先后与法兰西、神圣罗马帝国的继承人订婚。像她母亲一样，受宗教支配。凯瑟琳的离婚及英格兰与罗马的决裂，带给她悲剧化与灾难性的转变。玛丽因《议会法》被宣称为非婚生子女，她受到外界压力而放弃了她的宗教，并且忍受对父亲的责任与信仰之间的痛苦矛盾。在宫廷中，她的异母妹妹与异母弟弟的光环盖过她。爱德华六世在位期间，她黏着告解神父与小礼拜堂，自然地，这使伦敦的一群新教政客感到恐惧。西班牙血统特征在她身上展现得很强烈。她与神圣罗马帝国大使雷纳发展成密切关系，无话不谈。她的登基预示英格兰将与神圣罗马帝国恢复联系，并且在政治上与神圣罗马帝国结盟。

我们确信，除了宗教上的事宜外，玛丽的天性很仁慈。她的确接纳了温顺的咨议大臣的效忠。在这些大臣之中，最精明的威廉·塞西尔将在她整个统治期间与政府各个圈子保持亲近，只有这样，在玛丽的继任者手下才会有大好前途。伊丽莎白公主圆滑地下令在自己的府中望弥撒，避免与受到猜疑的人来往。

玛丽登基，便着手实现她一生的期望——恢复罗马教派。她找到亨利八世晚年诺福克派的一位成员——温切斯特主教史蒂芬·加德纳，做她能干、热心的仆人。宗教改革议会所颁布的宗教法案都被废除。但是有一件事玛丽是办不到的，即收回分给贵族的教会土地。都铎的权贵都愿意去弥撒，但是不愿意失去他们新得到的财产。即便如此，也还是有麻烦。玛丽从来就不明白，一般人民，尤其是伦敦的民众，将天主教与外国势力联想在一起。在亨利八世治理下，他们的确被这样教导，但是在更早的时候，他们便已有这种认识。他们的手里都有英文版的《圣经》与英文版的《祈祷书》，信仰革新的教义，这些信念虽然都是表面的，但却很广泛。新教的领袖都逃往日内瓦与日耳曼莱茵河地区的城镇。伦敦发生了暴动。加德纳的性命受到威胁。他整天穿着铠甲护身，夜间有百人保卫。有一次，一只死狗从女王寝宫的窗户扔了进来，狗的颈上绕着绞索，耳朵被剪掉，带着一个卷标，卷标上写着："英格兰所有教士都应当处以绞刑。"

　　最紧迫的问题是，玛丽应当嫁给何人。平民院支持一位英格兰的候选人——约克家族的后裔德文伯爵爱德华·考特尼。但是玛丽的目光却在海外。神圣罗马帝国皇帝查理五世的使节雷纳动作迅速，她答应嫁给查理五世的儿子，未来的西班牙国王腓力二世。亨利八世王朝诗人之子托马斯·怀特爵士策划借武力阻止这桩婚姻，而考特尼在西部聚众，密谋反对她。与西班牙亲王订婚的消息，从宫廷传到了民间。关于举行宗教审判与西班牙部队进驻等消息，更是众口相传。平民院派代表恳求女王不要违背民意。玛丽具有都铎王族的固执，却毫无都铎王族的政治意识。她现在梦寐以求是信奉天主教的英格兰与信奉天主教的哈布斯堡家族的神圣罗马帝国能够亲密地结盟。

　　人们的目光都转到隐居在哈特菲尔德、保持观望的伊丽莎白公主身上。英格兰的王位继承问题对欧洲各国至关重要。法兰西的大使诺瓦耶积极活动，风险极大。瓦卢瓦王朝与哈布斯堡王朝的敌对使欧洲痛苦不堪。此时，英格兰支持哪一方，是决定成败的因素。有人怀疑伊丽莎白寻求法兰西人的支持。有人暗示，她可能嫁给考特尼。但是局势发展得很快。考特尼在西部突然发动叛乱。就在玛丽与西班牙的腓力订婚的消息昭告天下之后，英格兰南部再度爆发叛乱。托马斯·怀特爵士在肯特举起他的旗帜，向伦敦进军，一路上随时招募人马。首都拉起警报。市民因惧怕他们的家宅会遭到劫掠而四处奔逃。玛丽对她的子民感到怨恨与失望，知道她不曾赢得民心，但是却表现出无畏的样子。如果怀特进入伦敦，她成为天主教女王的野心便会落空。她在伦敦市政厅发表震撼人心的演说，号召伦敦人保卫她。叛乱者存有歧见。怀特对考特尼的惨败感到失望。肯特的叛乱者则希望同女王讲和，而不是将她废掉。伦敦街头发生零零落落的打斗，女王的人马歼灭了入侵的叛乱者，怀特被处决了。这样也决定了珍·格雷与她丈夫的命运。1554年2月，二人从容地走向伦敦塔，接受处决。

伊丽莎白的生命现在陷入很大的危险中。虽然怀特曾经宣布她无罪，她仍旧是唯一有权争夺王位的人。而西班牙人要求，在他们的亲王答应娶玛丽女王之前，要先处决伊丽莎白。但是玛丽已经杀了很多的人，雷纳使用各种理由都无法说服她，下旨取她异母妹妹的性命。他写信给他的主子说："伊丽莎白女士今天已前往伦敦塔，据说她身怀六甲。人们说，她像她的母亲一样，是位轻浮的女人。一旦她与考特尼都死了，这个王国便不会有任何人争夺王权或者给玛丽女王惹麻烦。"伊丽莎白生存的希望的确很小，像她的母亲一样，可能会死于刀下。但是她毫不畏惧，而且情绪激动，否认她与考特尼或怀特有任何勾结。或许玛丽相信她的话。无论如何，在几个月之后她被释放了，送往德斯托克，在那里静静地、虔诚地隐居和等待。

夏季来临时，腓力渡海北上，前往英格兰。玛丽前往温切斯特迎接她的新郎。1554年7月，他们根据天主教教会的仪式以十六世纪王室的隆重豪华方式，举行了婚礼。加德纳已死，英格兰枢机主教雷金纳德·波尔代替他的位置。在亨利八世王朝期间，波尔都在流亡，他的家族成员则遭到亨利的司法谋杀而被斩首。教皇的这位代表不但是

"教会亲王"，也是"血缘亲王"，他是玛丽女王的堂兄弟，也是"虚伪的、无常的、发伪誓的克拉伦斯"的孙子。他是个狂热、生活简朴的天主教徒，现在身为特使，前来与雷纳共同为玛丽女王献策用计，强迫全国都皈依天主教。

在信奉新教的国人心中，玛丽永远让人憎恨，永远都是"血腥女王"，她迫害了最高贵的臣民。世世代代的英格兰人在童年时期就从福克斯①所著、附有令人毛骨悚然的插图的《殉道者书》中，知悉那些高贵臣民牺牲的悲壮故事。这些故事已经成为人民共同记忆的一部分，诸如，1555 年发生在牛津的著名事件，新教的主教拉蒂默与里德雷被烧成灰；年迈体衰的克兰默大主教可怜地放弃信仰，于 1556 年 3 月英勇地牺牲。他们的殉道行为，为许多漠不关心的人铺起了信仰新教的路。

这些殉道者预见到他们的死难并非白费，站在行刑柱前发表了千古不朽之言。拉蒂默在火焰啪啦作响中大喊："放宽心吧，里德雷主教。做个男子汉吧。凭借上帝的恩典，我们在英格兰点燃的烛火，永远不会熄灭。"

玛丽女王努力地想要捏合英格兰的利益与西班牙的利益，但是枉费心机。她与腓力结婚，使英格兰人能信奉天主教，为了这个理想，她牺牲了自己可以得到的、微不足道的个人幸福。她身为西班牙国王之妻，罔顾自己王国的利益、罔顾咨议大臣的建议，其中包括波尔枢机主教，她让自己卷入与法兰西的战争，导致英格兰在法兰西的最后领地加莱未抵抗便告陷落。此种丧失中世纪英格兰权力与荣耀的行为，使人民深感痛心，女王也颇感内疚。她想生个孩子以保住天主教继承权的希望也落空。她的痛苦很难用一个成就弥补。然而，她的王朝并没有太大的成就，很少引起史家注意，因此既未载入史册也未受到赞扬。在她短暂的统治期间，大臣的任务是减少开支与从事改革。到她去世时，

---

① 英格兰圣公会牧师。——译注

他们已经做了不少事，肃清了诺森伯兰执政时的贪污腐败与铺张浪费等现象。

腓力对整个政治大计百事无成，保持疏远与失望的态度，他退隐到尼德兰，然后回到西班牙。玛丽身边围绕着不忠与不满，身体也日益衰退。在 1558 年 11 月，她因病去世；几小时后，在兰贝斯宫，她的帮手波尔枢机主教随之去世。她的悲剧性插曲落幕。英格兰人民由天主教到新教的转变就此实现。

＊　　　　＊　　　　＊　　　　＊　　　　＊

新教的宗教改革在欧洲开始的时候，是为了抗争当地的天主教会滥用权力。但是若干年后，天主教已经整顿好它的门户，这种反抗的动机便不存在了。只剩下北欧民族还在反抗整个罗马教会，而这种反抗似乎与人类心智的发展相冲突。基督的启示经得起时代的考验，但未来的年代不一定需要清规戒律，在罗马帝国败亡后，清规戒律是用于控制古代野蛮征服者的。亨利八世以前，在贵族的争执、国王与教会的冲突、统治阶级与人民的冲突之中，有着某种广为人知的准则。中世纪的不幸与遗憾已经持续甚久，似乎是悲惨世界中不能分离的要件。没有人提出新的疗伤止痛的处方或慰藉之道。宗教改革带来的新的力量，深深地动摇了英格兰的社会基础，它鼓动所有阶级的人采取行动或是抵抗旧制度，高举准备忍受苦难或采取非常手段的旗子。旧的框架受到许多打击，还维持原样，现在却因为歧见而裂开了。阶级对立与利益对立，之后都将受到整顿与治理。至今，在所有的争吵与苦难中，只有一个统一的民族系统。此后，对未来许多世代而言，不仅是英格兰，所有欧洲国家都会涉入"支持"或"反对"新教皇教义改革的阵营。

这种大变动的猛烈程度，不是今天所能衡量的。英格兰的破坏程度，比日耳曼或法兰西都来得小。因为这个问题来得比较早，而且是在都铎王朝强有力的统治下发生的。不过，克兰默在爱德华六世统治下执行的教义改革，与加德纳、波尔与其助理们在玛丽统治下进行的反改革，在十年中让焦虑的英格兰岛民深陷令人震惊的动荡中。英格兰市民、农民以及组成整个英格兰民族的人，依国王爱德华六世之名，奉命前往救赎的路途。后来，在玛丽女王统治下，人们再度朝反方向走。不论是按照爱德华六世的命令原地不动的人，还是按照玛丽女王的命令而不改变方向的人，若有必要，都是在绞刑架或火刑柱上才能证明他们的信念。就这样，新的英格兰强加在旧的英格兰上，旧的英格兰在可怕的反击下短暂地摇摆。所有痛苦在伊丽莎白妥协新、旧制度的统治下浮现，这种妥协并未缓和冲突，但限制住了冲突，尚未对民族社会的统一与存亡构成致命威胁。

第八章　贤明女王贝丝

　　伊丽莎白于 1558 年 11 月 17 日继她的异母姐姐之后登基，年二十五岁，从未尝试过治理国家。新女王因遗传与教养的关系，有许多不凡的特质，这是英格兰的幸运。她的父亲是谁自无疑问。慑人的仪态、赤褐色的秀发、雄辩的口才、天生高贵的气质，处处都显示出她是亨利八世的女儿。很快地，就可以观察到父女二人其他相似之处：在危急的时刻勇敢无比，受到挑战时容易被激怒且专横，体力则几乎充沛得无耗尽之虞。她的许多嗜好都和她父亲一样，造诣也一样——热爱狩猎、精于射箭放鹰、擅长舞蹈与音乐，能够说六种语言，精通拉丁文与希腊文。她像她的父亲与祖父，活力十足，总是由一个宅邸搬到另一个宅邸，没有人说得准她一星期以后下榻何处。

　　艰苦的童年与危机四伏的青少年，是伊丽莎白的命运。父亲在世期间，曾宣布她是私生女而将她逐出宫廷。在玛丽当政阶段，她若有所疏忽就可能丧命，这让她学到谨慎与掩饰。保持沉默、等待时机与善用资源，是她青年时期学到的教训。许多史学家都指责她优柔寡断、生性吝啬，性格中的这些要素，说的公道一点，的确使顾问们失望。不过，王室的财库从来不曾充盈得足以激励她赞助所有的冒险计划。在那个动荡的时代激流中，避免做出无法挽回的决策，常常也不失为明智。那个时代要求一位熟谙政治手腕、深谋远虑的直率人物成为国家元首，而伊丽莎白正好具有这些本事。她具有知人善任的天赋，能为治国而挑选能臣。有佳绩自然赞扬，有过错也会谴责。

她心思敏捷，几乎没有几个人能凌驾在她之上。许多到她宫廷觐见的外国使节，都承认她的机智。脾气方面，她的忧郁症左右着她的脾气，时而快乐忘形、时而勃然大怒。她的心思缜密，但在态度与言语表达方面却时常肆无忌惮，甚至粗鄙。她被触怒时，会掌掴财政大臣，或将拖鞋丢到书记官脸上。她表面上非常爽朗，与男性关系微妙。一位著名的咨议大臣说："第一天她比男人还要有气概，次日则比一般女人都弱。"不过，她有激起臣民忠诚的能力，英格兰君王无人能望其项背。从现代人的眼光看来，宫廷对她的奉承可能有些怪异，但是她从来就没有亏待过人民。她本能地知道如何赢得人民的拥戴。就某种意义而言，她与臣民的关系是种轻浮的恋爱。她给这个国家的爱，是她从来没有给过任何男人的爱；而臣民则以忠诚回报她，几乎是崇拜她。她在历史上留下了贤明女王贝丝之名，并非无因。

　　几乎没有任何一位君主，一继位就要面对比她要多的危险。由于西班牙的原因，英格兰失去了加莱，且与法兰西敌对。都铎王朝的苏格兰政策已经失败。中世纪旧的军事危机——法兰西与苏格兰的结盟——再度威胁英格兰。在信奉天主教的欧洲人眼中，苏格兰人的玛丽女王是法兰西皇储的妻子，皇储已于1559年成为国王，即弗朗索瓦二世，玛丽女王比伊丽莎白更有权登上英格兰的王位；有法兰西的权力在背后为她撑腰，玛丽很有机会获得王位。玛丽·吉兹是苏格兰的摄政王兼母后，奉行亲法与亲天主教的政策，同时吉兹家族在爱丁堡与巴黎都位居权力的要津。英格兰的财政甚至在亨利八世去世之前，就已经捉襟见肘，在欧洲货币市场中心安特卫普的信用度极低，以至于政府必须付百分之十四的利息才能借到贷款。在爱德华六世的统治下，货币进一步贬值，现在已是一片混乱。英格兰唯一的正式盟友西班牙，因为宗教的原因对新政权心存疑虑。这就是伊丽莎白登基时，爱德华六世枢密院的一位前任文书调查的情况："女王经济拮据，王国民生凋敝，贵族穷苦衰微。军队需要良将良兵。人民失序、司法不彰、百物昂贵、酒肉与衣服滞销。我们自己内部意见分歧，对外正在与法兰西及苏格兰作战。法兰西国王横跨我国国土,一脚站在加莱,另一脚站在苏格兰。海外有不共戴天的敌人,却无坚固盟友。"

伊丽莎白是由新教徒带大的,是"新学问"培育出来的典范。她的身边聚集了一些最有能力的新教人士,例如马修·帕克——后来成为坎特伯雷大主教;尼古拉·培根——被任命为掌玺大臣;罗杰·阿沙姆——当时首屈一指的学者;以及最重要的人——威廉·塞西尔,适应力很强的公仆,曾在萨默赛特与诺森伯兰治下担任过书记官。在十六世纪英格兰的政治家当中,塞西尔无疑是佼佼者。他如饥似渴地消化与国家事务有关的情报,在处理公务上无比勤奋,凡事都三思而行。伊丽莎白决定召他,为自己效劳。她指示说:"我对你的评价是:不会因任何形式的馈赠而贪污。会忠于国家,而不受任何私人意愿影响。能给我最好的建议。"这番话是女王放在她的首相塞西尔肩上的重担,他当时三十八岁。尽管他们有过不愉快与冲突,但仍然每日密切商讨,持续四十年之久,直到塞西尔去世。

国内的宗教和平与苏格兰的安全,是英格兰迫切需要解决的问题。就法律而言,英格兰已经是新教国家,玛丽女王为确立天主教地位而颁布的法律均已废除,国王是英格兰的最高宗教领袖。这并不是伊丽莎白的困难。但新观念全都引起争议,不仅是教义与教会权力方面,还有政治权力的本质与基础。自从十四世纪八十年代威克里夫事件起,就有一个反抗教会团体的运动,在英格兰社会的底层秘密地进行着。自从罗马帝国皈依基督教,多数人信仰基督教。但是,"只要个人确信现有的制度不当,就有责任反对它"的观念随着宗教改革开始形成。教会与国家紧紧相连,若不服从某一方,就等于挑战另一方。一个人若想自己决定想要坚守的教义与观念是无法见容于那个时代的,而另一个观念:他应当选择自己该遵守的法律与该尊敬的地方行政长官,也是一样受反对。至少他应当在表面上顺从教会,顶多是沉默不语,保留自己的意见。但在欧洲的大动乱中,人们不可能保持沉默。他们总要谈话:秘密地交谈,或在他们的著述中公开表达。现在著述都印一千份，不论带到任何地方都能燃起人们的兴奋与好奇心。即使只允许"那里"的人合法辩论国事，一般人仍可查阅《圣经》片段，借着"福音书"作者与耶稣十二使徒的话，去检验教义、检验教会的管理、检验它的仪式与仪礼。

就在此时，被称为清教徒的一帮人，首次进入了英格兰的历史，他们将在之后的一百年间扮演重大角色。清教徒在理论与组织上都主张民主，在行动上不能容忍任何与他们的看法相左的人，并挑战伊丽莎白女王的国家与宗教权力。虽然伊丽莎白女王追求宗教自由，真诚地表示"不干涉人类的思想信仰"，却不敢让清教徒在教会或政府机构中建立基层组织。意见不合、活力充沛的少数派能够撕裂她耐心编织的纤细易碎的和谐社会。她的继任者詹姆士一世用理论详细阐述了她的实践术语："没有主教，便没有国王。"她也明白，除非政府能控制教会，否则将无法抵抗欧洲天主教日益高涨的"反宗教改革"运动。伊丽莎白不仅得马上对付国外天主教世界的威胁，还得应付国内清教徒的攻击。这些清教徒的领袖都是玛丽时代流亡过的狂热宗教人士，现在由日内瓦与莱茵河左岸地区陆续归来。

然而，欧洲的宗教改革传到英格兰之后，呈现了新面貌。使世人不安的所有新奇问题，例如，教会与罗马教廷及君主的关系，它未来的组织、教规、财产及修道院的财产处置，原本只能由议会决定。清教徒不久就在议会形成了势力庞大、坦率直言的反对派。议会中的士绅本身遂形分歧。他们或许只有在两点上还意见一致：第一，一旦他们分得大修道院土地，便无意放弃；第二，任何事情都胜过重燃玫瑰战争的战火。他们分成两派：一派认为改革已经够好，另一派认为还要进一步改革。这两派就是未来的保王党①与清教徒、国教信徒派与不顺从国教派，最后演变成托利党与辉格党②。但因为人们对于王位继承的争执与内战有共同恐惧，而且只有君王才可以制定政策与法律，两派

---

① 十七世纪英格兰查理一世时代。

② 十七、十八世纪英格兰辉格党。

的分歧，长期以来处于蛰伏状态。

*　　　*　　　*　　　*　　　*

英格兰迫在眉睫的威胁来自"边界"的北方。法兰西的部队在苏格兰支持法兰西血统的皇太后。苏格兰贵族中有权势的清教徒党受被迫害的教士唆使，武装反抗太后与法军。同时约翰·诺克斯大声疾呼反对外族统治，并在流亡日内瓦时公开谴责"丑恶的女人政权"。意谓：由女人治国似乎违反了自然常理。伊丽莎白忧喜参半地注视着这一切。如果法兰西的势力控制了苏格兰，他们的下一步行动将是反对她的王位。她需要金钱大举兴兵，派舰队前往封锁苏格兰的港口，防止法兰西的援军抵达。武器与补给都走私过边境，交给英格兰的新教徒。诺克斯也获准假道英格兰返回祖国，他的传教很有影响力。一小撮英军奉派到苏格兰支持新教徒，而玛丽·吉兹在这个时刻去世。伊丽莎白做了很小的努力，但是成效却很大。因 1560 年通过《利斯条约》，苏格兰的新教徒在苏格兰的地位永远确立了。法兰西陷入国内的宗教斗争，同时还得集中军力对抗哈布斯堡王朝。伊丽莎白获得了喘息之机，可以正视未来的问题。

对当时所有的人而言，有个问题似乎是最重要的。要解决英格兰的安定问题，最后的解决办法仍得依赖确定的王位继承人。伊丽莎白女王的婚姻，这个微妙问题开始在政坛投下阴影；她对此项挑战的态度，充分表露出她坚强而又难以捉摸的性格。全国人民深知她的责任。如果嫁给英格兰人，可能会削弱她的权力，求婚者也可能兴起战争。这个方式会带来的危险，她从朝臣对罗伯特·达德利的反应可以知道。罗伯特·达德利是诺森伯兰英俊、有企图心的幼子，伊丽莎白女王对他颇有好感，并册封他为莱斯特伯爵。但这条路根本走不通。在她统治的最初几个月，她也得考虑她的姐夫西班牙腓力二世的求婚。与西班牙联姻曾为她的姐姐带来灾难，但是她与腓力的婚姻可能买到一个强有力的朋友；拒婚可能驱使他公开表示宗教上的敌对情绪。但是1560年，她获得了暂时的安定，可以拖延一下。与欧洲任何一王室联姻，会让她自己将来与这个国家的欧洲政策纠缠不清，同时也需要面对丈夫的敌人。议会两院要求他们的"童贞女王"结婚生子，结果是白费工夫。伊丽莎白对此很生气，不准他人讨论此事。她的政策是：一辈子都要保护人民，让他们不需要负起联姻带来的义务，并且利用未婚这个条件吸引求婚者，分化与她为敌的欧洲联盟。

* * * * *

同时还有一个玛丽·都铎，苏格兰人的女王。她年轻的夫婿弗朗索瓦二世登基不久便去世，她则于1560年12月返回苏格兰。她母亲的几位叔叔吉兹兄弟就在不久法兰西宫廷失去了影响力；她的婆婆凯瑟琳·美第奇取代他们，成为查理九世国王的摄政。因此在十六世纪的下半叶，女性一度控制三个国家——法兰西、英格兰与苏格兰。但是在这三人之中，仅有伊丽莎白能够掌握政权。

玛丽·都铎的性格与伊丽莎白截然不同，尽管在某些方面的处境很相似。玛丽是亨利七世的后代，拥有王位。在她生存的年代，女性身为国家元首是一件很新奇的事情，而且她未婚。她"存在"于苏格兰这一事，打乱了伊丽莎白想借着《利斯条约》达成的微妙均衡局面。信奉天主教的英格兰贵族，尤其是北方贵族，无法忽视玛丽的权力。有些人梦想成为她的丈夫，但是伊丽莎白了解她的对手，她知道玛丽无法将情感与政治分开。这位苏格兰的女王缺乏自控力，而这是伊丽莎白在辛酸的童年时期就学会了的。玛丽的婚姻说明了两位女王的差别。伊丽莎白看到了从她的宫廷中挑选夫婿的危险，避开了这个危险。玛丽在返回苏格兰几年之后，便嫁给了堂兄达恩利勋爵亨利·斯图亚特，他是一位柔弱、自负的青年，身上有都铎王族与斯图亚特王族的血统。结果是场灾难，旧的封建派系因为宗教冲突而更加尖锐，将苏格兰紧紧抓在他们的手中。玛丽的权力慢慢地消失与衰落。她由文化深厚的法兰西宫廷带回到这个无情国家的宠臣，都不受欢迎，其中的戴维·里奇欧，在她的眼前被杀死。她的丈夫变成了反对派的工具。她情急之下默许他人将他杀害，并且在 1567 年下嫁给杀害她丈夫的人，一位好战的边界领主，博斯韦尔伯爵詹姆士·赫伯恩。他杀人的剑不可能挽救她的王位与幸福，玛丽后来因兵败而入狱，于 1568 年逃到英格兰，投向仁慈等待她的伊丽莎白。

玛丽在英格兰比在苏格兰更加危险，她成了夺取伊丽莎白性命的阴谋中心。新教在英格兰，因她的存在受到威胁。西班牙的密使纷纷潜入英格兰助长叛乱，夺走信奉天王教的臣民对伊丽莎白的忠诚。反宗教改革的各种力量一起释放，对抗欧洲唯一一个统一的新教国家。英格兰如果被摧毁，其他的国家似乎都可以消灭新教。第一个步骤是进行刺杀。但是伊丽莎白被保护得很好。弗朗索瓦·沃尔辛厄姆原是塞尔西的助理，后来成了塞尔西在政府中的对手。他追捕了许多西班牙的密探与英格兰的叛贼。这位敏锐的知识分子也是狂热的新教徒，在玛丽·都铎主持朝政期间滞留国外。他对于欧洲政治的知识，多于伊丽莎白的任何一位咨议大臣。这个人创立了当代所有政府中最优秀的特务组织。但是，总有人有机会漏掉，只要玛丽活一天，危险就永远存在，不满的民众或野心人士总能利用她与她的王位继承权来伤害伊丽莎白。1569 年，这种威胁变成了现实。

英格兰北方远比肥沃的南方来得原始。作风骄横、桀骜不驯、半封建的贵族觉得他们现在不但受到伊丽莎白权威的威胁，还受到一批像塞西尔家族与培根家族这样新士绅阶级的威胁，新士绅阶级因关闭修道院而致富，且渴望取得政治权力。再者，南北双方的宗教意见不合。南方大都信奉新教,北方主要信奉天主教。在荒凉、贫瘠的山谷间，修道院曾经是生活与慈善活动的中心。摧毁修道院一事曾经挑起天主教徒反对亨利八世，发起"慈悲的朝圣之旅"活动，同时也推动他们顽固地反抗伊丽莎白改变宗教信仰一事。有人建议玛丽嫁给诺福克公爵，前都铎王朝贵族中的显赫人物，他的拙劣头脑竟也期盼为王位进行一搏，幸亏他及时醒悟。但是1569年，诺森伯兰伯爵与威斯特摩兰伯爵在北方率兵起事。玛丽被监禁在塔特伯里镇，由亨斯顿爵士看管。亨斯顿爵士出自博林家族，是伊丽莎白的军官表兄，在她统治期间，他是位值得信任的忠臣，也算是她为数不多的亲戚之一。在叛乱者快要抓住玛丽之前，她已经被押送到南方。伊丽莎白很晚才意识到危险。她说："这些伯爵们虽属名门望族，可是力量不大。"叛乱者计划占据英格兰北方，等待王军的攻击，他们彼此互不信任。在南方，信奉天主教的贵族都按兵不动。叛乱者并没有共同的行动计划，分散成北方山区的小股人马。他们丢尽颜面，七零八落，越过边界，逃入苏格兰，天主教对付伊丽莎白的第一幕就此告终。在她非常有耐心地统治国家十二年之后，已成为全英格兰无法挑战的女王。

*　　　　*　　　　*　　　　*　　　　*

罗马教廷迅速地进行报复。1570年2月，前任宗教裁判所所长——教皇派厄斯五世，颁布将伊丽莎白逐出教会的敕令。由此刻起，位居信奉天主教的欧洲各国之首的西班牙获得了宗教武器，在必要的时候，借此攻击英格兰。伊丽莎白的权力被削弱了。议会对女王的独身问题更加焦虑，议会接连不断的请愿书，刺激她采取了行动。她与凯瑟琳·美第奇展开谈判，于1572年4月在布卢瓦缔结政治联盟。在凯瑟琳领悟到信奉天主教的法兰西与信奉新教的英格兰都很惧怕西班牙之后，两位女性都不怀疑西班牙的力量。有一段时间，伊丽莎白百事顺利。西班牙的弱点在尼德兰，个性刚强的尼德兰人民拥有丰富的税收资源，在腓力的统治下，长期以来处于叛乱边缘。《布尔瓦条约》还未签署，著名的荷兰反抗暴政者，即一般人所熟知的"海上乞丐"占领了布里尔镇，低地国家燃起了叛乱的战火。伊丽莎白现在于欧洲大陆有了一个潜在的盟友。她甚至想到下嫁给凯瑟琳太后的比较年轻的一位儿子，条件是法兰西不要乘机拓展版图，进入尼德兰。但是巴黎一桩恐怖的事件粉碎了这个联姻的希望。1572 年 8 月 23 日，圣巴塞罗缪节的前夕，胡格诺教徒①突然遭到屠杀，吉兹家族亲西班牙又信奉天主教，重新夺回他们十年前丢掉的政权。伦敦人情绪高涨。英格兰大使弗朗索瓦·沃尔辛厄姆奉诏回国。法兰西驻英大使入宫解释此事件时，伊丽莎白与她的朝臣全部穿着丧服默然以对。伊丽莎白如此尽了她身为新教女王的职责。之后，身为法兰西国王幼儿的教母，继续交涉她与法兰西国王弟弟的联姻事宜。

　　无论如何，她与法兰西宫廷的结盟显然失败了，现在被逼得只能秘密援助胡格诺教徒与荷兰人。当金钱有限，她能提供的协助就很少，除非暴动已造成灾难，成功与否完全在于是否及时提供了援助。沃尔辛厄姆现在是国务大臣，在女王的枢密院中，地位仅次于塞西尔，他对这些援助很不满意。他在玛丽临朝时，流亡海外，做过驻巴黎大使，这让他深信，只有在英格兰给予新教无限的鼓励与援助时，新教才能够在欧洲存活下去。长远来看，与天主教徒不可能达成妥协。战争迟早都会来临，因此，他敦促在最后冲突之前，尽一切力量争取与保持潜在的盟友。

　　塞西尔现在已是伯里爵士，反对一切主张。与西班牙的友谊表现在阿拉贡的凯瑟琳与亨利八世的联姻中，而商业利益也增进了两国的友谊，这是自亨利七世以来的都铎王朝传统。西班牙控制尼德兰大部分地区，只要与这个强国保持友好关系，就能够为英格兰羊毛与布匹保住很大的市场。玛丽女王与腓力的联姻在英格兰并不受欢迎。但是根据伯里的看法，不宜因此采取极端的措施和支持尼德兰叛乱者反抗腓力，否则会激怒清教徒极端分子，将危险的狂热情绪注入外交政策。当伯里于 1572 年成为财政大臣后，他的态度便强硬了起来。他意识到国家资源的不足，同时深深关切是否会丧失与西班牙及尼德兰的贸易，

---

　　① 法兰西新教徒。——译注

认为沃尔辛厄姆的政策会导致经济崩溃与灾难。

伊丽莎白同意，她并不太喜欢帮助其他国家的叛乱者。她有一次用嘲笑的口吻对沃尔辛厄姆说："叛乱者是你与你的基督教兄弟。"她并不赞同顽固的清教主义。但是沃尔辛厄姆的主张因为圣巴塞罗缪节的屠杀事件，忽然显得非常正确。直到与西班牙的无敌舰队大举对抗前，伊丽莎白女王都被迫在尼德兰冷战，在海上进行不宣而战的活动。

*　　　　*　　　　*　　　　*　　　　*

这些事对英格兰的政治很有影响。大多数清教徒起初都愿意遵从伊丽莎白的教会团体，希望能从内部进行改造。但现在他们努力强迫政府实行新教强硬的外交政策，同时想要确保自己宗教组织的自由。他们在这国家的地位很高，在宫廷与枢密院中都有像沃尔辛厄姆之类的盟友。女王的宠臣莱斯特现在与沃尔辛厄姆联系密切。清教徒在英格兰东南部的城镇郡县大肆喧嚷，不理会伊丽莎白的教会机构，开始成立他们自己的宗教社团，有他们自己的神职人员与礼拜仪式。他们的目标是建立"神权专制"。像天主教徒一样，他们主张教会与国家分开，各自独立。与天主教徒不同的是，他们相信教会的权威握在长老会之手，而长老是由全体教徒自由选出的。长老会一旦选出，就有无限的统治权力，并且取代世俗权力，支配广大的人类生活领域。

对清教徒而言，伊丽莎白的教会机构、英格兰国教与其历史性礼拜仪式、周延的教规、主教团治理的制度，都好似加尔文阐释的《圣经》一样，与古老的《圣经》不符且受人排斥。英格兰国教的确有妥协的弱点。再者，除伦敦、各大学与少数大城市外，伊丽莎白统治时代早期的一般教区的牧师，都不是令人敬畏的人物。有时候，为了保住薪俸，他们在爱德华六世统治时信奉国教，在玛丽统治时期又改变自己的信仰，最后为了糊口，只好接受农村法院所说的"女王所规定的宗教"。他们用难懂的拉丁文阅读古老的祈祷书，即使无法读写也要讲道，根本无法与充满宗教热忱及具有新观念的辩论者一较高低，更不是口若悬河的说教者与擅长谩骂小册子作者的对手。后者拉拢教徒，灌输新奇而又惊人的见解，宣传教徒有权组织自己的教会，以自己的方式敬拜，以及订立自己的教会制度。而哪天，他们何不制定自己的政治制度呢？如果在英格兰不行，或许可以在另外的国家吧？一道裂缝出现在英格兰的社会表层，这个裂缝正扩大为一条鸿沟。路德宗教会与君主甚至是绝对专制政治都配合得很好。然而在欧洲广为流传的加尔文主义，却是一股制造分裂的势力，猛烈阻碍历史的进程。在玛丽·都铎统治时期逃到国外的流亡人士归国并东山再起，在英格兰国教与国家内部放入一个爆炸性的因素，可能会粉碎国教与国家。伊丽莎白知道清教徒或许是她最忠诚的臣民，却担心他们冲动会挑起令人担忧的欧洲冲突，而且还可能危及这个王国的统一。她或她的政府都不敢交出部分权力。现在的情势不容国内发生宗教战争或动乱。

因此，伊丽莎白女王的枢密院进行反击。教会官员组成的团体——即为人熟知的"高等宗教法院"——对出版物进行检查。它是 1559 年成立的，负责处理违逆教会机构的种种案件。这种混合主教与监察人员两种功能的做法，激怒了清教党。他们设立秘密、流动的印刷厂，多年来印制大量文字恶毒的匿名小册子。1588 年，他们的活动达到顶峰，以"马丁·马普瑞雷"之名发行小册子，攻击"板着面孔的主教"与其机关。他们激烈生动的语言，显示出带有强烈倾向性的英格兰散文创作的可能性。小册子中有许多粗鄙的、令人印象深刻的形容词。句子却都笨重得像一辆干草车，印刷机一度藏在干草车中。有数月的时间，高等宗教法院的人员都在追查秘密宣传的筹划者。后来发生一件事,在一处乡村的大道上,印刷机从干草车中掉了出来,印刷工人遭到逮捕,但小册子的作者始终追查不到。

*　　　*　　　*　　　*　　　*

天主教也在聚集力量猛攻。整个1570年，无数的天主教教士从设在法兰西的杜亚与圣奥默的英格兰神学院来到英格兰，他们的任务是培养天主教徒的宗教情感，维持英格兰天主教徒与罗马教廷的联系。他们的出现，起初并没有在政府的圈子中引起疑虑。伊丽莎白不轻易地认为任何一个天主教臣民会是叛贼，1569年叛乱的失败让她更相信他们的忠诚。但是在1579年，一批新的、令人生畏的传教士溜进了英格兰。这些人都是耶稣会教士——反宗教改革的先驱与传教士。他们献身于重建基督国度与天主教的信念，都是狂热分子，从事不顾个人安危的工作。他们的敌人指控他们利用暗杀达成目的。他们当中最重要的人物是埃德蒙·坎皮恩与罗伯特·帕森斯。沃尔辛厄姆的密探小心地监视他们的动向，发现了谋害伊丽莎白的阴谋。英格兰政府被迫采取比较激烈的手段。玛丽女王在她最后三年的统治期间，烧死了大约三百名新教的传教士。伊丽莎白在最后三十年的统治期间，以叛国罪处死的天主教徒，大约也是相同的数目。

自然地，以上各种阴谋活动的焦点都集中在长期囚禁的苏格兰女王玛丽身上。如果伊丽莎白去世，玛丽就成了英格兰王位的继承人。伊丽莎白本人勉强地承认她的生命遇到危险，这些阴谋正在让英格兰王位的继承问题变得愈加突出。若玛丽去世，她的儿子詹姆士会成为英格兰王位的继承人，而詹姆士在苏格兰加尔文派信徒的手中倒是很安全。为了避免出现另外一位信奉天主教的女王，首要任务是将玛丽除掉，以免耶稣会教士或他们的盟友暗杀伊丽莎白。沃尔辛厄姆与他在枢密院的追随者，全力说服伊丽莎白女王处死玛丽。他们将玛丽参与无数阴谋的证据呈给伊丽莎白，并且逼她狠下心，但是她却不愿让王室成员血溅宫廷。

有迹象显示，耶稣会的传道并非完全没有成果。伊丽莎白不想草率，她宁愿等待时机。不久，决定性的时刻到来了。1584年仲夏，起义反抗西班牙的荷兰新教领袖"沉默者"威廉在代尔夫特的家中被一位西班牙密探刺成重伤。沃尔辛厄姆要除掉玛丽的主张因为此项暗杀而变得更加有力，英格兰的民意反应也强烈。与此同时，由于伊丽莎白的默许，英格兰私掠船袭击西班牙船只，已使西班牙人的反英情绪燃烧成敌意。西班牙一旦在尼德兰恢复了秩序，就要以尼德兰作基地，对英格兰发动进攻。伊丽莎白不得不派莱斯特率英军前往荷兰。

＊　　　　＊　　　　＊　　　　＊　　　　＊

1585年，为了保护伊丽莎白，信奉新教的士绅自愿联合起来。次年，由一位英格兰天主教徒安东尼·巴宾顿主导的阴谋被揭发，沃尔辛厄姆将证据摊开在枢密院面前。他的一位密探曾混在阴谋者当中，卧底时间长达一年。玛丽默许其事，事实不容否认。伊丽莎白终于被说服，为了政治上的需要，玛丽一定得处死。在正式审判后，玛丽被判了叛国罪。议会请求将她处决，伊丽莎白最后签署了死刑执行令。不到二十四小时，她又后悔了，但是为时已晚。她想到自己需对另一位同样是女王的君主做出"司法谋杀"一事负责，不禁害怕，虽然她知道为了国家的安全必须要这样做。她感到不安，觉得最后决定权不应该在她手上。

玛丽死亡的场面很能抓住史学家们的想象力。1587年2月8日清晨，她被召至福瑟林盖堡的大厅，由六名侍从陪同，等候英格兰女王的官员到来。邻近乡村的士绅纷纷赶来，争相目睹行刑。玛丽身着素净的黑色缎服，在指定的时刻现身。大厅里寂静无声，她仪态万千地走向壁炉旁用布覆盖的行刑台，肃穆的仪式有条不紊地完成了。但热情的彼得伯勒大教堂的教长仍企图迫使玛丽女王在最后关头皈依新教。她无比严肃地将他大声地劝告撇到一边，说："教长先生，我是个天主教徒，必须死得像个天主教徒。要想说动我，根本就行不通，你的祈祷对我没有什么帮助。"

玛丽为这最后的场面精心地打扮了一番。为了使刽子手行动方便，她让哽咽的宫女脱下她的黑缎袍服，露出深红天鹅绒的紧身围腰与衬裙。一个宫女递给她一双深红色的袖套，让她戴到袖子上。这位不幸的女王最后立定在行刑台上，从头到脚一片血红色，与行刑台的黑色背景形成对比。整个大厅只听到"嗖"的一声。她跪了下来，刽子手再砍，施出了致命的一击。敬畏的与会者完成了他们的任务。死亡的一幕令人胆战心惊。刽子手拿起了戴着假发、成熟女性的人头。一只哈巴狗由血淋淋的尸体的衣服底下爬了出来。

玛丽归天的消息传到伦敦，街上到处燃起了篝火。伊丽莎白独自待在她的房间，为一位女王而非一位妇女的不幸命运啜泣。她设法将这件事的责任推到她的男性顾问的身上。

第九章 西班牙无敌舰队

现在确定会爆发战争，情势对西班牙极其有利。从墨西哥与秘鲁的矿区涌进来的金、银，大大增强了西班牙帝国的实力，腓力国王可以将部队的装备增添至空前的程度。英格兰的统治阶级深知这种处境。只要西班牙控制住新大陆的财富，就能添置大批的舰艇，建立无敌舰队。因此必须控制财富的来源，或是在越洋船只运达之际，拦截这些财富。为了增加自己的财政收入，以及骚扰敌人对付尼德兰及英格兰的准备工作，伊丽莎白批准对西班牙沿海地区与南美殖民地做许多非正式远征。这些远征持续了一段时间，虽然尚未公开宣战，但是她已经意识到：这些宣称她事先并不知情、零零散散的袭击不能对隔海的西班牙帝国或西班牙在北欧的属地造成持久的伤害。因此，这些远征逐渐地有了正式的资格，并交由约翰·霍金斯重建、改造亨利八世时代幸存下来的王室海军。霍金斯是普利茅斯一位商人的儿子，以前在葡萄牙的巴西领地与葡萄牙做过生意。他在西非海岸经营贩卖黑奴的生意，将黑人运往西班牙殖民地，因此学会了航海技术。1573 年，他被任命为海军的财务兼审计官。他还教出一位机敏的学生，来自德文郡的年轻冒险家弗朗西斯·德雷克。

那个时代的西班牙人，都称德雷克为"陌生世界的盗帅"，他是西班牙港口与海员害怕的人物。逼英格兰与西班牙公开冲突是他的目标，他袭击西班牙的运宝船，于 1577 年环航世界时抢劫南美洲西海岸的西班牙领地。此外，还时时袭击西班牙在欧洲的港口，这些行动旨在驱使西班牙对英格兰作战。英格兰水手凭他们在西班牙海域的各种经验判断，只要双方军力维持合理的均势，他们就可以应付这种挑战。使用霍金斯建造的船只，足以与西班牙舰艇战斗，击沉西班牙派来的舰队。

同时，伊丽莎白的水手在一些还未开发的水域中获得不少经验。当时大家都知道，西班牙处心积虑地在新大陆阻拦其他国家从事贸易。一位德文郡的士绅汉弗莱·吉尔伯特开始寻找别的地方，首先引起女王兴趣的是要找一条由西北方通往中国，或叫"国泰"的航路。他饱读诗书，研究过当代探险家。他知道在法兰西与尼德兰的零星战斗中培育出许多冒险家，他可以号召他们前来为国效劳。1576 年，他写了一本叫作《由西北通往国泰与东印度群岛的通路之论述》的书。他在书的结尾部分提出一个号召："一个人若怕死而不替国家效劳服务、不顾自己的荣誉，他就根本不值得生存于世。若能正视死亡而不惧，则美德之名永垂千古。"这一观念激起了马丁·弗罗比舍从事航行的壮志，女王还赐给他从事探险的特许状。宫廷与伦敦市赞助这次探险远征，于是两艘二十五吨的小船就启航去寻找黄金。弗罗比舍将哈德逊海峡附近苍凉海岸绘入海图之后，就回国了。人人都满怀希望，以为他带回来的黑色矿砂中可能含有黄金。让大家失望的是，矿砂经分析之后证明毫无价值。可见在西北方的冒险并不能让人立即致富。

不过吉尔伯特并不灰心。在英格兰人中，他是第一个明白海上探险的价值并不仅仅是发现贵重金属的人。英格兰居民人口过密，或许他们可以移居到新发现的土地。在美洲建立殖民地的想法开始出现。少数大胆的人已经在想象，海洋的对面可以建立许多新的英格兰。他们的心中第一次有了极为实际的目标，希望将贫困的失业人口运到新大陆，也在土著中为英格兰布匹打开市场。吉尔伯特本人于 1578 年获得了伊丽莎白所颁的特许状，"去发现不在基督国家控制下的任何遥远、野蛮的异教徒土地，并且可以在那里定居"。许多士绅冒险家，其中包括他自己同母异父的弟弟沃尔特·雷利，带领六艘船，进行了几次充满希望的航行，但是没有一次获得成功。至于雷利的其他事迹以后还会再述。

1583 年，吉尔伯特以英格兰女王之名占领了纽芬兰①，但是并没有在那里久居。他决心来年再试，于是启程回国。这只小船队在海上遭遇惊涛骇浪，"海浪突然汹涌扑来，高如金字塔"。爱德华·海斯的记述留存至今："9 月 9 日那个星期一下午，护航舰几乎被海浪冲走，被海浪压下吞没，然而又破浪而出；从后面传出快乐的呼喊声，上将手上拿着一本书坐在船尾，用印地语向我们一再大喊：'我们在海上跟在陆地上一样接近天堂。'"当晚十二点钟的时候，吉尔伯特的"松鼠号"上的灯火突然灭了。英格兰第一位往西开拓的伟大人物过世。雷利继续进行吉尔伯特的未竟之业，于 1585 年在美洲大陆海外的罗阿诺克岛上建立起一个小殖民地，为了向"女王"表示敬意而将它命名为弗吉尼亚②。这个词含义模糊，后来这个名包括现在的弗吉尼亚州以及北卡罗来纳州。这项冒险失败了，两年后的第二次探险也一样。现在，来自西班牙的威胁隐约地加剧，为了要应付它，所有的力量必须集中在国内。因为对西班牙战争的缘故，建立殖民地的努力又耽搁了二十年。就国家资源而言，在这场战斗中两国实力悬殊，但女王的船员受到无可匹敌的训练，足以拯救英格兰。

*　　　　*　　　　*　　　　*　　　　*

西班牙人长久以来，便在思索入侵英格兰的大计。他们明白，英格兰的干预，妨碍到他们想要再度征服尼德兰的计划，除非打垮英格兰，否则尼德兰的动乱将无限期地持续下去。自 1585 年以来，他们就从许多不同的渠道搜集情报。流亡在外的英格兰人士累积的长篇报告都送往马德里。有无数的间谍提供地图、统计数字给腓力。西班牙的档案

---

① 加拿大东海岸的岛屿。——译注
② 女王有"童贞女王"之称，故命名亦由此而来，意指该地乃童贞地(处女地)。——译注

保管处，至今还保存着入侵英格兰的几种可能计划。

兵源不成问题。如果尼德兰的秩序能维持一段时间，就可以从驻扎在那里的西班牙军队中抽调部队远征英格兰。西班牙认为一个兵团便绰绰有余。建立与装备一支舰队的工作会比较艰巨。西班牙国王的大部分船只都来自他的意大利属地，都是为供应地中海使用而建造的，并不适合在欧洲西海岸航行，也不适合横渡英吉利海峡。为通往南美洲西班牙殖民地而建的大帆船，不太容易操纵。但是 1580 年，腓力二世并吞了葡萄牙，而葡萄牙的海军承包商并未受到地中海环境的限制。为了能在南大西洋行动，他们曾对各类船只做过实验，葡萄牙的大帆船因此成了西班牙舰队的基础，现在集中在里斯本港口。每艘可用的船只都奉命进入西班牙西部水域，其中甚至包括名为“印度警卫”的私人军队与其私有帆船。1587 年，德雷克对加的斯的著名袭击，使西班牙的备战工作延迟了一年。在一个“烧焦了西班牙国王胡子”的事件中，大量的补给品与船只都遭到了破坏。不过，1588 年 5 月西班牙的无敌舰队已经准备就绪，共集结了一百三十艘船，上面配备着两千五百门火炮与三万多人，其中三分之二是作战士兵。船只中有二十艘是大帆船，四十八艘是武装商船，八艘是地中海平底长船，其他的不是小艇便是未武装的运输船。它们的目标是沿英吉利海峡北上，去尼德兰将亚历山大·帕尔玛率领的一万六千名经验丰富的老兵载上船，在英格兰的南部沿海登陆。

声名卓著的西班牙海军将领圣塔·克鲁兹已经去世，指挥权移交给麦地那——席当尼亚公爵，他对此战有很多的担忧。他的战术是遵照地中海的模式——与敌方缠斗，紧靠敌舰航行，然后登舰攻击来取胜。舰队的配备令人赞叹，可运载大批人马。短程重炮火力很强，但是远程重炮则很弱，这便是英舰一直保持在射程之外、避免近战的原因。从士兵人数上来相互比较，西班牙舰队的水手数目在士兵总人数中所占的比例很低。他们是从西班牙社会底层中招募而来，再由出身贵族世家却毫无海战经验的军官指挥。许多船只的质量很差；因贪污舞弊，私人合约所负责提供的粮食不但短缺，而且都已变质发霉；饮水用的盛水木桶，是还未干透的木材所制，所以时时漏水。他们的指挥官没有指挥海上作战经验，曾经还请求国王不要让他指挥这样的危险行动。

英格兰人计划在西南部的一个港口集结一支舰队，在英吉利海峡西端入口处拦截敌军，陆军则在东南方集中迎战来自佛兰德斯沿岸的帕尔玛部队。很难确定西班牙人会从何处攻击，但是西风连日不断，因此西班牙的无敌舰队可能从英吉利海峡北上，与帕尔玛会师，在埃塞克斯海岸强行登陆。

英格兰全国在对西班牙备战时团结起来。天主教主要的人物都被拘留在伊里岛，就整体而言，他们对于君主的忠心毫不动摇。在蒂尔伯里集结了一支部队，有两万人之多，由莱斯特爵士指挥。这支军队加上邻近郡县集结的军队，构成的兵力不容低估。当西班牙的无敌舰队仍在英格兰外海的时候，伊丽莎白女王在蒂尔伯里阅兵，并以下面这段撼动人心的话向士兵致辞：

　　我可爱的臣民们，有人劝我，为了国家安危，必须留心部队以防背叛。我向你们保证，我自始至终都不会不信任我忠实可爱的臣民。只有暴君才疑惧担忧。我的行为素来如一，故依上帝意旨，我将最主要的力量与希望寄托在我臣民的忠诚之手。所以，如同你们所见，我来到你们中间，在战斗方酣之际，决心与你们同生共死，为上帝、为我的王国、为我的臣民、为我的荣誉与血统战死疆场，甚至伏尸沙尘亦在所不惜。我自知身为妇女，体虚力弱，但我有国王的心胸与肚量，尤其是英格兰国王，鄙视胆敢侵略我国领土边界的帕尔玛、西班牙或欧洲的任何王亲贵胄。因为外患，而非因为我个人受到的屈辱，我将亲执干戈，亲自挂帅，并对你们在战场上的各种表现论功行赏。我知道，因为你们的勇往直前，你们值得奖励与赏赐。我以一国之君的身份向你们保证，到时你

们必将获得封赏。

       *   *   *   *   *

　　霍金斯为建设海军所做的工作，现在要接受考验。霍金斯凭借在殖民地海域从事海盗活动累积的经验，多年来已经开始修改英格兰船只的设计结构。高耸在大帆船甲板上方的船楼都被降低了，龙骨全部都加深，将结构的重心放在适航性与速度上面。其中最值得注意的是，安装了更重的远程火炮。加农炮在传统上被认为是"下等武器"，只适合在短兵相接时发射；但是霍金斯建造了不怕任何海上天气的军舰，他反对肉搏战，主张隔着一段距离用新炮轰击敌人。英格兰舰队的舰长都跃跃欲试，想让他们的平底船在大风中漂流，顺势对抗敌方大型帆船。尽管霍金斯竭尽全力，但 1588 年那一时刻，仅有三十四艘女王的船舰，可以载着六千人马，赴海上作战。匆忙地搜集了所有可用的私人船只，加以武装，以便为国效劳。结果搜集起来的船只总共有一百九十艘；其中半数都太小，不能派上用场。

　　伊丽莎白女王已经督促她的水手"盯住帕尔玛"，并对要将主要舰队送到西边很远的普利茅斯颇感不安。德雷克想采取更大胆的措施。他在 1588 年 3 月 30 日的奏章中提议，派遣主力舰队攻击西班牙海岸的一个港口，但并不是攻打已加强防御的里斯本，而是它附近的一处海港，以迫使西班牙的无敌舰队出海防卫海岸线。他主张的理由是，如此一来，英格兰舰队就能笃定与西班牙舰队交战，可以预防西班牙趁着顺风溜进英吉利海峡。

　　英格兰政府宁可采取更加冒险的构想，将各个独立的舰队分开，各自防守南部沿海，以便对敌人全面攻击。他们坚持将其中一支小舰队派到英吉利海峡的东端，监视帕尔玛的动静。德雷克与他的上司，英格兰舰队的指挥官埃芬厄姆的霍华德爵士听到后又惊又烦，费了很大的劲才阻止军力再度分散。一场强劲的南风阻止了他们攻击西班牙

99

海岸。他们被风吹回了普利茅斯，补给品耗尽，船上坏血病滋生。

他们终于有充分的时间考虑战略。西班牙的无敌舰队于 5 月 20 日离开塔古斯河口，但是却遭到曾经逐退霍华德与德雷克的暴风雨侵袭。两艘重达千吨的军舰桅樯折断，只得停泊在拉科鲁尼亚整修，直至 7 月 12 日才起航。7 月 19 日的傍晚，他们逼近利泽德岬角外海的消息传到了普利茅斯港。英格兰舰队当晚必须在微小的逆风中出港迎敌。第二天，风又大了起来。霍华德在 7 月 21 日致沃尔辛厄姆的信中对这次海战有翔实的报告：

> 虽然风非常弱，我们在那天晚上费劲地驶出港口，星期六，西南风变得非常强劲。大约下午三点钟的时候，我们可以远望到西班牙的舰队。我们尽量利用今晨已经克服的风势。他们的舰队有一百二十艘船舰，其中有四艘平底长船与一些笨重的船舰。上午九点钟，我们向他们开战，战斗持续到下午一点钟。①

星期六，如果麦地那——席当尼亚趁英格兰船舰费力离开港口时，由上风处施以攻击，英格兰舰队将惨败。但是他得到的指令，让他不得不沿英吉利海峡北上与帕尔玛会师，帮忙将集结在敦刻尔克久经战阵的部队运到英格兰。他呈送到马德里的报告显示，他对此一无所知。英格兰舰队历经困难、保持耐性、在险象环生中逆风行驶，到了上风处，在他的舰队沿英吉利海峡北上的九天时间中尾随在后，用他们的远程火炮轰击行动缓慢的大帆船。他们位于上风，已经占了优势。7 月 23 日风势减弱，双方舰队在波特兰岬停了下来。那不勒斯大帆船动用百名奴隶，西班牙人企图用它来反攻。但是霍华德与德雷克先后袭击西班牙的主力舰队。霍华德报告说："西班牙人被逼让步，像绵羊般挤在一起。"

---

① 引自劳顿于 1894 年所著的《西班牙无敌舰队的覆灭》(海军记录史) 第一卷，第 273 页。

7月25日，双方在怀特岛再度交战。看起来，西班牙人的计划是要夺取该岛当作基地。但是西风越来越强劲，英格兰人仍占上风，再度将西班牙人驱逐到加莱方向的海域。麦地那不知道帕尔玛的行军动向，希望在加莱搜集消息。英吉利海峡的航道对西班牙人而言，是种折磨。英格兰船舰上的炮火横扫大帆船的甲板，船员丧命，士气涣散。英格兰舰队则未遭到任何损坏。

麦地那犯了一个致命的错误，他在加莱停泊处下锚。英格兰女王原本驻扎在英吉利海峡东端的船舰与主力舰队在海峡中会师，现在英格兰整个海军力量合在一起。7月28日傍晚，在英格兰旗舰上召开作战会议，决定攻击。决定性的战争马上打响。夜幕降临，八艘东端的分遣舰船装满了炸药，准备充当火船——即当时的鱼雷——奉命火攻在停泊处下锚的西班牙舰队。躺在甲板上的西班牙水手，看到了不同寻常的火光，沿着奇怪船只的甲板不知不觉地朝着他们移动。突然，一连串的爆炸声响彻云霄，火花四溅的庞然大船移向下锚的无敌舰队。西班牙舰长们纷纷砍断下锚的缆索，任船只漂向大海。接着，船舰碰撞。最大的一艘平底长船"圣洛伦佐号"的舵撞得不知去向，漂到加莱港搁浅，加莱的总督将水手都抓了起来。西班牙无敌舰队剩下的船舰借西南偏南方向的风势，向东驶往格拉夫林。

麦地那现在派信使前往帕尔玛那里，告知他已抵达。7月29日破晓时分，他已在格拉夫林的沙洲外面，希望能找到帕尔玛部队，但是一艘船都看不到。敦刻尔克港内的潮水已退到最低水位。仅能趁春潮来临、加上顺风才可能出港，这两种自然情况都不存在。西班牙的部队与运输船未能会师。于是西班牙人转过头来面对追逐他们的敌人。双方苦战了八个钟头，船舰被逼交锋，战况混乱。英格兰政府接到了简明的战报："霍华德在战斗中击败许多西班牙人，击沉五艘船，并将另外四五艘驱至岸上，造成搁浅。"此时，英格兰人弹药已尽，若非如此，西班牙的船舰应该没有一艘能脱逃。然而，霍华德自己并不明白他的战果有多辉煌。他在战役结束后的晚上写道："他们的兵力强大，而我们——拔掉了他们的羽毛。"

受到重创的西班牙无敌舰队现在向北行驶，逃离战斗圈。他们唯一的目的就是回国。绕着苏格兰北方作长途回国航行的恐惧开始了。他们在航道上遇到悄悄尾随在后的英格兰小型船只，双方都没有足够的弹药。

西班牙无敌舰队的返航，展现了西班牙水手的高超技能。面对着浪高如山的怒海与疾如奔马的潮水，他们还是从追逐的敌人手中逃脱。英格兰船舰缺乏粮食与弹药，水手又抱怨装备破旧，被迫掉头南驶，前往英吉利海峡的各处港口。天气帮了西班牙人一次大忙。西风将舰队中的两艘大帆船吹到挪威海岸上撞成碎片。但是，风向之后就变了。如同麦地那所记载的："我们在苏格兰北方绕过了不列颠群岛，现在正乘着东北风驶往西班牙。"他们向南航行时，不得不驶往爱尔兰的西海岸补充淡水。他们早已将马、骡投入了海中。决定在爱尔兰进港一事，又为军队招来灾难。他们的船舰已被英格兰炮火攻击得七零八落，现在还得受秋天风暴的侵袭。有十七艘船在岸上搁浅。为了寻找淡水导致五千多名西班牙士兵丧生。不过当初下海赴战的舰队约有半数，六十五艘以上的船只在 10 月抵达了西班牙。

英格兰连一艘船也没有损失，损失的兵卒不及百人。但是他们的舰长都很失望。因为过去三十年来，他们一直相信自己强过敌手。但现在发现，与他们作战的西班牙舰队比他们想象中还要强大，而他们自己的船舰装备却很少。他们的弹药竟然在生死关头用尽。商船上的火炮威力很弱，敌人的舰队竟有半数以上得以逃脱。他们没有什么战功值得炫耀，只记录下他们的失望。

但是对全体英格兰人而言，无敌舰队被击败宛如奇迹。三十年来，西班牙霸权的阴影让政坛一片阴郁。一股宗教情绪充满英格兰人的心头。一枚为纪念胜利而铸造的勋章，上面有如此题词："上帝吹一口气，他们便东奔西逃。"

伊丽莎白与她的水手都知道这题词是如何的真实。西班牙的无敌舰队的确在战役中受创，但却是天气使它士气瓦解、逃窜。然而此次战役又产生决定性的影响。英格兰水手可说是高奏凯歌。虽然他们的补给与船舰数量有限，霍金斯的新战术仍带来了胜利。举国上下都感到安心与自豪。几年之后，莎士比亚写了《约翰王》。他的文句深深地打动了观众的心：

全世界与我们为敌，三路进兵，
我们要使他们丧胆。我们无所悔憾
只要英格兰忠于自己。

第十章　最光荣的女王

　　伊丽莎白王朝的危机随着 1588 年成了过去。从击溃西班牙无敌舰队的那年起，英格兰崛起成了世界上第一流强国。英格兰抵抗了自罗马时代以来最强大的帝国势力。英格兰的人民意识到自己力量的伟大，伊丽莎白统治的末期，民族活力与热忱都聚集在女王个人身上。在无敌舰队溃败的次年，斯宾塞①所著长诗《仙后》前三册出版，伊丽莎白在诗中被颂为"最光荣的女王"。诗人与朝臣都争相歌颂这位象征丰功伟业的君主。伊丽莎白培育出了英格兰一代俊彦。

　　海军作战成功表明了一件事：只要勇敢地去远征，就有很大的机会可以赢得财富与名声。1589 年理查德·哈克卢特②出版他的巨著《英格兰民族重要的航海、航行与发现》。在书中，敢于冒险的航海家用自己的话叙述他们的故事。哈克卢特在说出这个时代勇往直前的精神时，宣称："英格兰这个民族在搜寻世界上的各个角落和区域，英格兰民族多次环绕地球，其次数胜过地球上其他的国家与人民。"在伊丽莎白王朝结束之前，一项重要的事业已经开始了。过去几年，英格兰人一直绕过好望角，越过中东广阔的地域，探索通往东方的路。这些冒险事业是"东印度公司"创立的起因。一开始，东印度公司是一家努力求生存的小公司，资本仅七万二千英镑。这项投资后来赢得耀眼的红利。不列颠帝国在印度的起源，归功于伊丽莎白女王于 1600 年赐给一批伦

---

　　① 英格兰诗人，著有《仙后》《牧人日历》《结婚曲》等诗。——译注
　　② 英格兰地理学家，西北航道创始人之一。——译注

敦商人及金融家建立东印度公司的特许状，但是印度在之后的三个世纪受尽折磨。

在垂垂已老的女王宫廷中，年轻一辈出头，要求女王准许他们掌管一些事项。而后几年间，他们在世界各地打击西班牙军队与其盟邦——远征加的斯、亚速尔群岛、加勒比海与低地国家，以及在胡格诺教徒支持下远征法兰西的北方海岸。这个故事是接二连三进行的混战，其中的第一个只获得微薄的资源支持，有几次是在战事达到高潮的时刻结束。英格兰对抗西班牙，但从未正式宣战，战争的沉重负担延续到伊丽莎白继任者统治的第一年。英格兰政府的政策是在世界各地牵制敌人，并且在"低地国家"与法兰西资助新教分子，以防止敌人集中武力对付英格兰。另外，英格兰还进行干预，防止西班牙人攫取诺曼底与布列塔尼的港口，作为另一次入侵英格兰的基地。由于这些持续的、规模不大的努力，在荷兰及法兰西的胡格诺教徒得到了胜利。新教拥护者兼法兰西王位的继承人——纳瓦拉王国的亨利——终于胜利，这得归功于他接受了天主教的信仰，以及战场上的屡次获胜。他说过，巴黎值得为这件事做一次望弥撒。他皈依天主教的决定终止了法兰西的宗教战争，对英格兰而言，也解除了以西班牙为后盾的法兰西国王对英格兰构成的威胁。荷兰人开始掌握他们自己的命运，英格兰这个岛国终于趋于安定。

但是，英格兰并没有对西班牙做出决定性的一击。英格兰政府没有资金发动进一步的战争。王室一年的岁入不到三十万英镑，其中还包括议会批准的税赋。这笔钱得应付宫廷与政府的全部支出。击败西班牙的无敌舰队算起来用了十六万英镑，而尼德兰远征军在某个阶段曾要求十二万六千英镑。英格兰人的热忱慢慢地消退了。1595 年，雷利再次尝试，去寻找圭亚那境内的黄金国。但是他的远征并没有为国家带回利益。德雷克与年过六旬的老将霍金斯出发，进行最后一次远航。霍金斯在途中病倒。舰队在波多黎各外海下锚时,他在船舱中去世。德雷克由于昔日的赞助者去世而感到沮丧，起航去攻击富足的巴拿马城。他发挥以前的勇敢精神，攻入了诺布雷德迪奥斯湾。现在的情况今非昔比。早年的日子已一去不复返。西班牙新大陆的殖民政府设备完善、武器精良，击退了这次侵袭。英格兰的舰队退到海中。1596年6月，弗朗索瓦·德雷克身披盔甲，如战士般迎接战斗，死于指挥舰中。当时的英格兰编年史家约翰·斯托写到德雷克时说："他在欧洲与美洲的名声，如同帖木儿在亚洲与非洲一样。"[1]

英格兰与西班牙的冲突仍在进行。双方互相攻击，攻势不断而损耗益增，但是海战英雄的年代已经过去。一个壮烈如史诗般的时刻留在英格兰人的记载上——英舰"复仇号"在亚速尔群岛弗洛勒斯最后的战斗。培根[2]在记载中写道："1591年，有一场很棒的海战，是一艘叫'复仇号'的英舰，由理查德·格伦维尔爵士指挥，（依我之见）战况激烈得难以描述，有如壮丽史诗。虽然是一场败仗，却胜过胜利；像参孙[3]的所为，死的时候所杀的人，比他一生杀死的人还要多。这艘战舰在十五个钟头内，像被猎犬困住而蹲着不动的公鹿。西班牙共有五十五艘战舰，其中十五艘包围住'复仇号'并且轮番攻击；其余的船舰像教唆者一样，远眺这场海战。巨舰'圣菲力波号'重达一千五百吨，是十二艘'海上使徒'中的泰斗。它摆脱了'复仇者号'时，船员们乐不可支。在勇敢的'复仇者号'战舰上，仅有二百陆、海官兵，其中有八十人病着，然而，他们在海战进行了十五个小时之后仍能撑下去，两艘敌舰在他们的两侧被击沉，还有更多艘敌舰被损毁，杀死无数敌人，而且西班牙人一直没有占领船舰，'复仇者'是被敌人以和解协议的方式虏获。西班牙人对'复仇者'指挥官的武德与该舰的悲剧感叹不已。"

固然，人们最好能记得，英格兰的普通水手乘坐只有二十吨的小船，驶入北大西洋与南大西洋的荒凉海域，饮食条件极差、薪水低微，从

---

① 帖木儿（1336—1405），帖木儿帝国创建者。——译注
② 英格兰哲学家、政治家，曾于1618年任咨议大臣。——译注
③ 《圣经》中的大力士。——译注

事极其危险的冒险，却只有微薄的资金支持。这些人面对着各种可能的死亡——患病而死、溺水而死、被西班牙的长矛与火炮弄死、在无人居住的海岸饥饿而死、囚在西班牙狱中而死。英格兰舰队的海军将领埃芬厄姆的霍华德爵士道出了他们的座右铭："情势需要，上帝就派遣我们再度结伴下海。"

* * * * *

打败西班牙，获得胜利，是伊丽莎白统治时期最辉煌的成就，但绝不是唯一的成就。击退西班牙无敌舰队已经缓和了国内宗教上的意见分歧。在天主教卷土重来的危险逼近时，让英格兰走向清教的种种事件，于无敌舰队在格拉夫林燃烧、灰飞烟灭之际，将英格兰转回到"国教"。几个月之后，后来成为坎特伯雷大主教的理查德·班克罗夫特，在圣保罗十字架前讲道，攻击清教的信仰，他深信英格兰国教并不是政治团体，而是神圣机构。他使用的唯一方式，是用于它的攻击者不相上下的热忱捍卫国教。它并不是"女王颁布的宗教"，而是借着主教继承制度传袭下来的使徒教会。但是班克罗夫特也看出，要维持这个主张，需要更好的神职人员，也就是"有扎实学问"的人。一个世纪之后，克拉伦登写道："如果他再活下去，会迅速地扑灭所有在英格兰境内燃起的宗教大火，就像曾在日内瓦燃烧的火。"但是伊丽莎白驾崩时，这场大火仍在闷烧且十分危险。

不过，伊丽莎白培育具有实力的教会。与她执政早期时三心二意、无所适从相比，现在的她更有信心、学问高深而且不需要与国内分歧分子及国外分离主义分子妥协。数以万计的信徒对它很有情感，都因为习惯而珍视祈祷仪式，他们也都是受洗进入这个教会的。他们将英格兰教会视为神圣的制度，对它表现出来的爱，有如加尔文主义者对长老会，或独立派对其会众一样的真诚。而且，即使将要来临的分歧令人心酸，英格兰仍团结一致，珍视伊丽莎白人民与宗教所做的服务。

奥利弗·克伦威尔称她是"盛名永远为人记得的伊丽莎白女王",并且补充:"我们如此称呼她,一点也不心虚。"那些仍旧记得充满灾难与迫害的黑暗岁月,并且见过西班牙威胁加剧与消除的人,都能对理查德·胡克庄重的著述给予回应。胡克是《论教会组织体制法》一书的作者,这是本为伊丽莎白时代教会仗义执言的经典之作。他写道:"在上帝与吉甸①的剑下,有时,以色列人民发出痛苦的呼声。今日,无数群众则唱出欢乐的歌。这种成就可以成为这个王国屹立的所有教堂的铭文的真正题词、方式与称号。感谢万能的上帝与他的仆人伊丽莎白的仁慈,我们需要这一切。"

*　　　*　　　*　　　*　　　*

自十六世纪五十年代以来,就治理英格兰的人正由掌握大权与功成名就而陆续进入坟墓。莱斯特于 1588 年逝世,沃尔辛厄姆于 1590年去世,伯利于 1598 年去世。击溃西班牙无敌舰队之后的十五年里,其他人物在把持朝政。与西班牙的战争已设立了崇尚战争的赏金制度。年轻而又急于一试的人,如雷利及埃塞克斯伯爵罗伯特·德弗卢,为争取领军对抗西班牙人而起争执。伊丽莎白女王犹豫不决。她知道她终生努力追求的安定很脆弱。她知道向西班牙武力挑衅的危险,因为西班牙有东、西两个印度群岛的财富作后盾。她正日益老去,与年青一代渐少接触。她与埃塞克斯伯爵的争吵,透露出她的心起伏不定。

埃塞克斯是莱斯特的继子,莱斯特将他带入了宫廷的政治圈子。他发现政府掌握在极为谨慎的塞西尔家族——威廉②与其子罗伯特的手中。伊丽莎白女王的宠爱则是在心肠强硬、英俊潇洒、雄心勃勃的禁卫军统领雷利身上。埃塞克斯比较年轻,性情也比较火暴,不久便取代了这位统领而赢得女王的宠信。他雄心勃勃,着手在宫廷

---

① 古代以色列勇士。——译注
② 伯利爵士。——译注

与枢密院中树立自己的党羽，并且压抑塞西尔家族的势力。他获得培根兄弟——安东尼·培根与弗朗索瓦·培根的支持；这对兄弟是尼古拉·培根之子。尼古拉身为掌玺大臣，早年曾经是伯利的同僚，也是妻舅。伯利对培根兄弟漠不关心，让他们感到不满。他们是危险的敌人，埃塞克斯正好是个合宜的领袖，可以迫使伊丽莎白女王接受具有前瞻性的政策。他们两人都在英格兰驻巴黎的使馆中服务，像沃尔辛厄姆一样，他们已经建立了令人称赞的情报组织。由于他们的协助，埃塞克斯成了外交方面的专家，得以向女王表现他的能力。1593 年，他被任命为枢密咨议大臣。英格兰与西班牙的关系此时再度紧张。埃塞克斯马上在枢密院领导主战派；年迈的财务大臣有一次从口袋中掏出一本祈祷书，用颤抖的手指着年轻的对手，朗读下面的诗句："嗜杀的与使诈的人，必将短命夭折。"1596 年，埃塞克斯与雷利联合指挥，率军远征加的斯。在夺取这个港口的海战中，雷利是位杰出的领袖。西班牙的舰队中弹焚烧，加的斯城投降。埃塞克斯是海岸战斗中的英雄。这是场漂亮的联合作战行动，英格兰人占据加的斯达两周之久。舰队凯旋归国，令伊丽莎白感到遗憾的是，这没有使国家变得更富足。在舰队出征之际，罗伯特·塞西尔已任职国务大臣。

加的斯的胜利，提升了埃塞克斯在年轻朝臣中及全国的声望。伊丽莎白女王很亲切地接见他，但是私下却有疑虑。她害怕新一代的人轻率鲁莽，而埃塞克斯是否是新一代的精神化身呢？不过此刻一切都还好。埃塞克斯被任命为军械署总管并得到授权，统率远征军拦截正在西班牙西部港口再度集结的无敌舰队。1597 年夏季，即将发动另一次"入侵英格兰的大业"。英格兰舰只驶向西南，前往亚速尔群岛。那里并没有英舰需要拦阻航道来加以阻止的西班牙大舰队的迹象，但是这些岛屿成了方便的基地，英舰可以在那里等候来自新大陆的运宝舰队。雷利也参加了这次远征。英格兰人未能夺下岛上的任何港口，西班牙运宝舰队躲过了敌人，在北方海上没有英舰防御的情形下，西班牙无敌舰队开进了比斯开湾。海风再度拯救了英格兰。操作失误的西班牙大帆船遇到了强劲的北风，船只溃散、沉没。这支被拆散队形的舰队只好狼狈地退回到各个港口。腓力国王跪在埃斯科里亚尔修道院①的小礼拜堂内，为他的船舰祈祷。在舰队撤回的消息还未送达之前，他中风瘫痪，坏消息临终之际才带给他。

埃塞克斯回国时，伊丽莎白女王仍精力充沛，临朝执政。混乱与争吵使得英舰远征亚速尔无功而返，令伊丽莎白女王大怒。她宣布将永远不再派舰队驶出英吉利海峡，这一次她说话算话。埃塞克斯自宫廷引退，风雨的日子随后而来。埃塞克斯确信自己遭到了误解。他的党羽也忧思满腹。各种疯狂的想法像波浪穿过心中。他的身边聚集着一小群人，计划拨云见日，使女王的宠爱再度降临。

爱尔兰境内的动乱现在已达到顶点，为埃塞克斯提供了一个机会，重获女王好感与重建自己威望。在伊丽莎白统治期间，爱尔兰一直都是一个棘手的问题。亨利八世曾经拥有爱尔兰国王的称号，但是他并无实际扩张权力。虽然英格兰将封号赐给爱尔兰的部落首领，希望能依英格兰方式将他们变成权贵，但他们仍然紧紧抓住古老的、宿仇相侵的氏族生活不放，不理会都柏林都尉的指挥。反宗教改革运动再度活跃，与信奉新教的英格兰对立。对在伦敦的女王政府而言，这是一个令人焦虑的重要问题，因为任何对英格兰敌对的强权都可以利用爱尔兰的不满来对抗英格兰。能干的总督率领一小股兵力，努力地维持秩序以及对英格兰法律的尊重，努力安置可靠的开拓者移民爱尔兰，但是这些措施都没有获得显著的成果。在伊丽莎白统治的前三十年当中，三次大叛乱动摇了爱尔兰。到十六世纪九十年代，第四次叛乱爆发，演变成劳民伤财的战争。

仗着西班牙的支持，蒂龙伯爵休·奥尼尔正威胁英格兰对爱尔兰的支配地位。如果埃塞克斯成了议员并且扑灭叛乱，就可能恢复在英

---

① 西班牙马德里附近的大理石建筑群。——译注

格兰的权势。这是很危险的一搏。1599年4月，埃塞克斯获准率领部队前往爱尔兰，这支部队是英格兰派往爱尔兰的所有部队中最大的一支。他一事无成，一败涂地。但是他使出戏剧性的一击。他违背伊丽莎白女王的特别命令，放弃职守，不报告便匆匆策马前往伦敦。罗伯特·塞西尔等候着敌手，想要赢。埃塞克斯与伊丽莎白女王之间发生争吵，随即被软禁在家中。几星期慢慢地过去了，埃塞克斯与他的年轻同伴，包括莎士比亚的赞助人南安普敦伯爵，策划了一个孤注一掷的计划，要在伦敦市起事、集中军力攻打白厅①，抓住女王本人。为了表现这个结果，莎士比亚后来在绍斯瓦克制作一出新戏《理查德二世》，以推倒国王作为高潮。

这桩计谋失败了，1601年2月，埃塞克斯在伦敦塔内被赐死。目击处决的人当中有沃尔特·雷利。他静悄悄地走到白塔的门口，经由军械库的楼梯爬上来，俯览行刑台。他——最后一个伊丽莎白女王时代的人，也在那里有同样的结果。年轻的南安普敦伯爵则被饶了一命。

伊丽莎白很了解利害关系。埃塞克斯不仅是位朝臣，还曾奋力获得女王的宠信。他是宫廷中准备夺权的领袖。他心思敏锐，知道女王年事已高，因此有意控制王位继位，控制下一位君主。当时还不是实行政党政治的年代，而是讲究赞助人与门客的年代。埃塞克斯与雷利不和，或培根家族与塞西尔有歧见，都未涉及基本原则，官场肥缺、权势与影响力才牵涉利害关系。埃塞克斯如果胜利，可以在整个英格兰任意封官，甚至对伊丽莎白女王发号施令。但是伊丽莎白长年掌政，手腕远胜过年纪只有她一半、野心勃勃的臣子。她采取反击，毁掉了埃塞克斯，也拯救了英格兰，让它免受内战摧残之苦。

埃塞克斯逃回英格兰对英格兰人反而是福气。一位性格顽强、精力十足的指挥官芒乔伊爵士接替了埃塞克斯的位置，不久就控制住叛乱。当西班牙的援军，有四千人之多，于1601年在金塞尔登陆时，为

---

① 伦敦街名，英格兰主要政府机关所在地。——译注

时已晚。蒙乔伊击溃了爱尔兰人，逼迫西班牙援军投降。最后蒂龙伯爵也只好归顺。终于爱尔兰被英格兰的武力征服了，虽然仅是暂时的。

*　　　　*　　　　*　　　　*　　　　*

　　埃塞克斯曾向伊丽莎白的政治权力挑战，就未来局势而言，更重要的是 1601 年议会对伊丽莎白立宪权力的挑战。在伊丽莎白统治期间，议会的分量与权力一直在稳定地增长。现在，争论的焦点转向"垄断专利权"。有段时间，王室借由不同的手段来增加自己微薄的收入，其中包括将垄断专利权赐给臣子或其他的人，让他们支付报酬来交换。有些垄断专利权是为了保护与鼓励发明，可以说有正当的理由，但是有许多经常是无正当理由的特权，结果导致物价上涨，负担落到每个人肩上。1601 年，种种不满引发平民院为此展开正式辩论。一位愤怒的议员朗诵一份名单，从制铁到风干沙丁鱼等各种垄断专利权皆有。另一位坐在后排的议员大声嚷道："名单上没有面包专利权吗？"平民院为之哗然，塞西尔大臣激烈谴责。他说："任何人在讨论这点时，都受到你们故意叫喊或咳嗽进行阻挠，实在太无礼了。这种情形比较像在大学预科学校，不像是在议会。"伊丽莎白女王比较狡猾。如果平民院议员将提案分组表决，立宪权力的整个基础就会受到抨击。她马上展开行动，一些垄断专利权立刻废止了。她答应会调查一切垄断专利权。她抢先行动，以避免直接的责难，召集大批平民院议员到王宫，对他们发表出色的演说，告诉他们："虽然上帝已将我置于万人之上，然而我认为，用你们的爱治理天下，是我至上的荣耀。"这是她最后一次在他们面前露面。

　　在统治英格兰多灾多难的岁月中，伊丽莎白女王展现出的充沛活力已慢慢地、无情地消逝。她一连好几天躺在房中一堆软垫上，默默地忍受持续几个钟头的痛苦。外面回廊上传来激动、匆忙的脚步声。最后，罗伯特·塞西尔壮着胆子对她说："陛下，为了让你的人民安心，你必须躺到床上去。"他得到的回答是："为人臣子的，可以对君王使用'必须'这个字眼吗？"年老的坎特伯雷大主教惠特吉夫特，她曾称他是"小小的黑丈夫"，跪在她身边祈祷。1603 年 3 月 24 日的清晨，伊丽莎白女王去世了。

      ＊   ＊   ＊   ＊   ＊

    都铎王朝便如此结束了。一百多年来，靠着少数的护卫者维护历代国王的王位、维持安宁，阻挡欧洲的外交攻势与军事侵袭，而且引导这个国家度过可能摧毁它的种种改变。议会正以国王、贵族院与平民院的和谐为基础，成为有名有实的机构，英格兰君主制度的各种传统都已恢复、发扬光大。但并不能保证这些成果永垂不朽。国王只有在深得民心时才能统治天下。现在王位将要传给异族的苏格兰，他们在政治上本能地仇视英格兰的统治阶级，都铎王朝孕育出的与议会的良好关系在新国王就任不久就走向结束。新的国王即将与这个日益成长的国家武力对抗、发生冲突，还会出现内战、共和插曲、王政复辟及革命。

第五部

内　战

第十一章　统一的王室

　　苏格兰国王詹姆士六世是苏格兰女王玛丽的独生子。他年轻的时候，受到严谨的加尔文派的培养，可是这个教派却不符合他的喜好。他没有钱，导师们又很严格。长久以来他便渴望得到英格兰的王位，但是直到最后一刻，这个目标都遥不可及。詹姆士仅由时断时续的联系知道伊丽莎白的情形，埃塞克斯与罗伯特·塞西尔夺权争宠常常激怒伊丽莎白，她若一怒之下决定，将使詹姆士得不到王位。但是现在一切都已经尘埃落定。塞西尔是他的盟友，在伊丽莎白驾崩后的那段紧张日子里，他很有技巧地管理国政。詹姆士被宣布成为英格兰的国王詹姆士一世，未遭到任何反对，于1603年4月由荷里路德宫前往伦敦。

　　他是个陌生人，也是个异族，而且他统治英格兰的资格有待审查。特里威廉①说："詹姆士对英格兰与英格兰法律一无所知，以至于他在纽瓦克将当场抓到的一名扒手未经审判，便下令处以绞刑。"这项处决并没有施行。詹姆士憎恶加尔文派导师的政治观念。他对于王权及君权神授有自己固有的想法。他是位学者，自负为一个哲学家，一生出版了许多小册子与专著，范围从谴责巫术、烟草到阐述抽象的政治理论。他带着封闭的心智与喜欢说教的毛病来到英格兰。英格兰正在改变。服从王朝的习惯已随都铎王朝最后一位君主消逝。西班牙不再是威胁，王国的联合②使外敌无法在这个岛屿上找到盟友和立足。都铎王朝为

---

　　①　英格兰历史学家。——译注
　　②　1603年，英格兰与苏格兰两个王国的联合。——译注

了维持权力均衡，对抗旧贵族而依仗乡绅，并且将整个地方政府的管理事务交给乡绅，这些乡绅开始运用他们的才能。英格兰变得很稳定，可自由关注本身的事务，一个有权势的阶级跃跃欲试，急着参与国政。另一方面，詹姆士继承王位的权利并非无懈可击。而神权这个教义原来是为了辩护国家主权的存在，用来对抗普遍教会或是帝国的，现在詹姆士则用神权加强他的地位。但是如何使"神权治国"的国王与沿袭古代习俗的议会和睦共处呢？

比这些尖锐问题更重要的是即将来临的财政危机。自新大陆输入的贵重金属价格飞涨，整个欧洲通货膨胀；王室每年固定的税收越来越少。借由节约政策，伊丽莎白女王缓和了冲突。但冲突是躲不掉的，而且还引起可怕的宪政问题。关于税务，谁有最后的决定权呢？每个人都接受中世纪的学说，认为："国王不能以人民不同意的法律统治他们，因此国王无法不经人民同意就对他们课征税赋。"但是没有人分析过这一个学说，或是追溯每个细节的含义。如果这是英格兰的重要法律，它是否出自令人难解的古代生活，或是昔日某位国王对臣民的恩惠呢？它是英格兰人不可剥夺的、与生俱来的权利，还是可以取消的呢？国王是服从法律，还是不服从呢？由何人制定法律呢？十七世纪有大部分的时间都用于寻找历史、法律、理论与实务问题的答案。律师、学者、政治家和军人都加入这场大辩论。无争议的继位人让人们如释重负，因此热忱地欢迎新君。但是，不久詹姆士与他的臣民就为这件事与其他的问题产生不和。

詹姆士召开的首次议会立刻引发"议会特权"与"国王特权"的问题。平民院以恭顺又坚定的语气起草了一份辩护文提醒国王，他们的自由权包括选举自由、言论自由及议会开会期间免于逮捕的自由。他们抗议："国王的特权可轻易地与日俱增，但臣民的权利多半会保持不变。……人民的声音……关于他们所知的事情，据说是上帝的意旨。"詹姆士的儿子后来在位时也一样，轻蔑地对待全国不满情绪并置之不理，还将此视作出言不逊、欺君罔上。

在此之前，詹姆士生活拮据。现在，他认为自己很富有。随他一同南下到英格兰来的"乞丐似的苏格兰人"也都自行致富。宫廷的支出以惊人的速度增加。不久詹姆士便发现他自己财务吃紧，甚感诧异。这意味着议会经常召开会议，因此议员有机会借频繁地开会而组织起来。而詹姆士忽略了可以借由自己的枢密咨议大臣控制的议会，就好像以前伊丽莎白女王做的一样。罗伯特·塞西尔现在是索尔兹伯里伯爵，并没有与平民院保持直接接触。詹姆士沉溺于自己的说教爱好，经常提醒议员们，他有统治的神权，而他们重要的职责便是供应他的需求。

有个古老而根深蒂固的信仰，便是国王应当"自力更生"。传统上，来自王室土地与关税的税收应当足以维持公众事业。议会通常会表决，将关税提供给君主做生活费用，不希望另外拨款，除非是有紧急事务。为了应付自己的需求，詹姆士不得不强调、重申中世纪国王的征税特权。这不久便惹火了平民院，他们还记得自己最近才在专卖权问题上胜过伊丽莎白。幸好法官们都裁决港口属于国王的专门司法管辖范围，只要认为适当，他就可以发行"估价簿"，就是课征额外的关税。这一来就给了詹姆士一笔税收，这并不像古代封建制度下的拨款，随国家财富的增长、物价的提高而提升。平民院质疑法官们的裁决，而詹姆士则将这个争议变成了有关王室特权的技术性问题，将事情弄得更糟。不过这个问题闹了一阵子之后，便搁置了下来。

詹姆士国王对宗教问题早有明确的看法。他一登基就接到清教徒的请愿，这些清教徒在 1590 年就被伊丽莎白解散。反"国教"的主教制度者以为来自苏格兰加尔文派的新国王可能听听他们的立场；如果换上一个较温和的教派，那么对宗教仪式做若干修改便会满意。但是詹姆士已经受够了苏格兰教会。他意识到加尔文主义与君主制度终究会起矛盾，如果人们能够自行决定宗教，就可以自行决定政治的事务。

1604年，他于汉普顿宫与清教徒领袖及那些接受伊丽莎白制度①的人举行会议。他的偏见很快显现。他在辩论当中谴责清教徒企图推展"苏格兰长老会制度"，"这个制度会使教会与君主平起平坐，就如同上帝与魔鬼没有区别。……这样一来，随便什么人都可以聚集在一起，随他们高兴地责难我、责难我的枢密院与所有的议事活动。然后某某人会站起来说：'它必定是这样子。'然后某某会回答说：'不是那样子。'……等一下，我求你们等个七年再向我提出这些要求，而且，如果到时你们发现我又肥又喘不过气来，或许我会倾听你们的意见。让这个政府跟从前一样吧，我确信到时我将会活得很好，然后我们所有的人都会有事可做，也都有利可图。"詹姆士明言他不会改变伊丽莎白的国教政策。他的口号是："没有主教，就没有国王。"

天主教徒在焦急中怀着希望。毕竟国王的母亲曾是他们的拥护者。他们的处境很微妙。如果教皇允许他们对世俗的国王效忠，詹姆士可能会让他们在英格兰传教。但是教皇不会在这一点上让步。他禁止教徒对信仰异端的君王效忠，关于这点没有妥协的余地。欧洲的一些辩题正拿服从的本质大开玩笑，而詹姆士卷入了这场争论。曾经抨击伊丽莎白的耶稣会会员在罗马掌有大权，他们出版许多书，不承认他继承王位的权力。似乎到处都有人耍阴谋。詹姆士虽然倾向于容忍，但还是被逼着采取行动。天主教徒因为拒绝参加国教的礼拜仪式而罚款，教士都遭到放逐。

一小撮天主教乡绅因为失望而绝望，设计了一个计谋，准备趁詹姆士与议会成员在威斯敏斯特开会时，用火药炸死他们，希望在这件事之后便发动天主教徒起义，并在混乱中借西班牙的帮助重建天主教政权。主谋是罗伯特·凯茨比，盖伊·福克斯则从旁协助，他是西班牙对荷兰战争的老兵。他们的其中一位追随者泄露给了一位天主教亲戚。这个消息传到了塞西尔那里，议会的地下室遭到了搜索。福克斯当场被捕，市

---

① 国教。——译注

区掀起了一场惊天动地的风暴。詹姆士前往议会，发表一场充满感情的演说，表示若他与忠心的平民院议员一起死，会是多么的光荣。他说国王总是暴露在危险面前，超出了普通凡人所遇的危险范围。只不过因为他的聪明，才使他们全体幸免于难。平民院议员表现出完全的冷漠，转身去处理当天的事务，讨论一位患了痛风的议员请求解除议会职责的申请。密谋者遭到追捕、施以酷刑并处决。如此新奇的大规模叛国行动，让天主教团体立即受到迫害与长期的憎恶。为了纪念 11 月 5 日的解救事件，所举行的感恩节礼拜一直留在祈祷书上，直到 1854 年才取消。它的周年现在还是会以篝火与焰火庆祝，有人举行反天主教的示威活动污损它，不过却使它生动起来。

$$* \qquad * \qquad * \qquad * \qquad *$$

　　这个时候，由英语民族的天才创造了一个壮丽、持久的作品。清教徒所有的要求都遭到了拒绝，但是在汉普顿宫会议要结束的时候，一位清教牧师，牛津圣体学院的院长约翰·雷诺博士心血来潮地问是否可以出版一种新版《圣经》。这个主意甚投詹姆士所好。神职人员与一般社会大众当时共同仰赖翻译本的教义，例如，廷德尔与科弗代尔的《日内瓦圣经》，伊丽莎白女王手下的《主教的圣经》。这些《圣经》的内容各不相同。有些添加了页边注释与眉批，有的拥护某个教派对《圣经》的阐释及教会组织极端派理论，将《圣经》弄得面目全非。各个党派与教派都使用最适合本身观点与原则的版本。詹姆士心想，雷诺提出的建议正是大好的机会，可以借此摆脱具有宣传性质的《圣经》，翻译出一个供所有人使用的统一版本。几个月之内，成立了六个翻译委员会和"公司"，在牛津、剑桥与威斯敏斯特各有两个，总共有五十位学者与神学家参与。他们因为这项工作而被挑选出来，根本不在乎神学或教会背景。他们很快接到了指令。每个委员会负责翻译一部分《圣经》内容，草稿由其他五个委员会审查，最后由一个十二人组成的委员会修改定稿。禁止有偏见立场的翻译；除了相互参考或解释难以翻译的希腊文或希伯来字词的意义，也禁止有页边注释或眉批。初步研究用了约三年时间，主要的翻译工作到1607年才开始进行，但是之后的完成速度快得惊人。在一个没有高效率邮政服务，也没有机器复印及复制方法的时代，委员会虽然彼此相隔甚远，但仍于1609年完成了任务。十二人的监督委员会只用了九个月做审查工作，而詹姆士国王的印刷厂，于1611年出版了钦定本的《圣经》。

这个钦定版本立即受到欢迎，并赢得了长久的胜利。任何人只要花区区五先令便可买到一本。即使如今物价暴涨，仍可以用这个价格购买。差不多有三百年的时间，没有人认为它需要作新的修订。在开往美洲新大陆的拥挤移民船上，几乎找不到放行李的地方。如果冒险家需要随身带书籍，他们都携带《圣经》、莎士比亚的作品，后来还有《天路历程》；而他们带的《圣经》多数是詹姆士一世钦定的版本。据估计，这个标准译本单单用英语出版的册数，就达九千万册。这个版本被翻译成七百六十种语言。在英格兰与美国，钦定本一直是最流行的版本。这可能是詹姆士最伟大的成就，因为大体上是他推动了此版本的编译工作。这位苏格兰学者所做的贡献远超出他的预料。造就这项杰作的学者大多数都不知名，也未受到后人的纪念，但是他们为世界各地的英语民族铸造了文学与宗教上的永久联系。

*   *   *   *   *

随着岁月的流逝，詹姆士与他的议会越来越没有交集。以前都铎王朝很慎重地使用国王特权，也没有提出任何关于治国的一般理论，但詹姆士却认为自己是全国人的老师。在理论上，实行君主专制颇为有理。十六世纪的整个政治发展都有利于他这种主张。他发现弗朗西斯·培根是个很聪明的支持者。培根是位雄心勃勃的律师，曾经与埃塞克斯一起涉猎过政治。当他的赞助者埃塞克斯下台后，他又回头投靠女王表示顺从。培根担任过许多高级法律职务，最后成了大法官。他主张国王在法官的帮助下进行绝对开明的统治，那是最有效率的治国之道，但他的理论不切实际，也不得人心。

随后而来的冲突集中在国王特权的本质与《议会法》的权限上。《议会法》至高无上，除非是废弃或修正，否则不能改动，这是行使国家最高权力的唯一方式，这种现代观念当时尚未出现。都铎王朝的法令的确使教会与国家产生重大改变，它们几乎无所不能。但是法令一定要得到议会的同意与国王的批准。没有国王的召集令，议会就不可以召集，也不可以在国王解散议会之后继续开会。除非财政需要，不然没有其他任何事能逼国王召开议会。如果国王能从其他途径筹到金钱，他就可能统治多年而不召开一次议会。而且国王确实有某种未予界定的特权，用来应付政府遇到的紧急事件。什么人能够告诉他可以做什么与不可以做什么？如果国王为了大众的利益，选择通过条例而废除某项法令，又有什么人能说他在违法行事呢？

在这个问题上，律师们以大法官科克为首，挺身而出，成了英格兰历史上受人关注的焦点。科克是英格兰最有学问的法官之一，对这些争议进行直率的回答。他宣布，特权与法令之间的冲突不应当由国王裁决，应当由法官裁决。这是个惊人的主张，如果由法官决定法律何者有效与何者无效，他们就成了国家最高立法者。他们会成立最高法院，审查国王与议会两者制定法律的合法性。科克的种种要求并非没有根据。它们全都依据古代的传统，即法庭上宣布的法令优于中央当局颁布的法令。科克认为，法律不可以由人任意捏造，甚至更改。法律本来就已经存在，仅仅等人去揭示和阐述。如果议会的许多法案与法律相互冲突，它们便无效。因此，在开始，科克并没有与议会并肩作战。在英格兰，他为了维护基本法而提出的主要主张被驳回了，后来，这些主张在美国受到的待遇完全不同。

詹姆士对法官的职责有不同的看法。在议会法令与国王特权发生冲突时，法官或可做出裁决。但若要如此，他们必须支持国王。犹如培根所言,他们的本分就是当"王座底下的狮子"。法官是由国王任命的,得到国王的垂爱,他们才能保住自己的职位,应当像其他王室官员一样服从国王。这项争议因为培根与科克之间的个人恩怨而加剧。科克发现自己处于难以招架的地位。如果法官很容易因为国王的命令而遭到免职,就没有任何法官能对国王的特权保持不偏不倚的立场。起初詹姆士想让科克闭嘴,将他由民事法庭提升到王室法庭,但没有成功,于是,就在 1616 年将科克免职。王室法庭的其他法官转而支持国王。

五年后,科克进入平民院,发现当时最活跃的律师都同意他的观点。他们的领导才能被人接受。在平民院开会的那些乡绅,很少有人对议会的历史有很深刻的认识,或是能够提出任何有条理的理论,为议会的种种权力辩护。他们只不过对国王的武断行为与刺耳的理论感到愤愤不平。那是个活跃的社会,对于法律条例与立宪形式都极为尊重。如果律师都对国王忠贞,立法的力量会整个偏向而支持国王,平民院的任务就更加困难了。但是阐释的法律条例与他们的主张相反,他们不得不与过去的主张断绝关系,承认他们是改革派,是律师们的坚持让他们免于痛苦的选择。科克、塞尔登及皮姆等人,即使不是执业的律师,也都在"中殿律师学院"①念过法律,他们形成了一个干练的、主动的领导团体。他们精通法律,而且经常任意地解释法律,他们逐渐自圆其说地建立起一项理论,议会可以根据这理论宣称自己并非什么新事物,而是英格兰人民合法的古老遗产。这样便奠定了团结而又有纪律的反对派的基础,后来皮姆将领导他们对抗查理国王。

詹姆士并不赞同反对派的这些活动,他并不想妥协。但是他比他的儿子精明,知道什么时候妥协最有利。仅仅是因为财政窘迫,他才与议会打交道。有一次他告诉西班牙大使说:"平民院是一个毫无道理的机构。议员们的意见都杂乱无章。他们开会的时候乱叫乱喊,什么都听不见。我很诧异我的祖先怎么允许这样的机构存在。我并非本

---

① 伦敦培养律师的四个组织之一。——译注

地人，到这里的时候才看到了这种情形，因此也只好忍受这个无法摆脱的东西。"

＊　　　＊　　　＊　　　＊　　　＊

　　詹姆士的外交政策或许适合和平时期的情况，与当时大环境的趋势发生冲突。严格说来，他登基的时候英格兰仍与西班牙交战。由于塞西尔的支持，终于终结了敌对情势，也与西班牙重新恢复外交关系。从各种情况来看，无论如何，这都是聪明审慎的行动。主要的对抗已经由公海转到欧洲大陆。神圣罗马帝国的哈布斯堡王朝，仍由维也纳宰制着欧洲大陆。神圣罗马帝国皇帝与他的西班牙国王表弟的领土，已经由葡萄牙延伸到了波兰，他们的势力也受到耶稣会的支持。平民院与国人仍对西班牙保持强烈的敌意，并且惊慌忧心地注意反宗教改革运动的发展。但是詹姆士不为所动。他视荷兰人是反抗国王天授神权的叛徒。西班牙大使贡多马尔伯爵资助詹姆士宫廷中亲西班牙的一伙人。詹姆士并没有从都铎王朝的经验中学到任何教训，不仅提议与西班牙结盟，还主张他的儿子与一位西班牙公主结婚。

　　不过他的女儿已经加入反对派的阵营。伊丽莎白公主嫁给了新教在欧洲的拥护者腓特烈——一位享有王权的莱茵选帝侯。腓特烈婚后不久，就投入了对抗哈布斯堡皇帝斐迪南的抗争活动。神圣罗马帝国的法律曾经承认日耳曼的部分地区信奉新教，哈布斯堡企图使这些地区皈依，引起信奉新教的君主国家激烈的反对。这场风暴的中心是波西米亚，傲慢而又果决的捷克贵族阻挠维也纳在宗教与政治上的中央集权政策。在十五世纪约翰·胡斯时期，他们建立了自己的教会，与教皇和神圣罗马帝国皇帝对抗。现在他们与斐迪南对抗。1618年，他们的领袖在布拉格将皇帝的使节从皇宫的窗户丢出去。这个后来称为"丢出窗外"的行动，开启了一场蹂躏日耳曼长达三十年的战争。捷克人提议将波西米亚的王位给腓特烈。腓特烈接受了，成为公认的新教

125

叛乱领袖。

詹姆士的女儿现在是波西米亚王后，但詹姆士并不愿意代表她从事干预行动。他决心不惜任何代价要置身于欧洲大陆的冲突之外，认为与西班牙重修旧好才是最能帮助女婿的方法。议会又惊又怒。詹姆士提醒议会，这些事都超出了他们的权限。有人嘲弄他怯懦，但是他仍旧不改初衷。他坚守信念，维护和平。他这样做是否聪明或具有远见，并不太容易断定，不过确实是不得民心。

腓特烈选帝侯不久就被逐出波西米亚，他世袭的土地都被哈布斯堡王朝的部队占领了。他在位的时间相当短，以至于在历史上被称为"一冬之王"。英格兰平民院吵着要作战。为了捍卫新教，他们募集了私人捐款与志愿军。詹姆士很满意与西班牙大使就波西米亚的主权问题作学术性的讨论。他坚守的信念是，英格兰王室与西班牙王室借婚姻结盟，可以确保英格兰与强国的和平。欧洲大陆上的任何巨变都不应当妨碍这个计划。在已经开始的大战中扮演新教的拥护者，可能会让他获得臣民一时的爱戴，但也会让他受到平民院的牵制。议会要求控制军备金钱支出，不可能慷慨地答应拨款。国内的清教徒势力会更加大。除此之外，战争成败难测。詹姆士似乎相信，他的使命是要做欧洲的调解者，而年轻时在苏格兰的动荡经验，使他根深蒂固地厌恶战争。他不理会请求他干预的要求，继续与西班牙谈判联姻。

     *   *   *   *   *

在这些动乱中，沃尔特·雷利爵士以讨好西班牙政府的理由，在塔丘遭到处决。詹姆士即位之初，雷利便因为密谋，想以詹姆士的表妹阿拉贝拉·斯图亚特取代詹姆士而遭到监禁。这项指控的罪名大概很不公平，审判也确实如此。雷利梦想着要在奥利诺科河①找到黄金，

---

① 委内瑞拉境内的河流。——译注

这个念头让他在长期监禁时得到一点鼓舞，却因 1617 年的灾难而结束。为了最后的这一次探险，特别将他从伦敦塔中释放出来，结果他失策，冒犯了在南美洲的西班牙总督。由于他，又恢复古老的死刑方式。他于 1618 年 10 月 29 日在受刑台上被处决，这个事件显示英格兰奉行新的绥靖政策，以及为英、西两国建立友好关系铺路。这桩可耻的行为在詹姆士国王与英格兰人民之间筑起了一个永久的障碍，除此，还有其他的障碍。

詹姆士很喜欢宠臣，他对英俊的年轻男子的关注，让他获得的尊敬明显地越来越少。他贤明的咨议大臣罗伯特·塞西尔去世后，宫廷便为无数令人厌恶的丑闻所折磨。他一时兴起，将一位宠臣罗伯特·卡尔封为萨默赛特伯爵。卡尔涉及下毒谋杀的阴谋，他的妻子有罪。詹姆士无法拒绝卡尔的任何要求，起初几乎不注意卡尔这桩罪行引起的风暴；但是后来他也不能支持卡尔官居高位。一位面容姣好、机智、喜好奢侈的年轻人乔治·维利尔斯继卡尔之后获得宠爱，被封为白金汉公爵，很快地在宫廷中掌握大权，得到詹姆士的宠信。他与威尔士亲王查理友谊深厚。他毫不迟疑地接受了国王欲与西班牙联姻的政策，并于 1623 年陪威尔士亲王前往马德里去会见新娘。他们不依正统的行为，无法打动讲究正式礼仪的西班牙宫廷。西班牙人要求英格兰对国内的天主教徒做出让步，而詹姆士确定议会永远都不会同意此事。西班牙人拒绝替詹姆士请求神圣罗马帝国皇帝，将选帝侯国交还给腓特烈。詹姆士终于良心发现说："我不喜欢以女儿的眼泪去为我的儿子娶亲。"英格兰与西班牙的谈判遂告失败。威尔士亲王与同伴现在对西班牙的一切都感到失望，于是启程回国，但是逆风遭到延误，护送亲王的英格兰舰队因天气而留在桑坦德。英格兰惊惧不安地等待着。消息传来，说亲王已安全地回到朴次茅斯，没有与西班牙公主结婚，也没有受到引诱而放弃新教信仰，所有阶层的人都欣喜若狂。英格兰人抱着与西班牙及其一切势力对抗的强烈意愿与意志，必要时不惜一战。当年贤明女王贝丝（即伊丽莎白）击溃西班牙无敌舰队的记忆鼓舞着人们的心灵。天主教偶像崇拜的罪恶使他们的心灵感到害怕。福克斯所著的《殉道者书》于1563年首次出版，广为大众阅读，教导大众要将肉体的折磨与磨难提升为自己的光荣职责。伦敦的大街上挤满了载着篝火所用柴薪的运货马车。欢乐的火光映红了伦敦的天空。

詹姆士国王与他的枢密院在亲近西班牙的路上走得太远，又因突然停止而受到了冲击。枢密院非常自责地对詹姆士说，因为白金汉公爵没耐性、自负，破坏了整件事。他们抨击白金汉公爵的行为，理清对西班牙宫廷的无礼指控，也为西班牙对莱茵选帝侯国的态度辩护。但是白金汉公爵与查理现在急于兴起战争。詹姆士起初踌躇不决。他说他是个老年人，一度对政治略有所知。现在，这个世界上他最爱的两个人催促他该采取的行为与他的判断及过去的行动全然相反。

在这个紧张的时刻，白金汉公爵无比敏捷，摇身一变，从一位王室的宠臣变成一位忧国忧民的政治家。他用个人的风度谈吐说服国王，设法获得议会与人民的支持。他采用了许多手段肯定议会的权力与权利，让步的程度是自兰开斯特王朝以来不曾有过的。都铎王朝不许议会干涉外交事务，詹姆士也遵守，可是现在这位受宠的大臣却邀请贵族院与平民院两院议员发表意见。两院的意见都迅速而又明确。他们说，继续与西班牙谈判有损国王的尊严、臣民的福祉、王子与公主的利益，有违以前与他国的盟约。关于这点，白金汉毫不隐瞒与他的主人有些不同的意见。他直率地公开表示，他期望只走一条路，詹姆士国王则认为可以同时走两条不同的路。白金汉并非一直是个奉承者，他也得表达自己的信念，否则便是个叛徒。

议会乐见这些发展。现在遇到了为即将来临的战争筹募军款的问题。詹姆士与查理王子心中想的是要在欧洲发动战争，设法重新夺回莱茵选帝侯国。议会则力劝只与西班牙从事海战，如此便可能赢得自东西印度群岛运来的丰富财富。平民院对国王的意图有所猜疑，于是批准的军费不到他请求的半数，并且还定下了这笔军费应当怎样支用的严格条件。

白金汉调整自己的方向，并在此刻保持他在议会新建立的声望。他利用这一点制服了他的敌手——财政大臣克兰菲尔德。财政大臣当时已受封为米德尔塞克斯伯爵，是王国"新贵"中的佼佼者。他本来是商人，但因发财致富而地位高升。现在他遭到议会弹劾而免职下狱。议会也曾经用弹劾这项武器对付过培根。他于1621年因为贪污而被发现有罪，免除了大法官之职，被判交罚款并被放逐。当时有许多重大问题，只不过白金汉或他亲爱的朋友查理王子没有理会。

　　与西班牙的联姻刚失败，白金汉便马上前往法兰西为查理王子寻找新娘。当初王子前往马德里路经巴黎的时候，玛丽·美第奇之女亨利埃塔·玛丽亚给查理留下了深刻印象。她是路易十三的妹妹，当时才十四岁。白金汉发现法兰西宫廷，尤其是玛丽太后，欣然赞同这个联姻。查理王子若与一位新教的公主联姻，会使国王与议会团结起来。但是这向来不是统治圈的求婚意图。对他们而言，法兰西的公主只不过是另一个选择，用来代替西班牙公主罢了。英格兰怎么能单独对付西班牙呢？如果英格兰不能仰仗西班牙，必须拥有法兰西不可。年已老迈的詹姆士国王希望看到儿子结婚，说他就是为了这个儿子才活着。他于1624年批准了这桩婚约。三个月之后，大英帝国的第一代国王便辞世了。

第十二章 "五月花号"

　　对抗西班牙已经耗尽了英格兰的精力，在伊丽莎白女王统治后期，仅有几项新的航海事业。有一阵子没有听过新大陆的事。霍金斯与德雷克在他们早期的航海冒险活动中，曾经在加勒比海为英格兰展望广大的远景。弗罗比舍与其他的人深入加拿大的北极地区，寻找通往亚洲的西北通道。但是探险与贸易的诱惑都必须对战争的需要让步，建立殖民地的新观念也遭到重创。吉尔伯特、雷利与格伦维尔都是先驱。他们的大胆计划都没有成效，却留下了启发他人的传统。现在，经过一段时间，他们的努力已由一批新人接手，这些人都不太耀眼，但是比较实际而且更加幸运。逐渐地，由于一些的动机，英语社区在北美建立了起来。这项改变来自 1604 年，当詹姆士一世要与西班牙缔结和约时。讨论受到理查德·哈克卢特所著《关于西方种植的论述》的刺激而死灰复燃。以他为首的一群作家提出的严肃的论点，受到欢迎并被给予新的意义。英格兰有种种麻烦。沦为乞丐及流浪的人很多，需要为整个民族的精力与资源找新的出路。

＊　　　＊　　　＊　　　＊　　　＊

　　物价不断上涨，使工薪阶层面临许多困难。虽然十六世纪整个生活水平都有所改善，但各种物价上涨了六倍，工资只涨了两倍。政府的过分规范使工业受到阻碍。中世纪工匠的同业公会制度仍旧盛行，使得年轻的入行学徒变得极其困难。地主士绅阶级在政治上与国王结盟，拥有大多数的土地并且控制所有的地方政府。他们进行的圈地活动使许多英格兰农民背井离乡。整个生活格局似乎缩小了，社会组织的架构也硬化了。在新的生活背景下，很多人失去了优势、失去了希望，甚至是生存。一般认为，建立殖民地可能会解决这些令人苦恼的问题。

政府对此并非毫不关心。与生机勃勃的殖民地进行贸易，也可以增加王室深为依赖的关税收入。商人与富有的地主士绅阶级看到大西洋对岸有利于投资的新机会，既可以逃避限制工业发展的种种约束与规范，也可以克服宗教战争期间欧洲贸易的普遍衰退。进行海外实验的资金唾手可得。雷利的种种尝试显示，个别努力是不会成功的，新的方法是以合股公司的方式，发展可以支持大规模的贸易事业。1606年，一群投机商人获得了王室的特许状，创立了弗吉尼亚公司。从最广义的角度，来了解早期的投机事业如何在美洲扮演它的角色，是很有趣的切入角度。

哈克卢特这样的专家共同商议之后，小心地拟就了一项计划。但是他们几乎没有实际经验，低估了新方案的困难之处。毕竟去开创一个国家的人并不多。展开第一步的人只有几百人。1607年5月，这批人在弗吉尼亚的海岸切萨皮克湾中的詹姆士城定居。次年春天，半数的人都死于疟疾与饥馑。经过了英勇的长久奋战之后，幸存者可以自给自足，但是国内的提倡者可以得到的利润非常少。约翰·史密斯队长是位参加过土耳其战争的军事冒险家，成了这个小小殖民地发号施令的人，执行甚为严厉的纪律。他的副手约翰·罗尔夫与印第安酋长的女儿波卡洪塔斯的婚姻，在英格兰的首都大为轰动。但是伦敦的公司很难控制殖民地，这个殖民地的行政管理很粗糙，董事们目标纷杂且界定不明。有些人认为殖民会减轻英格兰的贫穷与犯罪。其他的人则寻求在北美海岸发展渔业的利润，或是希望找到新的原料，以便减少对西班牙殖民地进口物品的依赖。所有的想法都错了，弗吉尼亚的财富来自一个新奇且出乎意料的契机。有人因缘种植了烟草，结果证明土壤是有利于烟草种植的。烟草已经由西班牙人引进欧洲，抽烟的习惯扩散得很快。对于烟草的需要日益增长，弗吉尼亚首次收割的烟草利润很高。小地主的土地都被人买走，开辟成了大的种植园，殖民地开始独立自主。随着殖民地的成长与繁荣，它的社会变得类似母国，士绅的地位由富有的大农场主代替。不久，他们便发展出独立的思想及健全的自治能力。距离伦敦政权的遥远，实在有助于他们的发展。

*　　　　*　　　　*　　　　*　　　　*

　　詹姆士一世统治期间的英格兰，表面上单调而无生气，宫廷中宠臣得势，王室在欧洲屈意顺从，其他比较有活力的力量仍在运作。伊丽莎白国教会的主教们已将比较重要与顽强的清教徒逐出去。他们虽然毁掉了清教徒的组织，宗教极端分子却仍继续举行不合法的小型集会。他们并没有对这些人做有系统的清除，但是琐碎的限制与暗中的监视阻碍这些人进行平和的宗教活动。在诺丁汉郡斯科洛比的一些清教徒，由牧师约翰·鲁滨孙及约克大主教庄园的清教徒土地管理人威廉·布鲁斯特率领，决心到海外寻求宗教自由。他们于 1607 年离开英格兰到荷兰的莱顿定居，希望能在容忍、勤奋的荷兰人这里找到避难所。这些清教徒教区的居民奋斗达十年之久，希望能争取到适合的生存环境。他们都是小农夫与雇农，在荷兰这个以海洋为主的社会中格格不入，而且他们由于国籍的关系，无法进入工匠的同业公会，没有资金也毫无训练过。他们唯一能找到的工作就是繁重的体力劳动。他们性格坚毅，不屈不挠，在荷兰只能面对着苍凉的未来。对自己与生俱来的权利他们太引以为傲，以至于无法与荷兰人融为一体。荷兰当局很同情他们，实际上却爱莫能助。于是清教徒开始另觅别的路。

　　移民到新大陆是要从罪人生活中脱身。他们在新大陆可以自谋生计，不受荷兰同业公会的阻挠，也可以奉行自己的宗教信仰，不受英格兰国教神职人员的骚扰。他们当中的一个人记录道："他们梦绕魂萦的那个地方是美洲的荒野，那里幅员辽阔、人烟稀少，但是果实充盈，适合居住；那里完全没有文明的居民，只有未开化的、野蛮的人类，他们与野兽一样各处栖息。"

1616 年冬季，荷兰面临重新与西班牙开战的威胁，在焦急的清教徒团体中有很多讨论。极大的危险与重大的冒险活动摆在他们的面前。除了未知的危险、饥饿、前人失败的记录，还有令人不寒而栗的印第安人传闻，他们如何用贝壳剥俘虏的皮，切掉肋骨，在受害者的同伴眼前放在火上烤着吃。但是后来成为新殖民地总督的威廉·布拉德福德，针对大多数人的争论提出答辩。在他所著的《普利茅斯种植场的历史》一书中，他表达出当代人所持的看法："所有伟大崇高的活动都伴随着极大的困难，人们必须用相应的勇气去从事、克服。危险很大，但是并非险恶；困难很多，但并非无法克服。危险与困难可能都很多，然而并不一定会出现；人们恐惧的有些事情可能永远都不会发生；其他的事情则因为深谋远虑与使用良策，大部分都可以预防；而所有的事情借着上帝的帮助，靠着自己的坚忍与耐心，都能够被忍受或者克服。若是没有很好的理由或观点，是不会从事这样的尝试；不会像许多人一样，因为好奇或贪图有所得而轻举妄动。但是他们的情况非同寻常，他们的目的充分而又崇高，他们的欲望合法而且紧迫；因此他们可能期望在此过程中得到上帝的保佑。是的，在这个行动中他们可能会丧失生命，然而他们也可能在这个行动中找到安慰，他们的努力会很光荣。他们生活在这里却像是流亡者，生活条件艰苦，还可能遭到巨大的苦难。因为十二年的停战时间已经过去，此刻只闻战鼓声，备战动作四起，局势永远不定。西班牙人可能像美洲野人一样的残忍，这里的饥馑与瘟疫也像在美洲那样猖獗，而他们的自由权找不到救治之道。"

这些清教徒首先计划在圭亚那定居，不过他们随即明白不可能凭借自己的力量从事冒险，一定得有来自英格兰的援助。因此他们派人前往伦敦，与对移民有兴趣的弗吉尼亚公司谈判。该公司董事会有位成员是有影响力的议会议员埃德温·桑兹爵士。在这家公司伦敦商界赞助的支持下，他推动这项殖民方案。这里有理想的移民者，他们头脑清晰、吃苦耐劳、精通农业。他们坚持要有信仰自由，因此势必要安抚英格兰国教的主教们。桑兹与来自荷兰的使节去见国王。詹姆士表示怀疑。他问这一小撮人用何种方法在这家公司的美洲地盘上自力更生。他们回答道："靠捕鱼。"这句话使詹姆士内心大悦，他说："上帝保佑。这是诚实的行业！这是使徒的召唤。"

莱顿的清教徒得到特许，可以在美洲定居，于是他们便火速计划安排。他们当中有三十五名成员离开了荷兰，在普利茅斯与英格兰西陲的六十六位冒险家会合，并于 1620 年 9 月共乘一艘重一百八十吨的"五月花号"扬帆出发。

在寒冬的海上航行两个半月之后，他们抵达了鳕鱼湾的海岸，意外地在弗吉尼亚公司管辖权之外的地方登陆。他们手上的伦敦特许状因此变得无效。在他们登陆之前，这群人为了究竟由何人管理纪律而产生争执。在普利茅斯上船的那些人并不是精选的圣徒，无意服从莱顿清教徒的领导。向英格兰诉愿是不可能的，但是，如果他们不想全部饿死，便一定得达成某种协议。

因此四十一位比较负责的成员便拟了一份正式的协议。它是历史上一项了不起的文献，也是一份建立政治组织的非强制性公约。"以上帝之名起誓，阿门。在公约上签署姓名的我们，全都是令人敬畏的君主，蒙受上帝恩佑的大不列颠、法兰西与爱尔兰国王，信仰的捍卫者詹姆士国王的臣民。为了上帝的荣耀、传播基督教的信仰、我们国王与祖国的荣誉，我们已航行至此地，在弗吉尼亚的北部建立第一个殖民地。我们在上帝面前相互郑重地订约，并且将自己组成为一个民间政体，以便能维持更好的秩序，保护社会，达到上述目标，并且借我们的德行，不时地制定、设立、拟定公正与平等的法律、条例、法案、宪法与各种官职，以满足和适应殖民地的普遍利益，我们承诺绝对服从与遵守。"

这些人于 12 月在美洲的鳕角湾建立了普利茅斯镇。他们开始了在弗吉尼亚经历过的同样艰辛的奋斗。这个地方并没有大宗的作物。但是他们靠着胼手胝足的苦干与对上帝的信仰，存活了下来。伦敦的资助者没有获得任何利润。1627年，他们卖掉了普利茅斯的股票，只剩下它本身的资源。这就是新英格兰的建立。

＊　　　＊　　　＊　　　＊　　　＊

在此之后的十年里，未再见到有计划地向美洲移民的活动。但是普利茅斯这个小殖民地指引了通往自由之路。1629年，查理一世解散议会，开始所谓的"亲自主政"。国王与臣民的摩擦逐日加深，乡间反对英格兰国教的活动也越来越多。欧洲大陆各国盛行专制主义，英格兰似乎也在走同样的路。许多有独立思考能力的人开始考虑离开家国，到荒野去寻找自由与正义。

与斯科洛比的会众集体移民到荷兰一样，多塞特的另一批清教徒受到伯翰·怀特牧师的激励，决心前往新大陆。这项冒险起初并不愉快，后来得到伦敦与东部诸郡贸易、渔业及移民等赞助人的支持。有影响力的反对派贵族也给予他们帮助。根据弗吉尼亚的先例，一家公司得到特许状而成立了，最后命名为"新英格兰马萨诸塞湾公司"。这个消息传得很快，不怕找不到殖民者。一队人先在普利茅斯北方建立了塞勒姆殖民地。1630年，该公司的总裁约翰·温思罗普与一千名移民随后前往。他是这项冒险事业的领导人。他的书信反映出这个时代的不安，透露出他的家人前往此处的种种原因。他信中写到英格兰时，表示："我非常相信，上帝将为这块土地带来一些重大的苦难，而且非常迅速，但请安心。……如果主看到对我们有益，他将为我们与其他人提供栖身之所与藏身之地。……当教会必须逃入旷野的时候，灾难即将到来"。温思罗普选择的旷野位于查尔斯河畔，殖民地的首府将迁往这个沼泽地区。波士顿这座城后来就在此地悄悄地崛起，并在下一个世纪成为反英格兰统治的中心，成为美洲的知识之都。

马萨诸塞湾公司根据它的章程是一家合股企业，是完全为了贸易

十七世纪美洲殖民

的目的而组织起来的，塞勒姆殖民地第一年由伦敦加以控制。但不知是无意还是有意，特许状中并没有提到该公司将在什么地方开会。许多清教徒股东意识到，要将公司、董事会与所有机构转到新英格兰是没有什么困难的。该公司举行了例行会议，做出这个重大的决策。这家合股公司便制造出马萨诸塞自治殖民地。领导这项事业并拥有土地的清教徒士绅，引进了他们在查理国王"亲自主政"之前已为人所知的"代议制度"。约翰·温思罗普在这个阶段统治这个殖民地，它不久就要扩展。在 1629 年至 1640 年间，殖民人数由三百人暴增到了一万四千人。公司的资源为小规模的移民提供了很可观的远景。在英格兰，农场劳工的生活经常都很艰苦。在新大陆，每位新来者都可以分到土地，也免除对劳工迁移的所有限制，以及中世纪压迫与欺凌农民的其他规定。

不过，在马萨诸塞进行统治的领袖与神职人员有自己对于自由的一套看法。一定得由信徒治理，他们与国教派一样，根本不了解容忍之义，因此时时爆发关于宗教的争执。但是所有的人都不是严格的加尔文派，在争吵激烈时，不服从的人便会脱离这个殖民地母体。在这块殖民地之外，有着一望无际、令人神往的土地。在 1635 年与 1636 年，有些殖民者便迁往康涅狄格河的河谷，在河岸附近建立了哈特福德镇。许多直接由英格兰来的移民加入他们的行列，形成了河镇殖民地的核心，后来发展成了康涅狄格河殖民地。他们在距英格兰有三千英里之遥的地方，拟定了开明的治理规则，宣布了"基本议事规则"或宪法，内容与大约十五年前"五月花号"的协议相似，建立起由所有的"自由民"共同参与的全民政府，并且谨慎地维持它本身的运作。它的地位直到斯图亚特君主制度复辟之后才获得正式认同。

康涅狄格河的建立者已离开马萨诸塞去寻找更大、可以定居的新土地。宗教上的斗争使其他的人离开殖民地母体的范围。一位来自剑桥大学的学者罗杰·威廉斯，被大主教劳德逼得离开这所大学。他循着现在已知的、通往新大陆的途径，来到马萨诸塞屯垦定居。对他而言，那里的信徒几乎像英格兰国教派教徒一样专制。不久，威廉斯便与当局发生冲突，成了理想主义者及下层民众的领袖，他们在海外殖民地的新家设法逃避迫害。当地的行政长官都认为他是社会失序的煽动者，决心将他送回英格兰。他及时得到消息，于是逃到他们抓不到的地方，其他人间接地投奔他，在马萨诸塞的南边建立了普罗维登斯镇。其他来自马萨诸塞的流亡人士（其中有些是被放逐的）在 1636 年加入了他的殖民地，这地方后来成了罗得岛殖民地。罗杰·威廉斯是美洲的第一位政治思想家，他的观念不但影响了与他一同打拼的殖民者，还有英格兰的改革派。从许多方面看来，他都是约翰·弥尔顿政治概念的前辈。他是第一个将教会与世俗政府完全分开的人，而罗得岛是当时世界上完全讲求宗教自由的中心。这个殖民地因为酿造与销售烈酒而繁荣，也因此支持着这个崇高的主张。

到了 1640 年，就这样在北美建立了五个主要的英格兰殖民地：弗吉尼亚名义上由国王直接统治，在 1624 年该公司的特许状被废止之后，由枢密院的一个常务委员会管理，但绩效不佳；第一批原始清教徒移民位于普利茅斯的殖民地，因缺乏资金而不曾扩展；马萨诸塞湾殖民地正趋兴盛；另外两个是康涅狄格河与罗得岛。

最后的四处是新英格兰的殖民地。尽管在宗教上它们意见不合，在其他方面都很相似，都是沿海殖民地，因贸易、渔业及海运结合在一起，不久便联合共同对抗它们的邻居。法兰西人由他们在加拿大较早的基地向外延伸，赶走一群爱好冒险的苏格兰人，他们在圣劳伦斯河上游河区定居已有一段时间了。到 1630 年，这条河完全落入法兰西之手。另一条唯一的水道哈德森河由荷兰人统治，他们已于 1621 年在河口建立了新尼德兰殖民地，即后来的纽约。在马萨诸塞的英格兰人因为将公司迁往新大陆，早已与英格兰政府脱离关系。1627 年，普利茅斯殖民地在股东们卖出股权后，实际上已在实行自治。不过，他们不可能要求脱离英格兰而宣告独立，那样会让他们遭受法兰西人或荷兰人的攻击与征服。但是这些危险尚未到来，此时英格兰正忙着处理本身的事务。1635年，查理一世与他的枢密院考虑，要派远征军去维持他在美洲的权威。殖民者纷纷建立要塞与碉堡，开始备战。但是英格兰的内战搁置了这些计划，任由殖民者自行发展了将近四分之一世纪之久。

*　　　*　　　*　　　*　　　*

两项主要都是商业性质的冒险事业，在新大陆建立起英语民族。自伊丽莎白时代以来，他们就时常设法在西班牙的西印度群岛找寻立足点。1623年，萨福克一位名为托马斯·沃纳的绅士远征圭亚那无功而返，回到西印度群岛一个人烟稀少的岛上探险。他在圣克里斯托弗岛上留下了少数殖民者，然后匆匆回国申请国王的特许状，以便拓展殖民事业。他得到特许状之后，就返回加勒比海。虽然受到西班牙人的侵扰，他仍在这个有争执的海域建立了英格兰的殖民地。到了十七世纪四十年代，巴巴多斯、圣克里斯托弗、尼维斯、蒙塞拉特与安地卡岛都落入了英格兰人之手，数千名殖民者也已经抵达。糖的生产可以保证这些地方繁荣，而西班牙对于西印度群岛的掌握开始不稳定。英、西双方在后来的岁月中有激烈的竞争与战事。但是，有很长的一段时间，这些岛屿殖民地对英格兰而言，在贸易上远比北美洲的殖民地有价值得多。

这个时期，有另一处殖民地是由国王本人支持的。在理论上，英格兰移民开拓的所有土地都属于国王，他有权任意处置，将这些土地赐给他承认的公司或个人，就好像伊丽莎白与詹姆士曾将工业与贸易专利权赐给朝臣，因此查理一世企图规范开拓的殖民地。1632年，早就对殖民有兴趣的罗马天主教臣子巴尔的摩爵士乔治·卡尔弗特，申请在弗吉尼亚相邻地区开拓的特许状。他去世后，拓殖特许状赐给了他的儿子。特许状中的条件与当初在弗吉尼亚持有土地的条件类似。特许状将拥有新地区的全部产权授予申请人，并且设法将庄园制度移植到新大陆。巴尔的摩家族拥有极高的权力，可以任命官员与制定规范，统治殖民地的权力也就被授予这个家族。朝臣与商人都捐款赞助这一冒险事业。新殖民地命名为玛丽兰①，用来纪念查理的王后亨利埃塔·玛丽亚。虽然这个殖民地的业主是位罗马天主教徒，但是他一开始治理这殖民地的时候，有宽容的特色。因为巴尔的摩宣称英格兰国教是这个新殖民地的官方宗教，才获得殖民特许状。这个地区的贵族统治的性质实际上大为减弱，在巴尔的摩花钱买的特许状上，他所设立的地方行政当局的权力则大增。

在这壮观移民潮的前十年中，八万多英语人口渡过了大西洋。自从日耳曼人入侵不列颠以来，从未见过如此庞大的民族大迁移。撒克逊人与维京人曾经到英格兰殖民。现在，一千年之后，他们的后裔开始占领美洲。移民潮将在新大陆汇聚，为塑造未来美国的多重性格做出贡献。但是不列颠的移民潮是最先开始的，并且领先。从一开始，它的领袖们便未得到国内政府的支持。移民在荒野中建立城镇与殖民地，与印第安人交战，置身于遥远与新奇的环境中，这些都扩大了与旧大陆之间的裂痕。在新英格兰开拓与巩固的艰难岁月里，母国因内战全面停摆。当英格兰再度达到安定时，北美殖民地已经建立了自立自强的社会，发展出自己的传统与观念。

---

① 今皆作马里兰。——译注

第十三章　查理一世与白金汉

关于查理一世统治初期的众多叙述中，没有比德国史学家兰克的片段更具有吸引力，我们得感谢他长久的研究。兰克说："查理一世正当壮年，刚满二十五岁。他的马上英姿非常好看，人们看到他安全地将一匹烈马驯服。他擅长武艺，用弩箭无虚发，枪也是弹无虚发，甚至学会如何装填加农炮弹药。他醉心逐猎而不知疲倦，不输他的父亲。他的智力与知识无法与父亲相比，在充沛的精力与讨人喜欢的个性上也比不上去世的兄长亨利。……但他在道德方面胜过父亲与兄长。他是人们所说的没有任何过失的年轻人之一。他的举止严谨合宜，带点少女的腼腆；眼神安详，透露出认真而有节制的内心。他有领悟的天赋，能理解很复杂的问题，也是个好作家。他在青年时期便表现得讲求节俭，不浪费，却也不吝啬；在所有事情上都恰如其分。"[1]不过，他患有小儿麻痹症，说话有些口吃。

一场严重的政治与宗教危机正逼近英格兰。在詹姆士一世统治时，议会便开始采取行动，不仅在税收方面，在其他事务上，尤其是外交政策，也逐渐增加主导权。这个欧洲英语系国家中受过教育的人表现出如此深远的兴趣，的确令人叹为观止。在布拉格或拉提斯邦[2]发生的事对英格兰人而言，似乎与在约克或布里斯托尔发生的事一样重要。波西米亚的边界、莱茵选帝侯国的局势像许多国内问题一样，极其重

---

[1]　引自兰克于 1875 年所著的《英国史》第一卷，第 537 页。
[2]　雷根斯堡。——译注

要。这种宏观的目光不再像金雀花王朝时期那样，是因为王室争相控制欧洲大陆才产生的。宗教冲突将人们的思想带远了。英格兰人民觉得，他们是得以幸存还是得以救赎，都与改革后的信仰①紧紧相连，因此他们以紧张、警戒的目光注意进步或不幸的每个片段。他们热切地期望英格兰领导人拥护新教，不管新教在何地遭到攻击，都要促使议会采取行动，动用超过处理国内问题所用的力量。阿克顿爵士说："如果没有十七世纪宗教全力提供的力量，世界走向自治的进展就会停止。"

不过，世俗问题本身就很有分量。以前，人们之所以接受都铎王朝的权威，是因为人们认为这样可以摆脱玫瑰战争的无政府状态，但是这个方式现在已不适合持续成长的社会的需求了。人们会回顾较早的时代，像科克与塞尔登那样伟大的律师将目光放在议会的权力上，他们认为这些权力是在兰开斯特国王统治下获得的。谈得远一点，他们会骄傲地谈到西蒙·德·蒙特福特的功绩，《大宪章》，甚至盎格鲁—撒克逊君主统治时期。他们从这些研究中确信，可以由这个岛屿的习俗中继承一整套基本法，这些法律对他们眼前的问题是适宜且不可少的。对他们而言，过去的历史似乎提供了一套成文宪法，而现在的国王却威胁要背离这个传统。国王也在回顾历史，找到许多相反的先例，尤其是最近的一百年许多彻底实行王室特权的例子。国王与议会各有一套坚信的法典基础，这为即将来临的争斗带来痛苦与悲剧。

一个比都铎王朝更加复杂的社会即将产生。国内外贸易都在扩展，采煤与其他工业迅速地发展。较大的既得利益团体已经存在。伦敦身居前锋，成了维护自由与进步的光荣斗士；伦敦有数以千计精力充沛、讲话坦率的学徒与富裕的同业公会及公司。在伦敦之外，有许多地主士绅成为议会议员，正与新兴工业及贸易建立密切联系。在这些日子里，平民院并没有积极寻求立法，他们正在逼迫国王承认古老的习俗，免得太迟使得最近的发展落入专制统治的掌控中。

---

① 指新教。——译注

对我们的时代而言，领导这个艰苦、无价的社会变迁的人，都是著名的人物。科克曾教导詹姆士一世统治晚期的议会可以依仗哪些论据，或是可以让议会占上风的方法。他的习惯法知识可以说是独一无二。他在历史中发现无数的先例，并将许多例子翻新、增强。有两位乡绅与之并肩作战：一位是来自英格兰西部康沃尔郡的约翰·埃利奥特爵士，另一位是来自约克郡的托马斯·温特沃思。这两个人都拥有极强的能力与坚韧的内心。他们两人有时候一起工作，有时候互为对手，有时候是仇敌。两人所走的路相反，后来走到极端，都牺牲了。他们之后的人也很有勇气，且全都是清教徒士绅中的佼佼者，如登齐尔·霍利斯、阿瑟·黑兹里格、约翰·皮姆。皮姆更为努力地推展他们的事业。他是萨默赛特人，身为律师，强烈反对高教会派[①]，对于殖民冒险事业很有兴趣。此人了解政治游戏中的每一步棋，而且会将它无情地玩到结束。

*　　　　*　　　　*　　　　*　　　　*

詹姆士统治时期的议会与查理统治时期的议会，都主张在欧洲发动战争、进行干预。议员们控制着金钱，企图使用金钱的力量引诱国王与大臣们走这条危险的路。他们清楚，与其他事情相比，战争的压力较容易逼迫国王求助他们。他们也看到了，议会权力会随着他们的政策被采纳而扩张，而这些政策也是他们的信念。詹姆士一世采取的政策时常是有失颜面的和平主义，因此，基本上避开了这个陷阱。但是查理国王与白金汉都是精神饱满、血气方刚的年轻人。查理国王因父亲提议与西班牙联姻被拒，认为自己受到了侮辱，他自己也在马德里受到过轻视，主张与西班牙一战。他甚至期望，不需要因国王驾崩而重新举行选举，就可以召集议会。他立刻与法兰西公主亨利埃塔·玛

---

① 英格兰国教中注重教会权威，并且强调仪式的教派。——译注

丽亚完婚。公主在一群法兰西天主教徒与教士簇拥下到达多佛，严重地影响到查理的受欢迎程度。新议会批准了他对西班牙发动战争的军费；他们想要重新检讨间接课税这个问题的目的很明显。他们决定，在经历数任王朝以来，以"吨数"或"磅数"为基准的关税，首次改成每年表决一次。本来都是在国王的终身统治期间有效，甚至在和平时期，国王没有这个间接课税会活不下去。这种限制侮辱且伤害了查理，但他并未因此而不想掀起战端。因此，从即位起，他就让自己处于格外依赖议会的地位，同时却也憎恨议会日益增加的要求。

与西班牙的战争进行得不顺利。白金汉率领一支远征军前往加的斯，企图效法伊丽莎白女王建立丰功伟业，但是却无功而返。回国时，议会决议罢免这位耀眼、奢侈、没有能耐的大臣。平民院告诉查理："我们会一直抗议到这个大人物不再干涉国家大事为止。我们应该或是可以给的钱，会因为他的滥用，甚至比其他事物都更加容易伤害及损及这个王国。"白金汉遭到弹劾，查理国王为了拯救朋友而匆匆解散了议会。

此时又有新的情况。查理希望与法兰西缔结盟约，抵抗西班牙与神圣罗马帝国的哈布斯堡王朝。但是法兰西表示，他们没有意愿为英格兰收复莱茵选帝侯国而战斗。查理与亨利埃塔·玛丽亚王后完婚也引起了英法的争执，而胡格诺教徒的问题更让双方裂痕扩大。拥有大权的法兰西新任大臣黎塞留枢机主教决心要镇压胡格诺教徒在法兰西从事的独立活动，尤其要征服他们在拉罗歇尔的海上据点。英格兰自然同情这些法兰西新教徒的处境，英格兰人曾经在纳瓦拉的亨利[①]执政时支持过他们。英、法两国走向战争。1627年，一支军力相当大的军队在白金汉的指挥下，奉派前往拉罗歇尔，帮助那里的胡格诺教徒。军队在雷岛的海岸登陆，但是攻不下城堡，只好在混乱中撤退。白金汉的军事行动再度浪费金钱而且失败。在国内，士兵的留宿问题让数千户农家极其不满，由于武断决定要实施戒严法来解决军人与人民之

---

① 亨利四世。——译注

间的争端，将情况弄得更加严重。

查理国王一方面得应付筹募军费的沉重需求，一方面又得面对议会再度弹劾他朋友的危险，面临两头为难的局面。他需要先应付战争，于是在焦急中采用一种颇有争议的募款办法。他强行借款，许多重要人物因拒付被逮捕入狱。为人所知的"五骑士"对这些处置提出了上诉。但是王室法庭裁决，《人身保护令》是不适于用在因"依国王特别命令"而遭到监禁的人身上。著名的《权利请愿书》就是在这次事件引起的骚动中产生的。

强行借款不足以补充国库，而议会又承诺不会对白金汉进行弹劾，查理国王便同意召集议会。全国现在人心激动。议会重新选举，人民誓言要抵抗不合理的苛捐杂税。1628 年 3 月召开的议会产生的人民代表表达了全国人民的意愿。议会支持战争，但是不愿拨款给查理国王与他们不信任的大臣。贵族与士绅，即贵族院与平民院，同样决心捍卫财产，以及此时被认为与财产相似的目标——自由。查理国王扬言要采取独裁行动。他必须拥有"那笔拨款，才能使自己感到安定，拯救我们的朋友免于毁灭。……每个人现在都必须凭自己的良心做事，如果你们此时不尽责为国家贡献所需（但愿不要如此），我就一定要……使用上帝授予我的那些方法，来拯救因其他人的愚蠢而可能丧失的东西。不要将这番话当作空言恫吓……应该将它视作训诫。因为我不喜欢威胁地位比我低的任何人"。

不要以为所有的坏事都是一方所为。同意作战的议会正在与国王打一场硬仗，他们要国王弃胡格诺教徒于不顾而失掉王者的荣誉，或者让国王放弃以前历代国王享受的特权。议会的战术很巧妙，其信念与论据可证明这些战术是正当的。议会共拨了五笔款项，总数达三十万英镑，全部在十二个月内交清。这笔钱足够继续作战，但是在议会正式批准这些款项的法案之前，他们要求相对的代价。

下列四项决议案都无异议地获得通过：除非有合法的理由，不应监禁或羁押任何自由民；应当授予每位受到监禁或羁押的人一张人身保护令的令状，即使他是因国王或枢密院的命令被逮捕的人；如果未能出示任何监禁的法定原因，就应当释放当事人或让他得到保释；每位自由民都有古老且绝对的权利，即对他的动产或不动产拥有充分、绝对的产权，而国王或他的大臣在《议会法》批准之前不应当征税、借款或恩德课税①。

在科克的推动下，平民院议员现在继续拟定《权利请愿书》。《权利请愿书》的主旨在于削减国王的特权。《权利请愿书》控诉强迫借款、未经审判的监禁、部队进驻民宅与《戒严法》这些情形，以及其他国王处置的情形："与臣民的权利及自由、国家的法律及法令相抵触。"国王除非接受《权利请愿书》，否则将得不到议会的任何拨款，还必须面对议会曾经敦促他要尽最大力量去对付的战争。查理遂玩弄花招，与法官们秘密地磋商。法官们向他保证，即便他同意上述的这些自由，也不会影响到他至高的特权。他对于这种保证毫无把握，因此在贵族院闪烁其词，作答时，全场顿时哗然，不仅平民院议员，还有所有开会的人都大声吼叫。因此他只好依法官们的意见，完全同意要"照众人的愿望行事"，内心却有所保留。查理国王说："现在，我已经完成我的部分了。如果这次议会没给个愉快的结局，那就是你们的罪过了。我与这毫不相干。"听到这番话，大家都很高兴。平民院议员投票通过所有的拨款决议，并且相信这次交易达成了。

在这么多的混乱中，我们奠定了英格兰自由的主要基础。政府行政部门监禁人民的权力已遭到否决。这个否决是经过痛苦的奋斗才得到的好结果，是任何时期、任何国家、任何有自尊心的人的特权。若触犯现有的法律，只有由地位相等者组成的陪审团进行审判，才能决定这个人是否应当受到监禁。但是，如果国王认为这会阻碍他行使权力，毫无疑问他可以提出一个合理的借口，即在紧急时监禁危险人物。当时统治者还不曾想到"保护性监禁"与"对逃跑者格杀勿论"这些术语。

---

① 昔日英王向民间强行征收的税金。——译注

146

那都是后来才创造出来的。

在议会的所有活动背后，传达了一种很深的恐惧感。欧洲各国的君主变得日益独裁。"两院制议会"于1614年在巴黎召开后，未曾再度召开，一直到1789年法兰西大革命时才再度召开。常备军都是曾受过火器训练的人，还有一连串的大炮支持。常备军的崛起除去了贵族与庶民争取独立的手段。即使前几个世纪动荡不安，也没有任何国王敢挑战议会的"法案与反弹"，因为这是最后的资源。但是现在，议会这边似乎缺乏力量。

　　＊　　　　＊　　　　＊　　　　＊　　　　＊

国王与议会双方都要求得到更多。国王已经得到了军款，还过分地相信法官保证他的特权会完整。平民院进一步表示不满，反对天主教制度与阿米尼乌斯派的教义（一种与加尔文派相对的高教会派教义）①的发展，指责对战争的处理不当，以及海军的软弱无力，使海洋的贸易与商业活动受挫。平民院重新抨击白金汉并且质问国王，这位制造这么多灾难的肇事者继续保有官职或者靠近国王，是否有利于国王的安全或国家的安全。但是查理国王与白金汉现在希望第二次的远征能成功地解救拉罗歇尔的胡格诺教徒。于是，查理解散了议会两院。在他再度需要这些议员的时候，他与他的宠臣会呈现给他们值得庆祝的军事或外交成果。最好是拯救海外的新教徒，而非迫害国内的天主教徒。能拯救拉罗歇尔的国王，当然也有权力实行特赦，甚至包括他自己领土上的天主教徒。这并不是从事有损名誉的事，但是命运之神却不肯站在他这一边。

白金汉深知自己是人民憎恨的目标，显然地，他亲自率领新的远征军前往拉罗歇尔，是希望能再度赢得人民的支持，至少这样会分化

---

① 荷兰基督教神学家阿米尼乌斯所创教义。——译注

敌人。他的决心达到最高点,在朴次茅斯上船,担任庞大军力的总指挥,带着新的装备要去破坏黎塞留在被围困港口上所建的水栅,但在这个时刻,他却被一位狂热的海军中尉刺死了。

凶手约翰·费尔顿似乎本性恶劣,以至于做出那样的事来。他私下是因为受到忽略,未获得提升而心怀不忿,也因为看到从来不曾作战的军官晋级而感到不平。但是身后留下来的文献证明,他是受到更广泛的思潮影响。议会在国王面前指责白金汉奢侈浮华、贪赃枉法,这个说法已经深深地影响到费尔顿。他认为,人民的福祉就是最高的法律,而"上帝自己已经制定这个法律,为了国家的福利所做的任何事都应当视作合法的"。在刺杀之后,他混杂在人群中,但听到有人谴责是恶徒杀了高贵的公爵时,他站出来说:"这不是恶徒所为,而是位有荣誉感的男子汉做的。我就是那名男子汉。"他是个身材瘦弱的人,满头红发,皮肤黝黑而面带忧郁之色。他对叫嚣的群众反唇相讥:"你们的心中实际上正在为我的作为感到喜悦。"一些船上的水手欢呼着他的名字。死期来临时,他才承认他做错了。他接受了"绝对不能用普通的善良做某种特别祸事的借口"的看法,在处决之前,他请求允许他表达此种看法。

白金汉的死亡对于年轻的查理国王而言,是极具毁灭性的打击。他从来没有原谅埃利奥特,并将费尔顿的行为归罪于埃利奥特控诉性的演说。同时这件事大大地解除了他的困境,因为议会大部分的愤怒已随着白金汉这位宠臣而逝,而且这件事使查理的婚姻生活进入和谐状态。迄今,他在精神上与心理上都受童年与青年时期的挚友"斯蒂尼"的影响,他只向这位朋友透露内心的想法。三年来,他冷冰冰地疏远王后,甚至有人说,他们从来没有圆房。他遣散她所有的法兰西侍女,令她痛苦不堪。白金汉的死亡让他对妻子的爱诞生了。在他们之前有一场风暴,让他们开始共同面对。

　　　　＊　　　　＊　　　　＊　　　　＊　　　　＊

　　平民院虽然已经答应五项拨款，却保留了以"吨"与"磅"为基准的关税决定权。当议会已经为这种事做过表决、有效期一年之后发现，国王仍借着他的官员继续征税，像许多前朝的惯例一样。全国人民都很生气。拒绝交税的人被"扣押财物"或监禁。这一切都可以看出国王蔑视《权利请愿书》，而且有意躲避他曾同意接受它这一点。当《权利请愿书》印发之后，人们发现国王增补了首次闪烁其词的回答的部分，增补之处并不是他后来坦然接受的古老形式。另一位指挥官率领船舰对拉罗歇尔的远征也失败了。黎塞留枢机主教成功地保住对抗英格兰船舰与装备的水栅，胡格诺教徒在绝望中投降，将这座城市献给法兰西国王。这项惨败引起英格兰全国的震惊与忧伤。

　　就这样，议会再度于 1629 年年初召开，议员对国内外政策都感到不满。然而他们的抨击是由宗教问题开始的。平民院议员本身就不缺好斗的情绪，针对执行反天主教制度的法律变得宽容与松弛的情形，滔滔不绝地辩论，让他们自己变得十分激动。这将大多数人团结在一起。其中的狂热分子无论如何都不能容忍，他们激动地要求净化腐败的教会，为英格兰自由奠定基础的爱国人士也加入他们。如伊斯兰教徒用《古兰经》武装自己、防卫领土一样，也如犀牛依仗牛角、老虎依仗利爪一样，这些烦恼的议会议员在英格兰的宗教偏见中找到联盟的结合力，并在最后找到作战的方式。

　　平民院在一个内容周详的决议案中宣布：不论何人推展天主教制度或阿米尼乌斯派的教义，不论何人在以"吨"与"磅"为基准的关税获准征收或交税之前进行征收、帮忙征收，都是公敌。以前扣在白金汉身上的许多罪名，现在都落到财政大臣理查德·韦斯顿的头上，他被指控是一名天主教徒，假若他不是耶稣会会员，也从事过非法征税活动。所有罪名都列在一份抗议书中。议长已经被拉到国王那一边，于 3 月 2 日宣布，国王令平民院休会到 3 月 10 日，如此便使得抗议书一事受挫。会场中顿时掀起了怒潮。议长起身准备离去，却被逼着退了回来，并且被两位意志坚决、孔武有力的议员霍利斯与瓦伦丁按在椅子上。门被关上，以阻挡黑杖侍卫①，霍利斯凭记忆背出了那份抗议书，议员们以鼓掌方式予以通过。然后，议会的门打开了，议员闹哄哄地一拥而出。很久以后，他们才再度在会议厅开会。显然，国王与平民院无法再在任何条件下一起做事。一个星期以后，议会遭到解散，查理国王"亲自主政"的时期就此开始。

---

① 英格兰贵族院中引导议员入席的官吏，1350 年设立，因执行任务时执黑檀木杖而有此名。——译注

第十四章　亲自主政

查理国王并非秘密地或逐渐地开始亲自主政。他公开宣布了自己的意图。他说："经常与民众见面已经展现出我们是如此地喜欢使用议会，然而目前就议会滥用权力的行为来看，我们不得不脱离这个路线。我们认为，任何人规定我们召集议会的时间表，都是一种放肆的举动。召开、继续及解散议会的权力永远都是在我们的手中。当人民更加清楚地看到我们的利益与行为时，当这些让议会中断的人得到他们应受的惩罚时，我们会更加乐于重新召开议会。"

这项政策需要其他重大措施的配合。首先，必须与法兰西及西班牙缔结和约。没有议会的支持，查理没有与外国作战的力量。获得和平并不困难。不过，当法兰西与西班牙政府自愿遣返在拉罗歇尔与尼德兰俘获的战俘时，也是对英格兰的努力表示藐视。第二个条件是，至少得掌控住议会的几位领袖。关于这个问题，一定有过长期的讨论。当时几乎没人不想要王室的宠信。有些人设法以奉承的方式获得王室的宠信，其他人则采取反对立场。查理视埃利奥特为无法妥协的人，视亨利·萨维尔爵士、托马斯·迪格斯与温特沃思是可能征召的人，且是可用之材。迪格斯起初愿意为了议会而忍受牢狱之灾，但后来也融化在皇室的阳光下。温特沃思是最值得争取的人。在对《权利请愿书》所做的辩论中，他采取的姿态有所节制。他在议会谩骂过，但有人注意到他多少有些认同国王的意愿。他的才干显然属于一流，雄心也是。他的力量可左右国王想建立制度的成败。

查理国王求助于温特沃思。的确，在白金汉去世之前，这位议会的斗士便已经做出不失尊严而又合理的明确提议。对于"亲自主政"而言，招揽温特沃思变得很重要。温特沃思自然相当愿意。他知道他的判断力远胜大多数人；他是位天生的行政管理人员；他想要的是施展抱负的天地。1628 年 12 月，他成了北方议会的主席及枢密院的成员。从此时起，他不但放弃了他曾经提倡的所有理念，也放弃了并肩作战的所有朋友。他既有权力，又得到宠信，然而他的对手——也是长期的伙伴——埃利奥特却因为蔑视国王的政府而判刑，在伦敦塔中憔悴至死。温特沃思讲求现实的理智引导他采取与以前所支持的主张全然相反的论调。有人提供过复杂的解释，以说明这突然的转变。他被视为能够使议会与国王重新合作的唯一人选。我们必须承认，对于王室宠信与公共职责，在当时有不同的评价。兰克公正却严格地遵守："英格兰的政治家永远都与其他国家的政治家截然不同，他们在枢密院与内阁中的活动需与议会中的活动结合在一起，若不如此，便无法赢得一席之地。……大臣的行动必须与他在议会的行动保持一致，这个原则对杰出人物在道德与政治上的发展都非常重要，但一般人对这个原则仍无清楚的认知。在温特沃思的行动中，非常清楚的是，他反对当日镇压他的政府，目的是让自己成为政府管理需要的人才。他一度公开地说，他天性喜见君王对他微笑而非对他皱眉。他反对政府的言辞还未停止，就接到政府的邀请，加入政府，虽然他并未引进什么来改变这个政策。"这便是让温特沃思激起恨意的原因。他是"背教的撒旦"，"堕落的大天使"，"顽固的背叛议会事业者"。行政上的成就、办理事务的本领、雄辩的口才、伟大的人格，都无法让以前的朋友原谅他的背弃行为。他们用长达十一年的时间来思考这一切。

萨维尔与迪格斯已经接受了官职。曾对王室发表不利言论的几位名律师也被说服，唱起拥护国王的调子。温特沃思因此也被国王征召。议会行动中的次要人物不是在国王的牢狱里受苦，就是像霍利斯、黑兹里格和皮姆一样，在谪居的生活中低头沉思或发牢骚。

但是"亲自主政"的第三个也是最无情的条件——金钱，如何筹集呢？首先，行政部门必须厉行节约——不打仗、不做任何冒险、不要发生任何动乱，所有的国家活动减到最少，一定要休养生息。回顾一下，以现代人的眼光就可以看到，这个专制政权的一些成就是布莱特与科布登①在十九世纪时力图达到的。行政部门此时是最虚弱的时期。在国外的所有发展都已停止。王室必须改变，使用它能凑到的旧税收应付王室支出。维多利亚女王时代有句口头禅："旧税收等于没税收。"辛勤所得的财富都入了人民的口袋，整个国家一片和平，不会掀起任何大问题。国王与文雅、尊贵的朝臣以最小的规模主持朝政。凡·戴克②以铅笔绘制他们的肖像，让他们的风范与品德成为所有人的典范。查理是位专制君主，但是并未拥有武力，没有常备军执行他的命令。国王的宫廷比国内任何一个地方更能容忍宗教上的不同意见。他真诚地相信，他是根据这个王国旧的习俗治理国家，他的法官们也极力声明，人民发现很难否认这个说法。以任何方式将这段"亲自主政"时期描述成暴政时期，都是种曲解。后来，在克伦威尔的将领们的统治下，英格兰人回头一看，认为这平静的三十年实在是安乐、平静的时代。但是，人向来不会单单寻求平静，人在命运的道路上本来可以适可而止，坐享其成，但本性驱使他继续向前闯，其结果可能更好，也可能更坏。

　　国王的特权是个十分广泛却又界定模糊的地带，让国王可以借之征税。国王在他法官的支持下，用尽了所有的权宜之计。他不仅持续征收每个人都十分习惯的"吨税"与"磅税"，而且还提高或变动某些物品的税率。他授权地方官员以较高的价格批准某些人非法的土地所有权，并且在出售土地时获利。他使用王室监护权，监护许多未成年继承人的产业并从中牟利。他对在他加冕时，不奉旨接受"骑士资格"的人科以罚款。他们的出席长久以来都被认为仅是一种形式。现在，他们的缺席却为国王开辟了一个新的税收来源。他将零星的专利权变

----

　　① 两人皆为英格兰议员。——译注
　　② 查理一世的宫廷画师。——译注

成一种制度，伊丽莎白女王与父亲曾纵容专利权，让议会痛恨。现存的反"专利权"的法案有许多漏洞，查理能够重新批准更多的专利权，许多获得专利权的企业都有朝臣和地主参与。这实际上是一个间接收税制度，由深感兴趣的收税人分包出去。每批准一项专利权，国王就得到大笔的钱。他还可以从每年的贸易活动中获得丰厚的赋税。受惠的人全都支持"亲自主政"，而那些未曾受惠的人则群起反对。伦敦的成长广受瞩目且使人担忧。加上郊区，伦敦的人口达到二十五万。人民的居处拥挤，潜伏着瘟疫，舆论严格反对兴建新厦。不过，许多人都在造房子，伦敦与其他的城市都在成长。国王的地方官员现在出现了，人们若不拆除房屋便得缴纳罚款。在若干案例中，有些贫穷的、房屋比较破旧的人只好拆掉已经建好的房屋，大多数人都是上缴罚款。

同时，温特沃思现在身为爱尔兰的"都尉"，运用他的圆滑与权威，让爱尔兰王国较以往或从此更加顺从英格兰王室。他平息了部落之间的宿仇，建立了秩序，并且用爱尔兰大众默许的手段组织一支爱尔兰部队，筹集到大笔爱尔兰补助金，用来维持查理的王权。他在历史上留下的名声，基于他在爱尔兰的政绩。七年努力结束时，他平定了爱尔兰，拼命搜刮爱尔兰的财物。他并未采取任何明显的残忍手段或流血事件，便使爱尔兰温顺地落入掌控中。

由于适度节俭的政府采用以上所有的手段，查理遂无须动用议会便能治国。伺机而噬的势力仍隐藏在阴影中。他们珍惜与拥护的所有观念仍在心中激荡，但是没有集中的目标，也未能公开表达。交通困难，在任何地点集会都万分危险，太平、愉悦、安逸的生活也压制着他们的行动。如果机会顺着他们，许多人会表现得很热情，但此时则满足于他们日常的生活。这个国家的生活很不错：春、夏、秋三季各有乐趣；冬天则有圣诞柴①与新的玩乐事项。从事农业与猎狐活动者自得其乐或作为慰藉。农作物很丰富，物价停止飙涨，不再有工人阶级的问题。

---

① 圣诞前夕在炉中烧的大木。——译注

《贫民救济法》施行得格外富有人情味。普通的上流人士可能无权分担治国大任，但仍旧是产业上的领主。他们仍在季审法院中治理郡里的事，只要奉公守法，忍气吞声地付税，便可安享太平。在这样的情况下，议会势力一定要加紧努力，才能唤醒民族感情及对国家的关切。不满者四处寻找时机，准备激起国内蛰伏的不满情绪。

＊　　　　＊　　　　＊　　　　＊　　　　＊

查理的律师与"警犬"不久便注意到岁月推移中逐渐成长的反常现象。根据英格兰的古老法律，或许是阿尔弗雷德大王时代的法律，全国应当支付舰队的维修费用。不过，长久以来只有滨海的郡县在支付海军的费用。然而，海军难道不是捍卫不列颠和平与自由的盾牌吗？既然全国受惠，为什么不让所有的人支付海军的费用呢？为了维持舰队，所有的郡县都应当负担费用，这个岛从来就不曾向它的臣民做出比这更公正的要求了。向忠心的议会适当地提出这个建议，也会得到一致批准，因为这个提议有一部分来自古代传统。不对内陆郡县抽税已成惯例，甚至在抵抗西班牙无敌舰队时，伊丽莎白女王都未曾打破这个惯例。国王对提案很赞赏。1635 年 8 月，他开始对全国征收"造船费"①。

白金汉郡立刻有位士绅挺身而出，拒绝付税。他是一位反对国王的前任议会议员，他需要付的税额不会超过二十先令，但是他坚持一个原则：即使是最适当的税款，也只有在议会批准后才能征收。之后他因抗命而受到惩罚——扣押财产和遭到监禁。约翰·汉普顿拒绝纳税一事被双方选来当作测试。议会议员派没有其他表达意见的方式，他们看出这场审判会吸引全国人的注意，便欢迎有人成为烈士，他的牺牲能打动温顺的社会大众，他们期望听到人民在暴政下发出的呻

---

① 战时对港口、沿海城市等征收的税，供建造军舰之用，1640 年废除。——译注

吟。另一方面，国王则派因自己的论点有理而受到鼓励。因此，汉普顿这个案子马上变得有名而且永垂青史。直到今天，他英勇的主张还记载于里斯波罗王子城的方尖碑上：内陆郡县与王室海军毫无关系，至今仅有议会可以要求它们出造船费。王室获胜，法官们判决王室有理。这个提案看起来没有任何曲解法律之处，但是不满情绪仍在蔓延。1637年，征收了百分之九十的"造船费"，但1639年，仅征收到百分之二十。有财产的人因为生活愉快而快乐，而且再度使用《权利请愿书》。

然而，单单这件事还不足以唤醒全国人民。议会派知道，单单依仗这个，宪法问题是不可能成功的。因此，他们继续助长宗教骚动，将此当作将英格兰由冷漠中唤醒的最佳办法。此时，崛起了一位人物——威廉·劳德，身为坎特伯雷大主教，是查理手下的邪恶天才。他是位信仰坚定的英格兰国教教徒，全心全意反对罗马教廷与日内瓦的教派，也是脱离加尔文教派运动中的领袖。但是他向往政治，曾经是白金汉的心腹，也是白金汉数次成功演说的讲稿作者。当宗教事务被认为是极为重要的事务时，他迅速地放弃牛津的学术生涯，进入国家政治及国王的枢密院。伊丽莎白女王的国教得依仗国家，教会本身没有能力承受此种重担，因此世俗管理阶级与宗教管理阶级建立非正式的契约，国家认可教会的财产，而教会宣扬服从国家的职责与国王的神权。

劳德绝对没有发起这项合作关系，但是却不合时宜地花精力执行它。他的改革包括：用栏杆隔开圣坛、重新强调宗教仪礼及神职人员的尊严。神职人员与信徒之间的鸿沟日益扩大，加强了教会的权力。这样一来，查理国王的宗教观念与他的政治一同发展，而民众的怨恨也增加了。劳德现在为国王找到了新的税收来源。依照伊丽莎白的法令，每个人都有上教堂的义务。他们可能喜欢怎样想便怎样想，但是在公开仪式中必须信奉国教。这种做法已经广为废弛。有些人嫌烦，不去做礼拜；其他的人则认为做礼拜很可憎。现在全英格兰，不论男女都发现自己会因为不上教堂而被拖到法官面前，每次罚一先令。这的确是普通人必须了解的事。对法庭中的律师与法官而言，这并不是跟国库有关的事而是戏弄人的新花样。已经被激怒的清教徒视它为迫害活动。许多人谈论着史密斯菲尔德的火刑，认为这样下去一定会演变成那样的迫害。在国王的麻烦已经高高叠起时，议会多年来在幕后指挥的宗教骚动矛盾，得到了普遍的增加与强化。

普林①与其他清教徒作家在特权法庭上受审，他们受到的惩罚，有戴枷锁、烙印与割耳朵，都是一个王朝的污点②，但与那个时期的其他国家相比，不论是稍早或稍晚的，都还算是温和。的确，人民不会因议会分裂而参与叛乱，反倒是苏格兰，在斯图亚特王族的家乡与查理的出生地燃起了战火，引发火灾。劳德不满意这个北方王国的宗教情况，说服国王做点努力去改善。苏格兰人必须采用英格兰的《祈祷书》，并且与英格兰教友广泛交流。

除了想要在不列颠全岛建立一致的宗教仪礼，查理国王还有更实际和世俗的目标。他的父亲詹姆士国王曾经在苏格兰重新设立主教，目的是约束直言不讳的长老教会牧师。詹姆士也巧妙地支持过苏格兰贵族反抗苏格兰教会③的要求。查理登基时，曾企图借由一项法案夺走自宗教改革以来贵族得到的教会土地，结果与贵族疏远了。而且，他决心改革什一税的征收制度，因为大部分的什一税都落入贵族手中。这个改革制度让小地主承受的负担减轻，神职人员的薪俸增加。这样一来，查理想强化苏格兰境内主教统辖制度的计划让苏格兰的贵族群起反对。在苏格兰，主教的角色是国王的代理人，主教发现自己日益受到神职人员及地主的厌恶。为了加强苏格兰主教的力量，教会法规有了新的解释，更强调王室的地位。另外，在伦敦草拟了新的《祈祷书》或《祈祷文》，使苏格兰公开礼拜的形式规则化。这些内容于1636年颁布，似乎没有一本能达到预想的结果。

---

① 英格兰清教徒小册子作家。——译注
② 写于1938年。
③ 苏格兰长老会。——译注

查理与顾问们无意挑战教义，也不想转向罗马天主教。他们想要维护新教高教会的看法。他们强调王权至上以界定教义，且规定更讲究的仪式，特别是"领圣餐礼"的仪式。在从事改革的过程中，同时冒犯了权势者的利益、所有阶级的宗教信念，以及苏格兰民族的独立精神。苏格兰人普遍表示憎恨，并且立即变成最强烈的偏见。苏格兰人相信（他们的民族领袖也告诉他们要相信），英格兰国王的权威会迫使他们朝罗马天主教跨出致命的第一步。新《祈祷文》中的每项教条、每个字，都让他们在细读时深深地怀疑：国王难道不是娶了一位信奉天主教的妻子，让她在私人小礼拜堂作偶像崇拜吗？难道不是宽容了英格兰的天主教徒，对新教信仰日益构成威胁吗？难道没有一个通向罗马的计划吗？

1637年7月，苏格兰教会及政界显要在爱丁堡的圣吉尔斯教会集会，准备首次朗读新的《祈祷文》。数据显示，许多宗教神职人员与世俗人士来到爱丁堡。当首席牧师要念新的《祈祷文》时，愤怒的情绪爆发了，侮辱性的言语淹没了首席牧师。一位贫苦妇女甚至将脚凳掷向面前的"披着羊皮的狼"。仪式变成了暴动。愤怒的情绪横扫古都，主教与国王的权威为之动摇。爱丁堡蔑视王权，但是找不到抗拒它的武力。查理国王听到消息大惊。他设法使苏格兰臣民安心。他以具有说服力的词句详述对天主教的仇视，并且声称愿意修订《祈祷书》。这样的做法徒劳，只有立即收回那本令人讨厌的《祈祷书》才行。不过国王并未收回《祈祷书》。双方对于一些小细节展开长时间的辩论，国王虽一再让步，但苏格兰人却愤怒日增。我们在长时间的文字战与合法性问题的交锋中，再度看到一场惊天动地的剧变即将展开。苏格兰人精明地听从律师的劝告，将抗争化为《大恳求》的请愿书形式。在压力之下，新的《祈祷书》被收回了。但是已经太晚了，暴风雨已经兴起，促使人们前进。他们对国王仍表示尊敬与忠诚；狂风转而打击着主教们。查理国王最后撤销原始的政策。但这已经引起一场日益紧张的反抗行动。1637年一整年，查理国王表面上在让步、赔罪，但同时也在考虑使用武力。另一方面，苏格兰民族团结成一体，挑战教会与国家。

1638 年年初，因为与查理国王签订盟约，苏格兰放弃了请愿书。这盟约少有新意。许多部分仅重复了五十年前詹姆士六世统治下的宗教信条。那个时候，在欧洲大陆宗教战争的压力下，人们期望对抗罗马教廷的权力与各种恶行。但是，1638 年的盟约实际上成全了全国人民的神圣权利。所有在盟约上签名的人都发誓自己会"信奉与捍卫前述的真正宗教，在最高宗教裁决会议与议会审查和批准之前，保持克制，不对礼拜上帝的事体作任何更改"。不论他们当中最弱的人遭到什么不利影响，都与所有的人有关系。1638 年 2 月 28 日，爱丁堡的黑修士教会①当众宣读了此一盟约。萨瑟兰伯爵首先在盟约上签名；随后许多有名人士也签了名，他们都感到自己身不由己地被大众"着魔似的狂热"推动着。许多人在教堂中割脉、蘸血作墨，在纸上签名；一份份的盟约被人拿到每个城镇乡村，去供人签名。这表现出全民不变的决心，宁死也不愿向罗马天主教屈服。查理国王从来就不曾想到过这种事，但这的确是他惹起的一场风暴。

他重新装作让步以迎接这场风暴。汉密尔顿侯爵是位有经验的苏格兰政治家，后来将查理国王送上行刑台的就是此人。他奉派前往北方，担任世俗方面的专员，与苏格兰人重新修好。汉密尔顿不是要去奋战，只是要争取一点尊严，以掩饰国王暂时的让步。他像旋风般地规劝苏格兰人。他们都同意召开一次最高的宗教裁决大会。神圣盟约签名者组成的委员会坐镇爱丁堡，自行筹划以前从未办过的选举。这次最高宗教裁决会议在格拉斯哥的圣芒戈大教堂举行，受到这个北方王国宗教信仰的支配，且得到一位难缠的世俗人士支持。他身着武装、佩剑并带着匕首坐在教堂中间，身边围着狂热的拥护者。

---

① 又叫多明我教会。——译注

　　　　　*　　　　　*　　　　　*　　　　　*　　　　　*

　　查理派遣汉密尔顿到苏格兰去之前，与之做过重要商谈。国王曾说，如果调停失败，汉密尔顿就可集合部队，平定叛乱。"但是！"汉密尔顿说："如果在当地找不到足够的部队平定叛乱，那该怎么办？"查理回答说："那么，英格兰将派出部队，我将率军亲征，宁可不要性命，也不让至高的权威受到侮辱"。这个结果不幸被言中了。他遭遇到的是有敌意、有组织的最高宗教裁决会议。这个会议本来是为了调整宗教分歧而召开的，现在却由武装的世俗人士领导，他们有政治性目的，而要求真正地废除主教统辖制度。查理国王下令解散最高宗教裁决会议。这个团体宣称，它决心成为永久机构。走到这步时，他们充分地知道行动的意义。1638年11月，苏格兰的最高宗教裁决大会拒绝依国王使者的要求解散。这件事被人拿来与1789年法兰西国民大会首次抗拒国王旨意的情形相比较。无疑地，这两件事的事实与环境毫不相同。但是，都起因于一连串不可分割的事变，也导致了同样的结局——国王被斩首。

　　受挫的调停者汉密尔顿返回白厅宫，因自己建议国王进行调停而自责。现在他赞成激烈的手段，在国王枢密院展开了冗长的辩论。有人问道，为什么要对仍然宣称爱戴国王与尊敬国王的民族动武呢？没有金钱、没有部队，也没有英格兰的一致支持，怎么发动战争呢？查理的大臣不可能看不出来：苏格兰的叛乱对表面平静、实际上十分紧张的英格兰情势会产生致命的反作用。如果它成功了，要到何种地步才会停下？王室权威得到法庭的支持，虽遇到过挑战，但仍在没有议会的情况下有效地主持朝政达十年之久。如今北方的苏格兰人却公然抵抗。劳德在英格兰，温特沃思在爱尔兰，两人经常书信往来，都想及早镇压苏格兰动乱。这种心志占了上风，查理国王与神圣盟约成员都在备战。

　　查理一定要动用武力。枢密院将它的目光转到温特沃思在爱尔兰的部队，甚至西班牙部队上。他们可以雇用两千名西班牙步兵形成平叛核心，还可以再加上苏格兰的步兵，特别是苏格兰东方高地深受英格兰影响的人组成部队。但是神圣盟约的成员在海外有更好的资源。古斯塔夫·阿道弗斯统率的苏格兰军旅与苏格兰将领在日耳曼扮演着重要的角色，使苏格兰有了无与伦比的后备部队。亚历山大·莱斯利在三十年战争中已晋升为陆军元帅。他觉得祖国在召自己回苏格兰打仗。对他而言，这场战争只不过是新教教徒与天主教教会巨大冲突中的侧翼行动。苏格兰对其海外战士所做的召唤并非徒劳无功。数以千计的人奔回苏格兰，其中包括受过训练的军官与士兵，也有无情战役中诞生的坚强而又富有经验的领袖。这支训练有素的部队拥有了自己的核心，组织有方、精明干练的参谋人员，以及一位杰出、善于征战的总指挥。苏格兰的贵族都对莱斯利的军事声望肃然起敬，服从他的命令。他们个人的私怨都平息了。在几个月里，南方的英格兰还没有做好任何有效准备之前，苏格兰就已经拥有不列颠岛上最强的武装部队。拥有军事知识的优秀军官，受到诚挚、慢慢唤起但现在变成宗教狂热的力量的鼓舞。传道者腰上佩剑，手持短筒马枪，以劝诫性的讲道帮助士官①进行训练。士兵排列成行，谦卑地祈祷和唱圣歌。在宗教及政治方面，都谨言慎行。他们仍旧尊敬国王，甚至偶尔会欢呼他的名字。但他们的旗帜上写着"为基督的冠冕与盟约而战"的口号。冷静、追求极致、坚定的决心形成了苏格兰的抗敌阵线。1639 年 5 月，这支约有两万人的部队，驻守在苏格兰边界，面对查理与他的顾问们聚集的疲弱、训练不良的部队。

情势从一开始就很清楚，国王的阵营没有统一意愿去作战，相反，与敌方的谈判却兴致勃勃。6 月 18 日，双方同意签订《贝里克和约》。苏格兰人承诺解散军队，归还他们占领的王室城堡，查理国王同意在同年 8 月召开最高宗教裁决大会与议会。这两个会议从今以后应该经

---

① 即教育班长。——译注

常召开，前者决策教会的事务，后者则决策世俗的事务。国王拒绝承认格拉斯哥最高宗教裁决会议通过的条例，因为它们批评了他的君主职责，但是他目前同意废除主教团。自从制定高教会《祈祷文》的乐观计划之后，查理总是在旅行。不过，查理将《贝里克和约》视为争取时间的条件，神圣盟约的成员很快就确定了这点。现在，苏格兰全境都兴起了独立精神，人们对归还王室堡垒非常愤怒，对遣散苏格兰军队则颇感恐惧。汉密尔顿回到苏格兰，发现自己处于一个敌意大增的世界。1639 年 8 月底，在爱丁堡召开了苏格兰议会，议会立刻声称，国王的枢密院应当对议会负责，而且国王应当听议会的建议来任命指挥官，尤其是堡垒指挥官。议员们抨击财政部，尤其是货币的管理工作。当时货币正在不断贬值。他们甚至要求，一定要依照他们的意愿才能授予勋章及官职。当议会的意图变得极其明显时，汉密尔顿只能靠休会来拖延时间，最后宣布闭会到 1640 年 7 月。最高宗教裁决会议解散前，留下一个有权力且享有全权的代表委员会，事实上就是苏格兰政府。

在西欧错综复杂的形势中，苏格兰人不仅是新教的热烈支持者，而且是法兰西对抗奥西联合的朋友。他们视查理国王中立兼孤立主义的外交政策与不当地偏袒天主教的利益一样。他们设法与法兰西恢复传统的密切交往。到了 1639 年底，查理看到他自己面对一个北方独立国家兼政府，这个国家形式上还是将他视为国王，对他效忠，但是已决心在内政与外交上推行自己的政策。因此，这不但是向国王的特权挑战，也威胁到领地的完整性。他觉得到了非开战不可的地步。但是如何打呢？

汉密尔顿由苏格兰回来，提出了难以作答的问题："如果推行国王的决定，要如何征募军费呢？没有议会是否也能募集到军费呢？"温特沃思现在奉召由爱尔兰回来加强管理枢密院。他在宫廷中的名望很高，不但恢复了爱尔兰的秩序，还恢复了爱尔兰人对英格兰国王的忠诚。要知道，爱尔兰倾向于信奉天主教。他像个开明的独裁者，展开了对爱尔兰的统治，用钱募集到一支八千人的爱尔兰部队，并且加以训练。

他相信自己成功地在不列颠的姊妹岛实行的专制统治制度也能带到苏格兰，之后则是英格兰。"彻底"是他的格言。我们无法判断他会成功到什么地步。他现在主张与苏格兰作战，希望唤起英格兰人昔日对抗苏格兰的敌意。他梦想一次新的弗罗登战役的胜利，而且，随时准备在苏格兰使用他的爱尔兰部队。

*　　　*　　　*　　　*　　　*

在这个决定性的时刻，英格兰的君主本可继续遵行在整个欧洲普遍风行的权力独裁。不过，形势起了变化。查理国王背离了他所了解的古代法律。他尊重教会与国家的传统，而这是无情又能干的冒险家温特沃思缺少的。温特沃思清楚地看出王室税收不足以支持这场战争。因此，他决定召开议会。他过分自信，认为平民院可以受人控制，结果他错了。但重要的一步已经跨出。在查理国王"亲自主政"约十一年之后，颁布诏令召开新议会，英格兰全国都开始举行选举，开启举世闻名的议会与国王之间的抗争。议会势力派虽然没有公开表达意见的渠道，但是并非没有力量，也没有闲着。在温和的专制制度下，他们已经在全国许多地方牢牢控制地方政府。选举运动突然开始。他们立刻组成议会，在上次失败的地方重新站了起来。不仅如此，他们还发出十一年来遭受钳制所累积的怒气与痛苦，提出1629 年议会已通过的种种议题。查理现在不得不低声下气，周旋于他曾经不屑地解散的那些势力中。议会于 1640 年 4 月 13 日召开，时过境迁，议会的成员有所变动。上届议员只有四分之一再度露面。埃利奥特已经死于伦敦塔；温特沃思现在是斯特拉福伯爵兼国王首相。但是在旧议员中，有个人才能出众，受过良好的训练，又报复心切。在这个新的议会——后来称作"短期议会"——召开的那个时刻，皮姆就成为中心人物。同时代的人物克拉伦登这样描述："他观察到政府的过失与错误，深知这些过失与错误比实有的情况更加严重。"他在一次长时间的威严演说中，重述主要的问题以及附加的麻烦。查理国王与主要咨议大臣斯特拉福伯爵和劳德，在新的议会中找不到安慰。相反，他们遇到的却是怒气，所以几天之后，他们在5月5日将议会轻率地解散了。召开这次议会只不过激起更多是非，让整个英格兰陷入纷争中。

召开议会这个方法显然失败了，对斯特拉福而言，"彻底"一词变成了当日的命令。苏格兰的部队已在边界布军，英格兰集聚起来的只有纪律不佳、兵力薄弱的士卒。要上战场需要金钱，也得师出有名，但两者都不具备。许多的贵族捐款或借钱给国王保卫国土。信奉天主教的英格兰人，尽管沉默受制，但仍对国王心存感激，也秘密地贡献捐赠，捐款也秘密地被接受。但是这为数不多的捐款对战争有什么帮助呢？

斯特拉福伯爵希望调动爱尔兰的部队，但是枢密院担心这个步骤可能激起强烈的反应，因此不敢下决定。他身为北方枢密院的主席，在约克以粗鲁猛烈的言辞训斥贵族。贵族的反应很冷漠，让人失望。不久，苏格兰人便军容整齐地越过了特威德河。骑兵占据上游以减缓水势，同时协助步卒涉水而过。他们一路挺进，抵达泰因河，才遇到抵抗。然后，像之前《贝里克和约》的情形，两军终于对峙了。苏格兰的领袖入侵时看到议会运动与清教徒运动在整个英格兰蓬勃发展，因而备受鼓舞，皮姆则是撮合两个社会运动的中心人物。又过了几天，双方几乎都没有什么行动。有一天早上，一位苏格兰骑兵让他的马在河中饮水，离英格兰的哨站太近。有人扳动枪机，让这位不够谨慎的骑兵受了伤。所有的苏格兰大炮一起发射，英格兰全军逃走。当时有人写道："从来没有那么多的士卒，在那么少且未有任何行动的敌人面前逃走。"英格兰士兵振振有词地解释，他们的逃窜并不是因为怕苏格兰人，而是有所不满，他们特别强调自己没有领到军饷。没有军队抵挡苏格兰，苏格兰人快速抵达纽卡斯尔的城下。苏格兰的将领此时宣布他们是为英格兰的自由而战，并且呼吁所有拥护议会与清教徒主张的人给予援助。有人直率地提醒行政官员，纽卡斯尔实际上已是座被征服的城市，他们被说服，打开了城门。斯特拉福伯爵在约克气急败坏地组织防御，以抵抗入侵，妄想着英格兰土地遭到侮辱一事会重振长久失落的民族精神。他设法在枢密院争取支持，以便引入爱尔兰部队，不过事与愿违。

此时，正在伦敦开会的贵族对查理国王施压，提议召开平民院不能参加的贵族大会。这个大会已有几百年未召开了，但是目前的危机不正需要这样的大会吗？查理国王同意了。但是，这个古老的团体只能建议召开议会而已。国王一人不能捍卫国家，只有议会才能将英格兰自侵略中拯救出来。在这个时刻，查理国王的情绪极其低落，他已经彻底检讨过个人失败的原因。敌人包围了他，甚至可以毁灭他，他们企图重建一个政党与一个目标，有人可能会因此而死掉。

第十五章　议会的反抗

　　各种无法阻挡的力量迫使查理国王去做他最担心的事。入侵的苏格兰军队已经占领了达拉谟与诺森伯兰郡。他们的领袖与英格兰议会势力及清教徒频繁通信。他们不但提出苏格兰这个北方王国的要求，也提出了会在南方产生响应的其他要求。他们很小心，不让供应伦敦的海上煤炭缺少一日，但同时也从事抢劫、骚扰占领的郡县。查理国王无法战胜他们。斯特拉福伯爵相信自己能够守住约克郡，但也仅止于此。枢密院忙着与苏格兰人缔结停战协议，但苏格兰人要求英格兰每月支付四万英镑，用以维持军队的费用，直到英格兰实现协议为止。经由讨价还价，这个数目减到了每天八百五十英镑。于是，互相对峙的两军暂时收起刀剑，在无限期的协商期间由王室提供费用，但王室此时已身无分文。所谓的"主教战争"已经过去，而真正的战争则尚未开始。

　　现在全国四面八方都呼吁召开议会。至少半数的贵族院议员仍留在伦敦。其中一群人，由与皮姆保持密切联络的贝德福德伯爵领导，拜访枢密院，要求召开议会，甚至有人暗示，如果国王不亲自下诏，议会会在没有国王的情况下开会。王后与一些咨议大臣紧急写信给查理国王，表示别无他策。查理国王也有同样的结论。他的看法在这段时间有了决定性的改变，明白他的君主政治理论必须修改。他同意召开新议会，接受人民与国王之间的新关系。

　　召开议会一时舒缓了紧张的局面，而选举议员的活动更让各党派狂热。在长久恳求之后，在反对国王的贵族支持下，并以他们各人的安全作为担保，伦敦市答应在议会开会期间预支五万英镑，作为在英格兰北部的苏格兰占领军的费用，并防止英格兰部队因叛乱而解散。

没有其他措施比举行大选更能让民众兴奋的。情绪达到最高点，啤酒四溢。虽然这次大选的筹备工作不像 1639 年苏格兰大选那样妥善，但各个受到欢迎的派系领袖都匆匆地从一个郡到另一个郡激励他们的拥护者。查理国王也向贵族中支持他的重要人物呼吁，得到了一些响应。有些地方同时出现四五位候选人互相竞争，这股潮流猛烈地冲击着王室。1643 年的一本小册子写道："我们选择的这些人并不是以美德著称，而是因为他们敢于反抗权威"。"短期议会"的四百九十三名议员，有二百九十四人当选，占总数的五分之三，几乎所有的新当选者都是反政府者。著名的反对派候选人无一落选。查理国王只得到平民院中不到三分之一的人的支持。

因此，在 1640 年 11 月 3 日召开了英格兰有史以来——会期时间是史上第二——最令人难忘的议会。它的影响力来自政府观念与宗教观念的综合。当时成长的社会支持这届议会的召开，这个社会需要一个比都铎王朝专制统治更为坚实的基础。为了达到目的，这届议会利用了苏格兰入侵的军事威胁。苏格兰的地方行政官员与神职人员均抵达伦敦，并对他们受到的欢迎感到惊讶，英格兰人认为他们是英格兰的救星。他们发现英格兰议会的若干盟友比他们更加痛恨主教制度。协商一周周地进行着，由国王负担一切开销，但这些费用只有议会才有能力支付。英格兰与苏格兰两个王国的各方势力联合起来，要求对数世纪以来实行的行政与宗教制度进行更深刻的改革。詹姆士一世在英格兰登基，英格兰与苏格兰的王位遂合二为一。然而现在的情形与詹姆士或他的儿子所想的截然不同，两个王国中占优势的政治势力团结一致，为共同的主张一起努力。这些力量像威力强大的大炮中装填的炸药，而炮口瞄准的是查理国王与他信任的大臣。

这些大臣中，最可恨的是斯特拉福伯爵。新的平民院领袖皮姆与汉普顿，立即鼓动起愤怒的议员。斯特拉福掌握着皮姆与入侵的苏格兰人往来的书信。如果国王的命令一下，这可是叛国罪。大家相信，斯特拉福有意掀开这惊人的盖子，皮姆只得先发制人。整个议会都愤怒了，发誓要放弃对同僚的怨恨，集中对付"邪恶的伯爵"。英格兰历史上从来没有见过这种事。11月11日的上午，圣斯蒂芬小礼拜堂的门全锁上了，锁匙放在桌上，任何陌生人都无法进入，也不可能让任何议员离去。下午的时候，皮姆与汉普顿，还有三百名在场的议员，将弹劾斯特拉福的条款提交给贵族院。斯特拉福奉国王之命回到伦敦，上午还曾受到贵族恭迎。听说情势有变，他便回到贵族院，但一切都改变了，迎接他的是指责之声。有人说，在讨论这个问题时，他应当避嫌退席。他被逼照办。不到一个小时，这位大权在握的大臣成了阶下囚。他自己都感到惊讶，居然跪在法庭上接受贵族的发落。黑杖侍卫解下了他的佩剑，将他逮捕。他穿过群众走向牢房，众人怒目而视。这样子下台，可说是措手不及，使人想到提比略^①为人痛恨的大臣赛西努斯^②的命运。

国王所有的大臣被一一判刑。劳德大主教在贵族院遭到弹劾，他想答辩但被禁止发言，由水路押送到伦敦塔。国务大臣弗朗索瓦·温德班克爵士与其他若干人逃往欧洲大陆。掌玺大臣约翰·芬奇爵士离开了贵族院议长席位，身穿官服出现在平民院，手握的绣袋中装着英格兰的玉玺，在平民院为自己辩护。言辞动人，让所有的议员都沉默了。不过，这种做法只能拖延一段时间，让他能够逃往国外。一切都是平民院议员的愤怒造成的，他们有伦敦市民与远方苏格兰军力的支持，并且得到了贵族院议员的赞同。

对我们而言，清教徒革命的主要特色是适度的节制。双方在无休止的敌意下争论，议员在议会中彼此怒视，准备将对方送上行刑台，伦敦街头的敌对帮派也都冷眼相对，甚至混战在一起。不过，法律与

---

① 罗马帝国皇帝，公元14—37年在位。——译注
② 罗马皇帝提比略的禁卫军长官。——译注

生命倒是受到尊重。在这场生死相搏的斗争中，肢体暴力受到压制，甚至当斗争爆发为内战时，人们也能遵守惯例，运用意志，不会变为暴行。

*　　　*　　　*　　　*　　　*

平民院受到种种恐惧与谣言的侵扰。议员们曾经小心翼翼地付款给入侵英格兰的苏格兰军队；欠缺粮饷的反而是英格兰的部队。有关部队叛变与军事阴谋的谣言四起。皮姆擅长以冷酷手段利用这些惊慌，只要议会一有风吹草动，谣言便会成真。平民院大多数议员有好斗的倾向，要求废除主教团。苏格兰人如今在伦敦很有影响力，他们是北方的主人，企图建立长老会的教会管理制度。一万五千人签署了一份呈给平民院的请愿书，要求"连根带枝"地根绝主教团，获得了多数议员的支持。七百位不满国王与大主教原则的神职人员，签署了第二份请愿书，提议限制主教管理宗教事务的权力。因为大家都知道，国王认为以罗马教皇继承法为基础的主教团与基督教信仰是不可分割的。英格兰的主教团始于圣奥古斯丁的时代，而亨利八世与罗马天主教的决裂，对主教团的持续性未造成任何影响。查理国王掌握着任命主教的世袭权力，而他的对手知道这种权力是危险的根源。因此，在这场宗教斗争中，失和的全是基督徒，且全是新教徒，但他们是因为教会的管理方法而产生分歧。他们以极端的方式互相对抗。政治方面，反对"亲自主政"的势力已取得优势。但在教会问题上，两派势力和以往一样，是势均力敌的。皮姆看清楚情形，决定将全面辩论的时间延后。两份请愿书交给了同一个委员会。

同时，对斯特拉福的审判已经开始了。平民院议员的诉讼程序显然是依据法律某一种解释，结果他们立刻发现，很难将这位痛恨的大臣定罪。他是主流派的主要敌人，也是人民权利与自由的敌人。但要证明他犯了叛国的滔天大罪则不可能。在威斯敏斯特搭建的巨大的木制审判台上，全国的领袖、显贵、政治家与神职人员聚集一堂。大厅内三分之一的地方挤满观看审判的群众。国王与王后每日出庭，坐在他们的特别座席上，希望阻止迫害活动。斯特拉福大展口才，为自己辩护。每天上午，他向审判长下跪，向贵族院议员与集会的群众鞠躬。他靠着论证与恳求，打破一项项指控。他很成功地嘲弄过"累积叛国罪"的理论，让弹劾人很快放弃了这个理论。许多未能证实的行为，如何累积成叛国罪呢？他深入核心，谈到关于英格兰自由的重要学说："没有法律，何来犯罪"。他犯了什么法呢？如他的敌人所言，他运用演说家、演员的各种本领，操纵观众的心，也操纵着他们的情绪。查理国王对贵族院议员日夜下功夫，在拯救斯特拉福这件事情上，他决不会让步。他曾经以君王之言向斯特拉福保证，不会让他失去自由或丧失生命。旁听席挤满了领导人物的夫人，还有贵族，全都萌生了同情心。审讯到十三天的时候，这位犯人的存活希望十分大。

此时，皮姆与他的同僚使出了致命的一击。枢密院的秘书亨利·文恩爵士有个儿子对公众事物很热心。那孩子因为一个令人懊悔的诺言而做了一件事，在数年之后，付出了生命的代价。他偷了父亲保存的1640年5月5日国王枢密院的会议记录。记录上记载着斯特拉福的一段话："只要权力允许，你就可以去完成任何事。他们拒绝的话，你就对上帝与人类尽责。你在爱尔兰有支军队，可以调来此地，攻陷、降伏'这个王国'。像天下的万物一样保持信心，苏格兰一定不会支持到五个月。"

平民院议员说，这番话证明斯特拉福有罪，因为他建议动用爱尔兰的军队来攻击英格兰。文中上下文的意思似乎是指苏格兰有意如此，当时苏格兰正在发生反抗国王的叛乱。在反复讯问中，枢密院的秘书文恩无法或者不愿说"这个王国"这些字眼是指英格兰还是苏格兰。盘问枢密院其他成员时，他们都表示不记得那些字眼；讨论时所关心的重点是降服"苏格兰"、而非降服"英格兰"的方法；他们也从来没有听到任何暗示，说要在任何地方动用爱尔兰军队，除了在苏格兰。所有的人可能都会想到，如果能在苏格兰成功地使用爱尔兰军队，则足以保证此后也会在别的地方动用这股兵力。但是，这不是当时的争论重点。文恩说："如果国王枢密院成员的发言，姑且不论是半懂或半被误解的发言，若导致了实际的犯罪行为，会有什么样的后果呢？以后，没有人会对国王坦率地说出意见了。"律师宣布，赞同他的看法。毫无疑问，他赢得了胜诉。

平民院议员受阻，声称要拿出新的证据。斯特拉福要求，如果这件事获准的话，他也应当有同样的权利。贵族们同意他的意见。然而，法庭中聚集的大批平民院议员突然大喊："退席！退席！"他们像部队一般撤回到圣斯蒂芬小礼拜堂，再度将四门锁上。难道那位英格兰敌人能逃掉法律的制裁吗？平民院的议员知道，斯特拉福是仇敌，必然有一方要受到定罪。他们想跳过审判的过程，直接用《议会法》给他定罪。皮姆与汉普顿并未亲自提出《褫夺公权法案》的计划，而是让一位主要的追随者提出这个建议。他们予以大力支持，并发动外面愤怒的伦敦乱民摇旗呐喊。贵族院议员不理会平民院正在做的事情，且明显地带着同情聆听了斯特拉福的辩词。他的话深深地打动了他们："议员先生，我现在的不幸会是你们未来永远的不幸。……除非你们运用智慧来防止这不幸的发生，否则，我的血将流在你们即将淌血的道路上。如果那些有学问的绅士打骨子里熟悉这个诉讼过程，就会开始对付你们；如果你们的朋友、律师，拒绝会见；如果你们的敌人被准许做不利于你的证明；如果你们的每句话、每个意图，都不是根据法规，而是根据一个推论、一个夸张而扭曲的解释，将你们定下叛国罪，那么你们自己、你们的产业、你们的后代，都处在危急关头。我将这些留给你们去思考，看看会有怎样的危险，会引起什么后果。"

"那些绅士告诉我，他们的所言都是为了捍卫国家利益，反对我武断专横的治理。请容我说一句，我的所言也是在捍卫国家利益，对抗他们的专横与叛国。因为，如果他们这种言语、行动的自由受到准许，国王与国家将会受到怎样的损害；你们与你们的后代将因同样的国家事件而无能为力。至于可怜的我，如果不是为了你们贵族的利益，如果不是为了已进入天堂的圣人（指他的第一任妻子）的利益，她给我留下两个孩子在世上（他说到这些话时已激动得泣不成声）……如果不是为了这些，我就不会辛苦地维护我破败的小屋了。……我不会在好时光里离开它，我希望这世界的好人会认为——这也是我的不幸——我已经将我的诚实给了上帝、国王与我的国家。"

但是在 1641 年 4 月 21 日，《褫夺公权法案》在平民院以二百零四票对五十九票获得通过。少数党中有位迪格比爵士，他是议会中反对王室的一位领导人物。他运用特殊的天分，为自己的党派辩护。一无所得，反而被怀疑是叛徒。波涛般的恐惧与狂怒震撼了议会。楼上的木板发出咯吱咯吱的声音，让人以为火药要爆炸了。投反对票的五十九个名字迅速传开，被人视作叛徒辩护的叛徒。每天都有许多群众封锁通往议会的道路，而且越来越具胁迫性。支持斯特拉福的贵族院议员，都被身边的疯狂场景吓住了。奥利弗·圣约翰在议会两院共同召开的会议上极力推动《褫夺公权法案》时，不仅提出法律的论据，还提出变革的论点。他表示，议会像下层公众的特别法庭，不受现有法律的约束，有理由为适应环境的需求而制定新的法律。它唯一的引导指南应该是保护公众的福利：它是个政治体，包含的人上至君王下至乞丐，可以为了全体的利益而处置一个人，也可以割开一条血管，让邪恶的血流出。过去，先有法律，而后才有犯罪问题。没有法律，也就没有违法的事。但是，这个道理并不适用于企图推翻法律的人。圣约翰说："敲破狐狸与狼的脑袋从来就不算残暴或可恶的行为，因为他们是野兽。养兔场管理设陷阱诱捕臭鼬与其他害虫，是为了保住养兔场。"

斯特拉福听到了这种严厉的复仇呼吁时，双手高举过头，仿佛在恳求上帝大发慈悲。他知道他已经失去世上的一切。只有半数的贵族议员敢在弹劾时出席。面对《褫夺公权法案》，巨大的人数优势将斯特拉福送上了死路。他们早就深信，如果这么做，国王会与两院开战，而且，伊丽莎白女王的宠臣之子——埃塞克斯伯爵，早就心怀不满而冷酷地说过:"人亡政息。"

不过,还有其他机会。查理国王试图得到伦敦塔与这位犯人的控制权。但是伦敦塔的管理人威廉·鲍尔福伯爵关闭塔门,不让国王的军队闯入,对斯特拉福提出的巨额贿赂也不屑一顾。要求"正义"的呼声响彻了伦敦的街头。数千名暴民,许多还持有武器,聚集到王宫前,狂吼着要处死斯特拉福。议会里有人扬言,他们现在将要弹劾王后。

这是查理国王最大的痛苦,其他苦难都无法与之相比。问题不是能否拯救斯特拉福,而是国王的权威将随着斯特拉福一同毁灭。他向主教们求情,除了两名主教外,全都劝他划清普通人的感情与君主的感情。但真正的解脱来自于斯特拉福本人。他于贵族院投票表决前给查理写了一封悲壮的信,请国王不要因对他做过的任何承诺而危及君主制度或王国的和平。查理最后终于让步了。这件事使他抱愧终生。他批准了《褫夺公权法案》,这等于赐死令。但是他的良心仍然不安。第二天,他放弃了国王的权威,派遣年轻的威尔士亲王去求贵族院,希望能将死刑改成终身监禁。出席的贵族拒绝了此项请求,甚至不肯宽容几天以便斯特拉福安排后事。

不列颠岛从来没有汇集如此多的人,挤在行刑的地方。斯特拉福坚毅而又庄严地从容就义。毫无疑问,他是个有指挥才能的人,同时雄心勃勃,乐于治理天下。他设法经由议会的途径寻求权力,由于国王的宠信而执掌大权。他建立了与自己兴趣相符的制度,让这个制度与他坚强的性格交织在一起。他的受审与假借《褫夺公权法案》判罪的事件,使迫害者背上了恶名。他们杀害了一位他们无法定罪的人。但是,如果让那个人完成了他的整个事业,英格兰的"民主自由"之窗或许会关上数代之久。

*　　　*　　　*　　　*　　　*

在斯特拉福的审判与处死的冲击下,查理国王在许多事情上都让步了。《三年一次法案》规定议会至少每三年召开一次，如果有必要，可以不理会国王，这结束了查理的"亲自主政"制度。"吨税"与"磅税"每次批准后，只能征收一年，征收造船费的做法受到议会谴责，抗缴造船费而受罚的人反而要得到赔偿。查理国王必须同意这一切，但是当他同意一项"为预防因不适时地休会或解散现有的议会，可能会造成不便"的措施时，他必定完全垮掉了。他在同一天接受了这项措施与褫夺斯特拉福公权的法案。它事实上是法律，让这个议会成为永久议会，被称为"长期议会"。对于时代需求，或是对于不满者的补偿也都完成了。在过去任期端赖国王喜怒而定的法官，现在只要表现良好便能保住官职。如我们所见，亨利七世曾经用来钳制贵族，后来变成欺压民众的《星室法庭》被废除了。曾经强行要在宗教上独尊一家的高等宗教法院也是。枢密院的司法权受到了严格又精细的界定。《权利请愿书》中关于个人权利，尤其是免于任意逮捕的权利，现在终于建立其原则。查理批准了这些重大决策。他意识到，他抓了太多被托付于君主政体身上的权利。此后，他会在广义的层面站在自己的立场。斯图亚特王朝由都铎王朝继承而来的制度基础已经动摇。

现在每件事都如此易变。意志坚强、个性倔强的英格兰人不顾过去，为自己找寻可靠的立足点。自斯特拉福的头落下的那天起，就开始产生一股保守派的力量，后来演变成人人自危。查理在议会开会几乎都是孤单一人，与他痛恨的大臣共处，忽然发现他日益受到一股激烈、深切的大众情感的支持。如果任由这股情绪自行发展，他就可能会有非常好的社会基础。清教徒过分狂热、攻击国教、与苏格兰入侵者结盟，都挑起对立，迄今无助的宫廷在这场斗争中不过是旁观者，可以借着耐心与智慧而出头，权力或许不如从前，但会比较稳定。此后，这不再是国王与人民的对抗，而是主题、情绪的两派对抗，直到现代还在争夺统治英格兰的权力。二十世纪已经显现曙光，人们可以在古代的冲突中辨识出政治前辈。

查理国王觉得，他的希望寄托在与苏格兰和解一事上。驻扎在北方的苏格兰军队与身在威斯敏斯特的清教徒势力相互合作,力量强大到无法抵抗。他决定亲自前往苏格兰,在爱丁堡召开议会会议。皮姆与他的拥护者几乎无法反对此事。温和派也赞成这个计划。查理国王贤明的秘书爱德华·尼古拉爵士写道:"如果国王可以处理苏格兰的事情,与苏格兰人建立和平,将会为这里的一切分歧做个快乐、完美的了结。"查理国王于是前往苏格兰。公布新《祈祷书》的时代与统一英格兰及苏格兰这两个王国的政教梦想已逝去。查理接受了深恶痛绝的每件事。他努力想赢得苏格兰签订盟约者的好感,虔诚地聆听他们讲道和以苏格兰教会的方式唱圣歌。他同意在苏格兰建立长老会制度。但是他的努力都是白费力气。查理国王被指控与人合谋,企图与保王派绑架苏格兰领袖阿盖尔侯爵。苏格兰人性情顽固,确信此事,查理国王只好泄气地返回英格兰。

在这个阴沉的时期,还有一个可怕的突发事件。斯特拉福被处死之后,他成功地将在爱尔兰抑制旧势力的制度都瓦解了。位于都柏林的爱尔兰议会以前是很顺从的,现在立刻对统治势力发出怨言。同时,信奉罗马天主教的凯尔特人对英格兰的新教极为厌恶。斯特拉福纪律严明的爱尔兰军队解散了。查理国王的大臣努力争取爱尔兰人宗教上的信仰,为国王的事业效力。但是一切努力皆成泡影。爱尔兰原来的居民,以及饥馑的、受到践踏的大众,情绪燃烧到不受控制,指责"爱尔兰部分地区"的士绅、地主以及新教徒,令人想起法兰西的另一次"扎克雷起义"[1],于1641年的秋天,在爱尔兰爆发。有资产的家人与眷属,都逃往少数有守备部队的城镇。兰克说:"但是,没有人能够描绘这片土地上的野蛮与残忍,人们对没有武装、没有防卫的人施暴。成千上万的人死了,尸横遍野,成了鸟兽肠胃中的食物。……宗教的深仇大恨结合民族的怒火,令人畏惧。西西里的晚祷[2]与圣巴

---

① 1358年,法兰西北部农民反对贵族的大规模起义。——译注
② 1282年西西里人屠杀法兰西人的事件。——译注

托罗缪之夜大屠杀的动机结合在一起。"①各方都有无法言喻的暴行，在政府与法官的领导下，无情反击。在乡村大部分地区，见到男人就杀，实行焦土政策。这些暴行的消息不知不觉传回英格兰，震撼人心，在他们心中盘踞良久，不能忘怀。这种局面深深伤害到查理国王。清教徒在爱尔兰人的暴行中看到，也宣布他们看清楚了，如果主教有天主教趋向并与国王的生杀大权合二为一，清教徒一定会遭到厄运。他们认为爱尔兰人是见到便可杀掉的野兽。他们领教到爱尔兰人的残暴，但后来轮到自己得胜了也如法炮制。

*   *   *   *   *

查理国王不在伦敦的期间，让议会的势力能够充分发挥，这件事为他带来的好处，远胜过他对国家政务的密切地注意。9月与10月间，保守派势力反弹已经成了一股潮流。英格兰与爱尔兰军队两者已解散，谁还能够指控宫廷从事军事阴谋活动？英格兰人，不论在宗教上或宪法上秉持任何立场，都无意为维持入侵的苏格兰部队而缴税。长老教派对于大部分的英格兰人几乎都没有什么吸引力，他们一直对伊丽莎白时代的国教传统表示不满，企图在宗教改革的动乱里所产生的偏激的教派中找寻精神上的安慰或喜乐。诸如再洗礼教派与勃朗尼教派②，两派都相当反对长老会制度及主教。平民院在1641年年底，已经有很大变化。皮姆与他的支持者仍占有优势，并且更为极端，贵族院现在与平民院不合，开会出席时，大多数议员都站在国王一边。清教徒本来是为民族事业效力的仆人，现在都已经加入了好斗的派系。即使在那个固执己见的时代，这场争论也已经变得太长且令人苦恼，并且靠唇枪舌剑并不能解决问题。人们的右手痒得想握住刀剑，似乎只有这样才能够推动他们的法案。

---

① 引自《英格兰历史》第二卷，第287页。
② 苏格兰传教士罗伯特·勃朗尼所创教派。——译注

正是在这狂风暴雨的时期，皮姆与汉普顿想团结他们的力量，提出了所谓的《大抗议书》。几个委员会工作了许多个月草拟的这份冗长文献，事实上是份政党宣言，宣传议会至今在治疗伤痛方面的一切成就，并且阐明议会领袖们的未来政策。皮姆希望这能使他意见分歧的追随者重新团结起来，因此便放弃了对宗教改革的比较极端的诉求。《大抗议书》要求削减主教的权力，但并没有说废弛主教。不过，保守派或人们有时称为"主教派"的团体日益成长，感受到了《大抗议书》的侮辱，于是决心反抗。他们并不喜欢皮姆的做法。他们想要"以比较讨好的方式来赢得国王的支持，要隐藏国王的过错，而不是宣扬过错"。不过皮姆准备更进一步地抗争，他向民众呼吁，也使议会完全控制国王的大臣。他已经在谈及爱尔兰叛乱的信件中，要求国王"任用议会同意的枢密院大臣与行政大臣"。他扬言如果国王不对这项意见让步，议会便会自行处理爱尔兰问题。现在国王的权威真的遇到了彻底的挑战。但是现在国王身边的枢密院大臣已与一年前的枢密院大臣十分不同。许多以前反对他的人，现在在迪格比与其父布里斯托尔伯爵的带领下，都与皮姆为敌。劳德的先锋威廉斯主教，现在反而挺身成为对抗劳德的人。福克兰子爵与科尔佩帕爵士两人都反对大多数人的暴力行为，不久都在查理国王的政府中担任官职。爱德华·海德——即后来有名的史家克拉伦登——针对《大抗议书》展开辩论，坚持说现在的目标必须是寻求和平，如果《大抗议书》能够表决通过，尤其是它能出版问世的话，目前的各种争执将会恶化，也会拖得更久。

议员们对《大抗议书》进行为时很长而且认真的辩论，热烈但也抑制着自己的激情，他们将《大抗议书》略加修正便进行表决。议会一年前开会的时候，支持国王的议员不到三分之一。现在《大抗议书》仅多十一票通过。多数派提出临时动议，表示应当立刻将它出版。平民院此时表达了相反的意愿。凌晨一点整，中殿律师学院的一位律师杰弗里·帕默先生，要求文书人员记下所有持异议者的姓名。少数派发表异议是贵族院的惯例，后来也是如此。但是平民院的原则是多数派的表决即等于平民院的表决。帕默似乎要问什么人准备提出异议。许多人立即站了起来大喊:"全体反对! 全体反对! "四处都有人在挥舞插着羽毛的帽子而且紧握刀剑,有些人甚至拔剑出鞘,将他们的手放在剑柄上。议员菲利普·沃里克此时正在人群拥挤、灯光暗淡的小礼拜堂中。他写道:"我认为我们全都坐在死亡的阴谷里,像押尼珥①与约押②的子孙,彼此抓住头发,要将剑刺入对方的腹中。"幸好汉普顿及时劝阻,才阻止一场流血冲突。但是,正式辩论的路已经断了,只有战争才是前进的踏脚石。

迄今几乎无人注意到来自剑桥的议员奥利弗·克伦威尔。他的举止颇为粗野,但却是托马斯·克伦威尔的后代。他在离开贵族院时对福克兰说:"如果《大抗议书》遭到否决,我会在第二天早上将我拥有的一切都卖掉,而且永远离开英格兰,我知道还有很多意志同样坚定的正直人士。"他,还有皮姆,都隔着大西洋远眺着彼岸的新土地。在那里,他们准备不惜牺牲生命、为之奋斗的事业,即使那里是片荒野。他们的想法在美洲赢得了响应,直到一个多世纪及许多流血事件之后,这种响应才停下来。

*　　　*　　　*　　　*　　　*

查理国王在苏格兰受挫,在爱尔兰碰到灾难,他知道支持他的人日益增加,不过却犯了各种相互矛盾的错误。他一度想以平民院多数派组织政府。贵族院反对派的十二名议员都是宣誓就职的枢密院成员。但是几个星期之后便发现,这些议员说到国王时都不尊敬,伦敦各个派系说他是"落伍者"。查理仍在拼命地寻求立足点,邀请皮姆本人担任他的财政大臣。这样的计划与现实脱节,科里佩帕反而担任了这个职位,福克兰成了国务大臣。查理突然一反初衷,

---

① 古代以色列第一代国王扫罗的堂兄,军队指挥官。——译注
② 大卫王的军队元帅。——译注

决意以严重的叛国罪名对平民院的五位主要反对派提出控诉。是亨利埃塔·玛丽亚王后迫使他采取这种激烈的行动。她嘲弄他胆怯懦弱，并且说，如果他还想见到她，就应该对整日图谋要推翻他与取她性命的那些人施以铁腕政策。他自己则确信皮姆有意要弹劾王后。

查理国王受到这样的唆使，由三四百名剑客——我们现在可以称他们为"骑士党"——陪同前往平民院。时间是 1642 年 1 月 4 日。以前从来没有哪位国王到过会议厅。他的军官们上前敲门，宣布国王本人亲自到来，各派议员都很惊讶。查理国王的卫士将所有的门都关了起来。他进入时，全体议员都起立相迎。议长威廉·伦索离开了议长席，在他面前跪下。查理本人坐在议长席上，向贵族院致意。他要求交出五位被起诉的议员——皮姆、汉普顿、霍利斯、黑兹里格与斯特罗德。但王后卧房里的一名宫女已经及时向皮姆告密，被控告的五名议员已经逃到威斯敏斯特，安全地躲在伦敦市的民兵团与行政长官中间。议长伦索尔无法提供任何消息。他辩称："我的眼睛只能往平民院指示的方向看，我的耳朵只能往平民院指示的方向听。"查理国王已经知道自己又棋输一着，对颤抖的议员望了一下。他有气无力地说："我看，鸟都飞走了。"他客气地重新搜查一番，率领失望、咆哮的佩剑卫士离开了平民院。就在他离开的时候，平民院会议厅里发出了低沉、持久的对"特权"的抱怨。到最近，代表伦敦商区的议员于会期开始时，都坐在平民院国务大臣的席位，以此对伦敦商区保护过五位议员的行动表示永久感谢。

伦敦民众对这个插曲愤怒得无法控制。被激怒的暴民涌上街头，在王宫外面大吼大闹，使得查理与其臣子从首都逃往汉普顿宫。一直到被审判与受死刑时，他才重返伦敦。一周之内，五位议员由伦敦当局护送到平民院。他们如同凯旋一般。两千多名武装战士陪伴他们乘船溯河而上，两岸各有一支部队携同八门大炮，与这小型船队并驾前行。国王从此丢掉了伦敦，无力收复。他慢慢撤往纽马克特、诺丁汉与约克。在 1642 年初的前几个月，他在约克等待时机，分裂英格兰的无休止的敌对情势有助于他慢慢重建权力，组织一支武装部队。现在英格兰出现了两个政治中心。皮姆、清教徒与议会中剩下的成员，在伦敦借国王之名进行独裁统治。国王身边有昔日英格兰的许多精英分子。自从霸道的伦敦暴民手中逃脱后，他再度成了拥有君权的国王。这两个政治中心都在慢慢地扩充部队与聚集资源，准备进行内战。

第十六章 大叛乱

1642年头几个月的时间，查理国王与议会之间在谈判，但这只不过加深了他们的分歧。双方正在聚集自己的武力。议会的好战派现在被称作圆颅党①，其中的一位军官写道："国王的党与我们之间争执的主要问题是：国王是否应当像上帝一样凭他的意志治国，国家应当像野兽般被武力统治，还是应当由人民自己制定的法律来治理，在根据他们同意而产生的政府之下生活。"为了使这段话更加中立，他还可能添上"或者说应该是根据他们的意愿"。1642年6月1日，议会向国王提出十九项提议。最后通牒要求枢密院成员、国王的治国要员及其子女的教师等，都应当由议会任命。应当赋予议会权力，控制全部民兵，控制为了重新征服爱尔兰而不得不需要的军队，也就是说，应当"执掌兵权"。以什么宗教为国教，应当依议会的意愿决定。简而言之，国王应交出控制教会与国家的实际主权。但是，在清楚的宪政问题背后，存有宗教与阶级两种冲突。清教徒在议会中占了优势，而宫廷中则是国教的高教会派教徒占了优势。商人与制造商这批"新阶级"以及若干郡县中的大量佃农要求分享政治权力，而政治权力至今还由贵族与世袭地主独占。

然而，当我们审视内战爆发前夕的各派情况时，会发现这些派系之间的分歧并不简单。时时可见兄弟阋于墙、父子敌对。保王党的诉求不彰，但是仍旧有它的潜力。他们呼吁人们反对议会，而对国王效

---

① 英格兰内战期间的议会派成员，因剪短发而得名。——译注

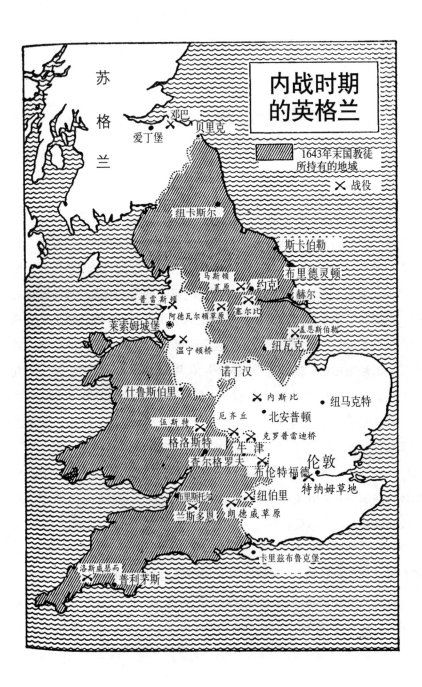

内战时期
的英格兰

▨ 1643年末国教徒
所持有的地域

✕ 战役

苏
格
兰

邓巴
贝里克
爱丁堡

纽卡斯尔

斯卡伯勒

布里德灵顿

马斯顿
荒原   约克
普雷斯顿   赫尔
阿德瓦尔顿草原   塞尔比
莱索姆城堡
温宁顿桥   盖恩斯伯勒
纽瓦克

诺丁汉

什鲁斯伯里   内斯比   纽马克特

伍斯特   厄齐丘   北安普顿
格洛斯特   克罗普雷迪桥
牛津
查尔格罗夫   伦敦
布伦特福德
布里斯托   特纳姆草地
兰斯多恩   纽伯里
朗德威草原
卡里兹布鲁克堡

洛斯威瑟而
普利茅斯

忠；反对清教徒的狂热，而敦促英格兰国教徒团结一心。他们喜欢神佑权威的光明，而不取遥远又黯淡的民主政治。一位骑士党的骑士，勉强地佩剑赴战，他写道："上帝说：'勿犯我圣上。'"双方的人马，前往战场时都带着疑虑，但也受到他们自己相信的理想人物的指引。双方都有一些其他的人，如行为放荡的朝臣，野心勃勃、积极主战的政客，以及闲散地准备在国家不安定时发国难财的佣兵。但是就广义而言，这场争斗现在变成了忠诚与理想的悲剧性冲突。

议会派言语傲慢，日益提出要求，使两派的对抗路线至为明显，许多人被赶到国王的一方。大部分贵族渐渐团结起来支持保王派；工人与商人阶级大都倾向支持议会派；但是较多的贵族支持皮姆，而许多自治市镇则忠心耿耿支持保王派。郡县中的士绅与自耕农分歧很深。住得距伦敦较近者一般都支持议会派，而北部与西部地区大部分都是保王派。双方都以国王之名作战，也都赞同议会制度。圆颅党常常喊："国王与议会。"他们给第一位总指挥埃塞克斯伯爵的命令就是："拯救被邪恶枢密院大臣控制的国王与王子，如果有必要使用武力的话。查理本人则须誓言要做立宪君主，并且尊重王法。"这场斗争绝对不是独裁政治对抗共和政治，而是，如同兰克简洁的话："一派想要有国王，却不是不要议会，另一派想要有议会，却不是不要国王。"宗教争执是所有阶级与政治问题的驱动力。借用克伦威尔的话说："宗教问题一开始并非两派争执的重点，但是上帝将这个问题带入了争执之中，而且一再地让问题出现，直到最后才证明哪一个对我们是最珍贵的。"

七十多年来，英格兰一直处于平和的状态。除了少数曾在欧洲大陆服役作战的军官以外，没有人熟悉任何军事事务。起初，骑士党受过击剑训练，擅长狩猎，加上有猎场看守人与侍从相助，因此在军事上胜过圆颅党。查理国王由约克眺望着赫尔，那里曾储存着他的部队抵抗苏格兰人后解散时留下的武器。才十二岁的威尔士王子与九岁的约克公爵，到赫尔访问并且受到亲切的接见。但是当查理国王本人想进城时，守城的约翰·霍瑟姆爵士关上了城门，派人把守堡垒不让入城。查理国王只有几千名募集的地方民兵，吃了闭门羹。然而这不只是拒绝，更是沉重的打击，武器攸关生死。诺丁汉的城镇同样表示效忠国王，查理于 8 月 22 日树起他的军旗，召唤忠诚的臣民出力助王。这是通知人们履行封建职责的传统信号，它的信息使全国的人想起祖先忠君爱国的情操。德·昆西的文字点出了这些人的悲剧："和平相处、同桌饮宴、借婚姻或血统而结盟的这些人，在 1642 年 8 月某日之后，彼此便永远不再笑颜相对，只在战场上短兵相接；在马斯顿荒原、纽伯里，残忍的军刀斩断了所有的友爱联系，并且用鲜血冲洗着友谊和记忆。"[①]

*　　　　*　　　　*　　　　*　　　　*

　　查理国王在诺丁汉起兵时，仅有八百名骑兵与三百名步兵，是否能够募集到军队似乎颇有疑问。但议会派的凶狠再次帮了他大忙。到 9 月底，他已经拥有两千名骑兵与六千名步兵。几个星期之后，这个数字又增加了一倍有余。他在全国各地都募集到兵马。在荷兰避难的王后，送来出售王室珠宝而购置的武器与训练有素的军官。但是，查理曾与他的臣民发生争执而留下来的海军却拥护议会派，因此难以通过海军设置的封锁。豪门贵族以金钱供应国王。据说纽卡斯尔侯爵曾经为保王派花了几乎一百万英镑，而伍斯特侯爵花了七八十万英镑。牛津大学熔毁了金银盘碟，许多大宅与庄园群起效仿。当在剑桥大学也发现同样做法的时候，克伦威尔便以武力干预。圆颅党掌握着伦敦的财富与过去的税政，拥有大笔款项，他们招募与训练了一支两万五千人的军队，交由埃塞克斯伯爵指挥。在保王派方面，大多数兵团都是由知名人士以个人名义招募的。国王仅能授权募集的兵团或部队，而议会派甚至能够提供装备。议会派的部队素质低劣，军纪不佳，

---

　　① 英格兰散文家与评论家。——译注

184

军事技术不足，但是他们以热诚作为弥补。日耳曼教官训练的伦敦民兵已具战斗实力，受人尊重。

查理国王巧妙地避开埃塞克斯的军队，挥军西行，与威尔士增援部队会合，然后扑向南方泰晤士河流域与伦敦。国王的动向变得明显之后，伦敦一片惊惶。议会匆匆派人送信给查理国王，提议他返回议会，同时命令埃塞克斯追上查理国王。查理不敢让自己受到伦敦部队与身后猛追的其他部队的夹击。10月23日，保王部队在沃里克郡的厄齐丘掉头迎战追兵，在追兵的后卫部队靠近凯恩顿村之前，便攻击他们。这一仗中双方都表现得情绪高涨，却非常无知。查理国王的外甥——莱茵选帝侯国鲁珀特亲王与弟弟摩里斯亲王刚从欧洲的战争中归来，匆忙地加入了他这一方，指挥骑兵冲锋陷阵，打垮了议会派左翼的骑兵。由于鲁珀特冲劲十足，也可能是他的骑兵不守军纪，他们紧追圆颅党部队而杀入凯恩顿村，劫掠敌军的辎重车辆。另一方面，查理国王与保王派的步兵没有任何骑兵支援，不得不抵挡议会派步卒与数队强大骑兵的攻击。在浴血混战之后，查理的卫队被击溃了。加农炮被敌人掳走。王旗一度易手，掌旗官埃德蒙·弗尼爵士被人杀死，倒卧在地。随后，汉普顿指挥的议会派后卫部队赶到了凯恩顿村，迫使鲁珀特与他的骑兵丢下辎重车辆逃走。他们及时返回战场，避免战败。双方都将部队撤回自己的阵地，怀疑又困惑地凝视对方。至少有五千名英格兰人伏尸沙场，一千二百人由基尼顿的教区牧师予以安葬。

厄齐丘一役，本来可能轻松结束而让国王这一方获胜，结果却不分胜负。埃塞克斯继续行军，前去保护伦敦，不过事实上等于撤退。查理国王占据了班伯里镇，凯旋般地进入牛津，现在牛津成了查理国王的指挥总部，一直到战争结束。

时常有人问，查理是否能够抢在埃塞克斯之前到达伦敦。当他到达时，会发生什么事。鲁珀特亲王在厄齐丘之役次日便敦促向伦敦进军，保王派的军队可能会与伦敦市民激战。另一方面，人马仍占优势的埃塞克斯也稳步地逼近他们。但是保王派现在由牛津向前挺进，沿途解除拦路的地方部队的武装，遣散他们，查理对此甚感满意。议会派的特使向国王呈上新的书信，双方进行谈判，但未正式停火。埃塞克斯的主力兵团已经快速地接近伦敦，准备与伦敦的守军联系并在布伦特福德获得援兵。鲁珀特由泰晤士河畔开火攻击，击溃了他们，并且穷追不舍。两派各自指控另一方玩弄阴谋诡计。议会派宣称，谈判正在进行，他们无辜的军队受到攻击，饱尝日耳曼式的残酷虐待。保王派指出军事冲突的源头是埃塞克斯与伦敦守军不断进行联络。双方都没有理由抱怨。指责查理背信弃义，未免不公。这忽略了当时的战况，有大批军队在朝着军事据点挺进。

几天之后，在伦敦以西几英里的特纳姆草地，查理国王发现自己面对着埃塞克斯的野战军队与伦敦卫戍部队结合在一起的兵力。他的人马以一敌二还不止。他在一阵炮击之后撤退，前往牛津。如人所言，他全靠侥幸才全身而退。由这一点我们更能判断，在厄齐丘一役之后，反对挥军猛袭伦敦甚有道理。立即攻向伦敦可能会扫平敌人，但另一方面，也可能身陷占优势的敌方阵营，被迫决战而溃败。1642 年的战斗就这样结束了。

*　　　*　　　*　　　*　　　*

在怒火高涨的英格兰各地，每个郡、每个镇、每个村甚至许多家庭内都经常是意见分歧，人人都在注视着冲突与调动情况。双方都希望这些军事行动会决定战局，天下太平。然而，这种期待根本不会发生，而只有长期、势均力敌的斗争，所有的敌意开始转变成行动。内战与抢劫遍布全国，宪政的问题、宗教的争执与无数地方家族间的宿仇，全混合在一起，形成党派仇恨的新浪潮。两派斗争在地理上的范围与十九世纪保守党及自由党在投票和竞选范围上甚为相符。这场凶狠内战造成的裂痕，支配英格兰人的生活达两个世纪。这次内战中的一些奇怪的例子一直留存在英格兰实行普选的选区。

1643 年年初，战火遍及各方。阶级、利益团体、派系和教派彼此使尽全力拼斗。港口、城镇与制造中心大多数都拥护议会派，称作"旧英格兰"的地区则团结在查理旗下。在北部与西部两大地区，国王可说是兵多将广。此时亨利埃塔·玛丽亚王后由荷兰回到北部。她冒险冲过封锁线，带着一只满载大炮与弹药的船，运到约克郡海岸上的布里德灵顿。议会派的战船在后追赶。当时正在退潮，军舰在水位允许的情况下，尽量驶进海岸浅水区，对她的卧室进行炮击。王后的手下向她保证，会保卫她的船与这些无价的货物，她则赤脚匆匆躲避，躲开在村子里呼啸的炮弹。议会派的海军将领巴滕炮击王后的行为，在那个性别、阶级与骑士制度仍然受人尊重的时代，被认为是行为不当与失礼。这好比是在我们自己的时代，有一位皇后在地下室被杀，但大众却没有任何明显反应一样。

亨利埃塔·玛丽亚王后在热烈的欢呼声中进入约克。忠心的群众人山人海，看到她身后数目众多的大炮都不禁欣喜万分。有些人认为，王后身为女性，可以敦促国王寻求和平。不过，她反而带来的是一种难以驯服与不肯认输的好战精神，有如安茹的玛格丽特。

起初，北部并无决定性的战斗。议会派怀疑埃塞克斯是否有担任将领的才能。主和派支持他，但主战派则属意派往西部统率议会军队的威廉·沃勒爵士。不过，西部康沃尔人表现出忠于国王的精神和罕见的敏捷与英勇。在那里担任指挥的是保王部队中最为精明干练的拉尔夫·霍普顿爵士。沃勒与霍普顿有过三次小规模的激烈战斗。两人的私交甚笃，但是如沃勒写给敌手的信中所说："就荣誉与忠贞而言，各人都应当尽其本分。"霍普顿率领的康沃尔人在巴思城外的兰斯多恩猛攻沃勒的阵地。沃勒的主力是伦敦的骑兵。这些骑兵全身披带甲胄，看起来像是"活动的堡垒"，被双方称作"龙虾兵"。保王派部队向山上的龙虾兵攻击，大大地破坏龙虾兵阵形，打败了沃勒；但是霍普顿的损失也十分惨重，因此退到德维齐斯。霍普顿军中唯一的弹药车爆炸，他本人也受到伤害。他手下的骑兵在摩里斯亲王带领下逃走了。这位亲王在牛津新招募了骑兵之后，又火速行军赶回战场，发现沃勒在朗德威草原列阵以待。保王派部队发起攻击，将龙虾兵赶下陡峭的山坡，同时霍普顿率领步兵由城中杀出，大获全胜。

受到这些胜利的鼓舞，鲁珀特率领牛津部队与霍普顿的部队会师，遂对布里斯托尔城招降，继而攻打并且得手。布里斯托尔是英格兰的第二大城，它的居民全是保王派。他们破坏了议会卫戍部队的防御，视鲁珀特为解救者。港口的战舰宣布支持国王，希望一支王室舰队能够掌控布里斯托尔海峡。此时，查理国王成了英格兰西部之王。

他在约克郡也获胜。费尔法克斯阁下与儿子托马斯爵士在那里指挥着议会派的军队。这些军队主要是来自利兹、哈利法克斯与布拉德福德。那是"三个人口很多，极为富裕的城镇"，根据克拉伦登在几年后所写："这三个城完全依靠布商，天生仇视士绅阶级。"费尔法克斯父子包围住约克，不谙军事、富有、肥胖、傲慢、忠心耿耿的纽卡斯尔伯爵，率领着领地家臣——英勇的"白袍兵"前往约克解围，夏天时，于阿德瓦尔顿草原击败了费尔法克斯父子。议会派部队中出现了为数极多的以长柄镰刀或大头棒作武器的农民，被人称作"持棒兵"。这些人在大屠杀中全部覆没。这次失败之后，议会派在北部只剩下赫尔这个据点。斯卡伯勒城的城守休·乔姆利是位杰出的议会议员。他已经抛弃了圆颅党，带走他的部队，并献城投降。在赫尔，对圆颅党死心塌地的城守霍瑟姆也改变立场，投向保王派，部分是由于他的一位俘虏迪格比爵士①的劝说，此外也受到查理国王一再获胜的影响。十八个月之前，赫尔与弹药决定全局，霍瑟姆可以轻松地交出一切。但现在他已经在市民中看到敌对情绪，市民不愿与他一样改变立场。他与他的儿子被捕，由海路押往伦敦。同时，保王派在英格兰中部也有进展。黑斯廷斯家族在莱斯特郡占了上风；卡文迪什家族在林肯郡占了上风；查尔斯·卡文迪什在盖恩斯伯勒附近的激战中被打败，克伦威尔上校

---

① 后来成为第二任布里斯托尔伯爵。——译注

杀了他。克伦威尔首次将他组织与训练的东方诸郡联盟骑兵带上战场。但是他们无法阻止保王派夺下林肯。双方的骑兵都不能守住城镇。

*   *   *   *   *

查理国王拥有一定的战略眼光。他不具备伟大将领洞察一切、行动果断的特质，但是仍能放眼全局，英勇行动。1643年年初，他计划向伦敦全面进攻。霍普顿由西面，纽卡斯尔由北面，他自己则由牛津出发，到伦敦会师，攻破这个叛乱中心。一直到仲夏，战斗的结果都利于这项决定性的计划，但是他既无资源也无权威做如此大规模的指挥。西部地区的疯狂战斗使他丧失了拥护王权的精英。霍普顿的小军队稳定地东进，通过了汉普郡与苏塞克斯后受到阻挡。在西部的保王派本来应当前往增援，但到达普利茅斯之前便原地休息了，驻守普利茅斯的议会派卫戍部队不断地由远处疯狂地侵袭。的确，在一个普遍效忠王室的区域里，有一个城镇忠于议会派，让查理国王很难抽调当地的部队，去参加全国性的战役。无法劝阻纽卡斯尔侯爵从陆上进攻赫尔，那里的海潮汹涌，无法建造水栅封锁港口。他的北方部队若不南下增援，英格兰中部就完了。双方势均力敌。王后与积极主战的枢密院大臣都催促查理向伦敦进军。另一方面，格洛斯特是议会在布里斯托尔与约克之间剩下的唯一据点。格洛斯特失陷会使塞文河门户大开，保王派的小型舰队与平底补给船就能够长驱直入，并且让牛津、英格兰西部与支持保王派的威尔士联合起来。因此，查理国王在军事力量达到顶点之际，包围格洛斯特可能是正确的。英格兰是个顽强的国家，人民为自己的局部战争斗争到底，根本不理会其他地方的坏消息，也不可能产生感情上的剧变。人们基于某些人的郑重断言，确信城守梅西已准备改变立场。查理于8月5日包围这座城。

另一方面，皮姆在伦敦成了议会的主宰以及圆颅党的军事灵魂人物，正陷入困境。此时，一切都不顺利，各种希望都已破灭。他身为政府领导人，有义务为日益不得人心的战争募集军费，用的是像查理于 1640 年抵抗苏格兰人所用的手段，违背了他自己的原则。他的手段包括义务贷款和向每个人直接征税。伦敦掀起保卫国王的热潮，并且与和平运动结合在一起。伦敦平民枢密院并不让步，但是保王派的舆论太强烈，无法压制。有一次，七十名商人因为拒付这笔税赋而入狱。另一次，数以百计的妇女群集在威斯敏斯特前面提出求和请愿书。骑兵部队在她们当中奔驰。这些妇女气极了，试图将他们由马上拖下来，喊道："让我们将皮姆这只狗丢到泰晤士河里。"骑兵拔出军刀，非常残暴地砍杀这些妇女，绕着宫院追赶她们，许多人受了伤。贵族院只剩下不到二十位议员，通过了一项要求和谈的决议。平民院也以多数对贵族院的提议表示同意。皮姆的生命正在衰退。他患了癌症。他最了不起的同僚汉普顿，年初于查尔格罗夫战场与鲁珀特的骑兵交锋，受伤身亡。他的事业即将毁灭，他也逐渐靠近死亡，这一连串的灾难似乎成了皮姆奋斗这么久的唯一报酬。他毫不畏惧，挺身面对一切。只要脉搏还在跳动，便可能扭转一切。伦敦所有的清教徒势力都抗拒和谈。教士规劝他们的信徒，好战的群众则包围了威斯敏斯特宫。平民院撤销修正的决议，呐喊着要解救格洛斯特。

埃塞克斯伯爵作为一个将领的名声不佳，而且被人怀疑对政治不够热忱。他曾经忠于信奉的事业，此时正寻求和平之道。他的方案异想天开，但目标很严肃。他提议查理国王离开保王派军队，并且严守中立，同时，骑士党与圆颅党各以相等数目的步兵、骑兵与炮兵，在指定地点作战，直到上帝做出决定，而所有人都必须接受天命。这是一项包裹着武装的和平提议。不过议会下达的命令是催促他去解救格洛斯特，他接下了这项任务，希望此次行动能给予他力量，以便阻止英格兰因内战而四分五裂。伦敦的民兵或随从队伍斗志高昂，疾呼进军。他们出发时，群众夹道欢送，街头到处都可见到热情洋溢的场面。伦敦最有势力的人物再度表现出无可争议的影响力。

在格洛斯特，城守梅西最终拒绝了查理国王的要求。城内的清教徒誓死抗敌，让他无法选择背叛的道路。查理向这座城招降，城中派出两个人，板着脸孔说："唯有国王通过议会两院下达的命令，才会被认可。"他们尚未离开国王，就已将埃塞克斯军队的橙色帽徽贴到帽子上，这被认为是极恶劣的表现。不久，橙色帽徽就到处可见了。查理国王无法提供令人满意的围城方法。与日后巨大的系统性军事作业相比较，英格兰内战时期的围城攻势显得薄弱无力，方法也很原始。几门大炮因弹药不足，无法在城墙上轰出缺口，双方只好以刀剑及毛瑟枪近身相搏，直到对方粮草断绝，或者居民害怕屠城而迫使守军投降。查理国王攻打格洛斯特，毫无进展。9 月初，埃塞克斯与伦敦军队在人数上占优。查理国王别无选择，只有退回牛津。

埃塞克斯成功进入格洛斯特，但粮食与补给均告短缺，而且在他与伦敦之间有支强大的敌军。双方同时前往伦敦，于 9 月 20 日在伯克郡的纽伯里交锋，进行长时间的激战。鲁珀特的骑兵一度击退了对手，但是无法对伦敦的长矛兵及毛瑟枪兵造成任何影响。双方各伤亡三分之一的部队，保王派的许多贵族阵亡了，其中福克兰爵士已无法忍受这个世界与这场冲突，在死亡中找到了解脱。黑夜降临时，胜负未定，埃塞克斯想等到破晓时再战。但查理国王因许多挚友阵亡而备受打击，又缺少弹药，便撤军了。圆颅党前往伦敦之路大开。

*　　　*　　　*　　　*　　　*

查理国王 1643 年的计划终于失败了。不过战役对他非常有利，他控制了英格兰的大部分地区。整体而言，他的部队质量仍旧胜过圆颅党。战争初期失去的土地已经收回。议会派逃往保王派阵营的风潮已经开始。所有人都看出分裂英格兰的双方势均力敌。交战双方都想停止战争，唯独皮姆例外。他希望苏格兰出兵，为此付出了大笔金钱，引诱人数达一万一千人的苏格兰军队参战。他热情不减，9 月 25 日领导议会与苏格兰人签署《正式同盟盟约》。它是宗教宣言性质的军事联盟。

12月8日，皮姆辞世，未因胜利而高兴，未因战败而忧郁。他为国事奔忙，置个人事务于不顾。若不是议会为表示悲伤与感激之情而替他还债，他恐怕早已破产了。他依然是旧议会议员中最有名的人，将英格兰人从君主专制中拯救出来，走上一条追寻的道路。

兰克对皮姆表现出高度的敬意，说："他决心采用重大的措施和一些小技巧，拥有创造革命时代的天赋，拥有撼动与破坏旧制度、再建新制度的才能；他制订的方案即便表现得很大胆，可是在执行时却讲求实际、不屈服、大胆而又审慎，有条理、有弹性，为朋友着想，对敌人毫不留情。皮姆身上同时有西哀士①与米拉波②的某些特质：他是历史上伟大著名的革命领袖之一。今后还会出现像他这样的人物，粉碎现在，然而未来却不依循他们的原则发展，未来的原则与他们植入的原则大大不同。"③

*　　　*　　　*　　　*　　　*

1643年冬季，有段时间平静无事。法兰西执掌大权的大臣黎塞留去世，权力重回亨利埃塔·玛丽亚王后的兄长路易十三的手中，同时丹麦国王又对英格兰王室给予帮助，查理因此备受鼓舞。在爱尔兰，中尉奥蒙德伯爵已经与天主教徒停战。尽管天主教徒实施过也遭受过所有的暴行，但仍然赞成君主专制。保王派阵营甚至考虑将爱尔兰的天主教徒带入英格兰作战。爱尔兰所谓的"停战"是指将爱尔兰的新教兵团与其他保王派部队调到英格兰，在英格兰内战中扮演重要的角色。

查理从来没有解散与他交战的议会，否则就等于不承认他在1641年不理智地批准并让议会永远有效的法案，也等于不承认其他有利于

---

① 法兰西大革命时期的活动家，天主教教士。——译注
② 法兰西大革命时期君主立宪的一位领袖，演说家。——译注
③ 引自《英格兰历史》第二卷，第394页。

他的支持者的许多法律。因此，他宣布在威斯敏斯特的议会不再是个自由的议会，同时召集所有在那里被赶走的议员或逃离那里的议员成立一个对立议会。这个口号的号召力很惊人。八十三位贵族院议员与一百七十五名平民院议员，于 1644 年 1 月 22 日奉王命在牛津开会。

但是这些有利形势，都在 1 月份丢失了。一万八千步兵与三千骑兵组成的苏格兰军队，渡过特威德河抵达英格兰。为了获得这支援军，伦敦的议会每月需付三万一千英镑军费及其他的费用。苏格兰人在名义上算是受雇，但他们现在有了金钱以外的目的。他们期望根除主教团，而且借武力在英格兰推行长老会的教会管理制度。这是六年以前，查理与劳德对他们强行实施"英格兰祈祷文"以来的一场巨变。苏格兰人现在不再强调他们的宗教自由，而是要强迫远比他们强大的英格兰民族顺从他们的想法。苏格兰的野心大有实现的希望，他们占尽最好的资源，为了全能的上帝及他们自己的特别信教方式，他们应邀侵入一个国家，并由这个国家支付军费。只要越过边界，就可以得到一笔现金，也可以拯救那里的人。对苏格兰的荣誉而言，爱丁堡的苏格兰议会打算采取这样的政策，但反对派势力甚大。后来，这个反对派总算被压制下去了。

第十七章　马斯顿荒原与内斯比

　　1644 年年初，查理国王拥有英格兰大部分地区，也在牛津召开规模可观的议会。他在英格兰军事方面似乎已经稳操胜券，然而苏格兰人的入侵扭转了这个均衡的局势。苏格兰人的军队向南挺进，控制住保王派在北部的郡县。他们猛攻纽卡斯尔，并且向威斯敏斯特当局催讨军费款项。他们的优势已成定局。他们的代表抵达伦敦，提出三个主要的要求：第一，在整个英格兰大力推行长老会制度；第二，根据《正式同盟盟约》的规定，设立"两个王国委员会"，以便分享英格兰政府，这不仅是为了指挥战争，而且还要制定一般政策；第三，维持君主制。他们口口声声表示支持国王的权力与神圣地位，而反对建立共和政体的趋势，因为他们乐于见到苏格兰王族保有英格兰的王位。所有的这一切都对他们有利。

　　已故的皮姆与汉普顿两人的势力减弱了，但与苏格兰人协议的这些交易在议会中依旧没有通过。议会派的纳税人痛恨为苏格兰军队支付费用。贵族院，或者说是贵族院在威斯敏斯特残留的成员，反对建立"两个王国委员会"这个计划，因为这个计划破坏了他们在宪法上的权力。但他们得到的回答是，英格兰与苏格兰在这场战争中必须并肩作战。最严重的的歧见出现在宗教方面。现在是奥利弗·克伦威尔崭露头角的时刻。这位代表剑桥的议员尽管还不曾掌握最高指挥权，但已视作议会军队最杰出的军官。他率领东部诸郡联盟的军队，于危急时在盖恩斯伯勒获得过胜利。他的军队军纪严明，素质极佳，胜过任何一支部队。因此他无法被忽视，也无法压制。克伦威尔在1644年崛起，达到了权力的巅峰。一方面是由于他在战场上频频奏捷，另一方面是由于他抵制威斯敏斯特议会中的长老教派与苏格兰人。他主张，除了天主教徒与新教圣公会教徒之外，每个人应有信仰的自由。因此，那些默默无名的新教教派都视他为保护者。

英格兰与苏格兰的神职人员在威斯敏斯特召开的宗教联席会议上激动地辩论基督徒管理教会的难题时，长老教派与公理教会教徒——或独立主教正派——出现了可怕的歧见。公理教会人数仅占会议总人数的七分之一，但是他们的热忱与勇气使他们成为军中强者。他们拒绝以按手的方式进行的所有神职授任礼。他们还声明，这些做法都有主教团的意思。宗教改革只能回归到独立教派原来的制度才能够实现。关于举止言行是否正确的评判，他们不如长老教派严格，也没有清教徒资深，但呼吁每位教徒慈悲为怀，且交由全体教徒来判断。他们有自己的神职人员，但是他们拒绝给予神职人员任何权力，如英格兰国教牧师或长老教派的神职人员。这些公理教会教徒是政治极端主义观点的滋生地。长老教派的戒律，对他们而言，一如主教团般令人憎恨。苏格兰的代表与神职人员听到这种宗教无政府主义的观点，不禁大为震惊，但是他们或英格兰同僚在保王派尚未降服前都没有足够的能力与克伦威尔及他的独立派争吵。他们认为，在与这些"存有歧见的兄弟们"打交道之前，最好能让大军深入英格兰，卷入战争。因此，不是首次，也非最后一次，宗教理论服务着军事行动。就长远来看，英格兰国教教徒与长老教派联手对抗他们的共同敌人——独立派，才能够恢复君主制与英格兰国教。

在北部，纽卡斯尔侯爵一面与苏格兰军队交战，一面同费尔法克斯父子交战。他通常在这样的情况下调动部队。到了春天，他北上抵抗苏格兰人，而留下贝拉西斯爵士去抵挡圆颅党。4月11日，贝拉西斯在塞尔比被费尔法克斯父子击败。纽卡斯尔侯爵的后方暴露在敌人眼前，他只好固守约克，不敢进兵，约克立即遭到重重包围。约克若失陷，国王在北方的大业就会付诸东流。查理派遣鲁珀特亲王带着强大的骑兵去援助，一面行，一面扩充队伍，解救约克城和被困的忠实侯爵。鲁珀特经过奋战，进入兰开郡，重挫苏格兰部队与议会派部队，解救了守卫莱索姆城堡的德比伯爵夫人，歼灭了围城的敌军，还掠夺了斯托克波特，猛攻博尔顿。6月1日，戈林爵士率领五千名骑兵来会师。他们合力攻下了利物浦。

查理国王写信给鲁珀特，信中表示："如果失去约克，我王冠的价值就会低一点，除非能得到你急行军前来支持，趁敌人在北方的部队赶来此地之前，奇迹般地征服南方。……我知道你对我有情义，因此我命令你、召唤你，将所有新的事业放在一边，秉持你的初衷，立即带着所有的兵马去拯救约克。如果约克失守……你就直接赶到伍斯特，协助我与我的军队。若不能如此，或你不能击败苏格兰人的约克之围，即使以后全然无误，你对我而言也是无用的。"①

鲁珀特根本不需要激励，他将这些复杂的句子视作抓住先机便立即战斗的命令。科尔佩帕听说国王寄出这样的书信，便对查理国王说："在上帝面前，您已经毁了一切，因为接到这个不容违背的命令，他遇到任何情况都必须战斗。"结果果然如此。

鲁珀特在约克最危险的时刻拯救了这座城市。他率军赶到时，地雷已经爆炸，城墙已被攻破。苏格兰人与圆颅党人一起往西撤，退守利兹，与曼彻斯特爵士、克伦威尔率领的东盎格鲁部队会合。因此，清教徒的三股兵力汇集在一起，有两万名步兵与七千名骑兵。他们的前哨设在马斯顿荒原的一道山脊。鲁珀特与纽卡斯尔侯爵会师，合起来共有一万一千步兵与七千骑兵。纽卡斯尔侯爵反对出战，他认为北方战区的情势已暂时缓和，正盼望达拉谟派援军前来。他因为鲁珀特的指挥而感到气愤。若鲁珀特亲王南行，回去见国王，侯爵一定求之不得。但是鲁珀特说自己有一封国王的亲笔信，绝对有权积极抗敌。

---

① 引自加德纳 1901 年所著的《伟大的内战史》第一卷，第 371 页。

侯爵对朋友说："无论发生什么事，我都不会怯战，因为我没有什么野心，生死皆为国王的忠臣。"因此，保王派军队一直尾随敌人，来到马斯顿荒原，并于 7 月 2 日接近敌人营地。人们的意见虽然有分歧，但整体说来，都是谴责鲁珀特求战的决心，他的战术更是有问题。他将步兵布置于战线的中央，却将无敌的骑兵分成许多队，无法指挥，以致丢了胜利的机会。他焦急地询问一位俘虏："克伦威尔在你们军中吗？"

这一天时雨时晴，双方军队紧密地接触。鲁珀特想在隔日开始发动进攻，但在傍晚六点钟的时候，他已经受到圆颅党部队的攻击。他们以二对一，数目胜过他的步兵。有人看到一队身披铁甲的骑兵疾驰而来，这是克伦威尔与他的"铁骑军"。保王派军队虽说集结就绪了，但却忙着准备吃晚饭，既未占到有利的防御地势，又缺乏攻击的冲劲。不过，他们仍旧起身奋战。戈林左翼的骑兵攻打圆颅党的右翼，扑向位于阵中央的苏格兰人，将他们打得溃不成军、落荒而逃。沙场老将利文爵士，亚历山大·莱斯利离开了战场，宣布已经失去一切，在十英里外被一位王室军官捕获，但是克伦威尔得到戴维·莱斯利率领剩下的苏格兰军队的帮助，扳回了这一天的局势。现在英勇的、令人畏惧的骑士党首次遇到对手及对手的主人。克伦威尔写道："我们将鲁珀特亲王的骑兵全部驱离了战场。上帝让他们成为剑下的枯木残株。我们用骑兵攻打其步兵，将全部敌人打败。"

马斯顿荒原之役是这场内战中最大、最血腥的一次。双方都不饶敌人性命，共有四千人被杀。纽卡斯尔伯爵的"白袍军"浴血奋战，一直到死。他们曾经夸口要以敌人的鲜血来染红白色战袍。白袍的确被染红了，但用的是他们自己的血。黑夜来临，议会部队停止追逐。如此的惨败重创了国王的事业。他的北方军队瓦解了，整个北方地区落入议会派之手。鲁珀特麾下的骑兵威严扫地。心碎的纽卡斯尔侯爵走上了流亡之途。什么都不怕的鲁珀特，召集剩下的军队，率领他们安全抵达南方的什鲁斯伯里。

     *   *   *   *   *

　　查理国王在南方用兵的成功，至少在一时之间掩盖住了马斯顿荒原的惨败。查理国王展现出人意料的大将之才。他开始喜欢战争生活与战争中的一举一动。法兰西大使萨布朗曾是他长久的马上观众，对他给予高度赞美。萨布朗说："他能判断、有智慧，从来不让自己在险境中鲁莽行事，对大小事都亲自下令，从不签署任何没看过的奏折。不论是骑马，还是步行，他总是身先士卒。"到了5月，查理国王只能募集到一万人马，迎战各自拥有一万人马的埃塞克斯与沃勒。他希望圆颅党将领之间不睦，能让他有机会各个击破。但是恰好相反，他们一起向牛津进军。这座城市储备的粮草不足以应付围城行动，难以维持保王派野战军与它的卫戍部队。不但是议会派，连国王本身的圈子都希望在牛津俘虏国王，并且迫他投降。不过，查理国王为这座城提供防御之需以后，以绝妙的技谋避开两路合围的敌军，安全抵达了伍斯特。

　　然后，两位圆颅党的将领不得不如预估的那样兵分两路。沃勒进攻向北移动的国王，埃塞克斯攻入保王派势力庞大的西部地区。接着，在6月6日国王转而向东，在牛津郡的克罗普雷迪桥重创沃勒，俘获了所有的大炮。他不畏不惧，不因马斯顿荒原之役而灰心丧志。他在行军速度与智能运用上都胜过沃勒。8月时，他突然西行，意在由背后攻击埃塞克斯。埃塞克斯已经有所进展，纾解了莱姆与普利茅斯之围。但是在这些地区遭到顽强抵抗，被整个乡村所仇视。现在国王本人突然攻击，他寡不敌众，补给线都被切断。他在拒绝投降提议之后，与军官们乘船逃往普利茅斯，并且命令骑兵杀出重围，让其他的兵卒自生自灭。9月26日，所有的步兵与炮兵，为数约八千人，在康沃尔郡的洛斯威瑟尔弃械投降。

　　严冬日近，但战火未歇。骑士党并未因领土越来越小和圆颅党人数与资源占优而感到挫败，仍在各个据点捍卫自己的国家。议会派的大部分军力现在都用来对付查理国王。曼彻斯特与沃勒都获得克伦威尔的增援。保王派的防区以牛津为中心,有一个系统的城市防御工事,包含威尔士与英格兰的西部地区。查理国王就在这些城镇之中调集兵马,与敌人周旋。10月27日,双方军队再度在纽伯里交手,不分胜负,保王派部队退出战场。11月下旬,战事暂歇。查理凯旋,重新进入牛津。这场军事行动是他军事上的最佳成就。尽管处境艰难,他仍能在一点点钱与一点点粮食的支持下以一敌二或以一敌三,而且,议会派这一方还有炮兵。

*　　　*　　　*　　　*　　　*

克伦威尔由军营骑马前往议会,履行议员职责。他与苏格兰人的意见分歧、反对长老教派一言堂的做法,已经左右了圆颅党的政策。他慷慨激昂、有条有理地攻击作战管理的方式,并且指责一些不热心的贵族,如将领埃塞克斯与曼彻斯特,不擅长作战指挥。埃塞克斯在洛斯威瑟尔战役之后失去名誉,而曼彻斯特则因为懒散与求功心切,在纽伯里第二次战役中失利。克伦威尔渴求权力,而且相信自己能够行使指挥权。为了精明地获取权力,敦促根据一个"新范本"来改编议会派的军队,这个范本与他自己在东部诸郡建军时用的类似。同时,他在贵族院的朋友们提出所谓的《克己法令》,依此法令,两院的议员不得担任军职。那些仍留在威斯敏斯特贵族院的议员十分明白,即使这个法令不会削弱他们的社会地位,也能打击他们在作战中发号施令的权力。但当时的人不得不采取这一措施,他们和苏格兰人都对克伦威尔感到害怕,无法阻拦这项法令的通过。埃塞克斯与曼彻斯特从战争一开始便同国王作战,募集兵团,忠心耿耿地为议会派的事业卖命,此时却被抛弃。他们甚至从历史舞台上消失了。

在冬季的几个月里,议会派军队依照克伦威尔的构想进行了改编。以往由议会贵族个人募集的兵团被拆散,其军官与士卒全部纳入新的编制，称为新模范军，其中包含十一个骑兵团，每团足足有六百人；十二个步兵团，每团足足有一千二百人；还有一千名龙骑兵，总共两万两千人。此外，还可以随时强制征兵以补充兵源。在苏塞克斯的一个地区，1645 年 4 月、7 月与 9 月进行了三次征兵，共招收一百四十九人，并由一百三十四名士兵护送他们去服兵役。

在查理国王的指挥部，将领们都认为这些措施会破坏议会派部队的士气。起初的情形无疑是这个样子，但是圆颅党现在有了个对称的军事组织，由战场中崛起的将领率领，而这些人除了军事资历与宗教热忱之外别无任何军事地位。托马斯·费尔法克斯被任命为总指挥。克伦威尔是剑桥选的议员，因此起初没有任何军职。不过，《克己法令》似乎只应用到他的对手身上。情势紧急，只有他能平息军中的种种不满，逼得贵族院勉强破例，对他授以军职。1645 年 6 月，他被任命为"骠骑将军"，成为唯一一个集军事指挥权与议会地位于一身的人。从此时起，他成了大权在握的人。

就在情势紧急之际，伦敦塔里因病痛而苟延残喘的劳德大主教被送上了行刑台。圆颅党人、苏格兰人与清教徒全都参加了这一行动。平民院出于歧见，拒绝了他宁可砍头而不受绞刑、破膛、分尸的请求。不过，这个残忍的决定一夜之间有了回转。在慷慨陈词之后，这位老人的头被刽子手以庄严的方式砍下。

英格兰人都想要结束这场违反人道的斗争，这给狂热的党派分子造成很大的压力。"持棒兵"再度出现了。很多农人与他们的雇工，连同城镇人士，都用身边能找到的东西当作武器，在许多地区聚集，抗议敌对双方的苛捐杂税与抢劫掠夺。现在，他们表现出支持国王而不支持议会的态度。为了取悦苏格兰人，议会派在伦敦附近的阿克斯布里奇村与国王举行和谈。许多人都寄望于这次谈判，但议会派中的顽固分子是例外。会谈总共二十天，双方的代表分别居住在村庄与旅舍里。他们以庄重的仪式相见，进行讨论。但查理国王与圆颅党的首领都无意在主教团与武装部队的控制权上让步。到内战第四年，仍无妥协的可能。阿克斯布里奇村的谈判仅仅证实了一点：斗争双方在最高权力的争夺中，永远不改凶狠的本性。

苏格兰人对克伦威尔的敌视、企图以法律使独立教派信奉长老派教义而施的压力，现在都已达到高峰。马斯顿荒原之役后，各方纠结于教义上的歧见。独立派利用了这个战役。利文与部分苏格兰部队曾经逃离战场。另一方面，克伦威尔与他的铁骑军则战斗到底，夺得胜利。苏格兰人反过来指责克伦威尔个人在行动中表现怯懦，但是这种说法并没有令人信服。他们非法干预英格兰事务，收获甚多，但也为自己招来可怕的憎恨，而执行长老派教义的主要目标至今还无法想象，被重刀利剑般的回击不断挫败。

同时，蒙特罗斯侯爵在政坛崛起。他曾经是位"定约者"①，因为与阿盖尔不和而投向查理国王。现在他已经在历史上成名，成为高贵人物与优秀将领。他向查理宣誓效忠，由于以寡敌众、连战皆捷，使整个苏格兰转移了注意力。有时，他的人马在使用双刃大刀、从事攻击之前仅仅以石头抗敌，先后攻占敦提、阿伯丁、格拉斯哥、珀斯与爱丁堡。他上书查理国王，向查理保证，如果查理能支持下去，他会率苏格兰的所有武力援救国王。但是，在南方，一场决定性的战役已逼近。

1645年6月14日，双方的实力最后比拼。查理国王的部队占领并洗劫了莱尔斯，与费尔法克斯及克伦威尔在内斯比附近的一个宜于狩猎的地区相遇。保王派部队士气高昂，鲁珀特也表现出这种气概，以至于其军事才能相形失色保王派部队。这次也一样，毫不犹豫地攻击山上比自己多一倍的圆颅党部队。这项行动遵循着以前几乎变成常规的方式。鲁珀特击溃了议会派部队的左翼，不过像厄齐丘一役一样，他的骑兵部队被议会派辎重装备吸引住，回头来痛击圆颅党步兵的中央军队。但另一侧的克伦威尔驱走了面前的保王派人马，并且指挥着

---

① 苏格兰反对派。——译注

圆颅党的后备部队实施合围。保王派的步兵被大军四面八方团团围住，奋力死战。查理国王希望带着身边最后一支后备部队冲锋，前去救援。实际上，他已经下达了命令，但是他的一些幕僚很谨慎，勒住了他的战马，阻止前往。保王派的后备部队迂回到右翼，撤退一英里多。他们在此与一路过关斩将的鲁珀特会合，保王派的骑兵得以毫发未损地离开战场。步兵则被砍杀或被俘。由于议会派部队不杀弃械的对手，所以战况比马斯顿荒原好多了。在保王派军营中还发现了一百名爱尔兰妇女，克伦威尔的铁骑军基于道德与民族的偏见，将她们都杀死了。内斯比一役是保王派在空旷战场上死亡前的最后一击。后来还有许多围攻城池、救援与军事调动的情形，但是这场内战在军事上大局已定。

克伦威尔后来以令人反感的字句写下他的印象："我可以这样说，在内斯比一役，当我看到敌军部队整齐、军容鼎盛，朝着我们逼近的时候，我们的部队相形见绌、全然无知。"他如此描写富有经验的士兵：他们是英格兰有史以来装备最精良、军纪最严明、军饷最高、数目为对手两倍的部队——"尚未决定如何下令作战。将军令我指挥所有的骑兵，我独自骑马巡视，觉得无事可为，只有朝上帝微笑，以期得到胜利的保证，因为上帝能无中生有，有变成无，令败者胜，让胜者败。我对此极有自信。而上帝果不欺我！"

第十八章　斧头落下

　　1646 年的春天，保王派对议会派军队的武装抵抗全都被平定了。雅各布·阿斯特利爵士随同查理国王最后的一支部队在窝德河畔的斯托战败被俘，他对俘虏他的人说："好吧，小伙子们，你们已完成了使命，可以回家去了，否则你们会彼此打起来的。"

　　清教徒已经胜利。大体上，中产阶级比较坚决地支持议会派，打败了分歧的贵族与士绅。伦敦市新兴的"金钱力量"打败了陈旧的忠君思想。城镇民众掌握着乡村。其他的教派打败了国教。也有些地方的例子与此种情形相反，但是整体说来，大致如此。宪政体制的问题仍旧没有解决。查理"亲自主政"时的一切都彻底清除，但因为国家没有时间准备，也尚未成熟，以至出现了更大的问题。所有这些问题都集中在国王的职司与他本人身上。查理国王预备在武装部队的控制问题上让步，至于英格兰国教的主教团建制，他预备继续奋斗。早在 1645 年秋天，蒙特罗斯于"边界"附近的腓力霍被入侵英格兰的苏格兰正规军编制内的支队击败。然而，查理国王却仍旧想求助于苏格兰政府，因为他看到苏格兰与铁骑军之间出现了很深的裂痕。他没有物质资源，君权已被剥夺，但他希望由逆境中找到新的资源，来支持无法压抑的雄心壮志。他也深切地期望法兰西给予援助，亨利埃塔·玛丽亚王后已经逃到那里避难。在这场战争中，她为查理国王所做的努力化为乌有，从此以后，再也没有见到丈夫。

　　在令人痛苦的几个月中，鲁珀特轻易地交出了布里斯托尔。保王派的堡垒在相继失陷。查理国王想独自返回伦敦，为战场上的失利作一番辩解。许多居民都渴望着这件事情。显然地，他对个人安危毫无畏惧。伦敦平民枢密院及议会、圆颅党中有影响力的人都赞成这个计划。最后，他终于下定决心将自己交到苏格兰人的手中。一名法兰西间谍获得了苏格兰人的口头承诺，即国王本人一定安全、荣誉无损，不会在压力下做违背良心的任何事。查理国王得到承诺之后，便前往苏格兰军队的指挥部，苏格兰军队此时正与圆颅党部队一起围攻纽瓦克。纽瓦克陷落了，苏格兰军队立刻移师北上。

查理国王说自己是客人身份，但是他立即发现自己实际是位阶下囚。行军的途中，他请一位苏格兰军官告诉他处于何种状态，戴维·莱斯利将军断然地禁止继续交谈。查理国王受到礼遇，同时也遭到严密看管，剥夺了与随从交谈的所有机会。连他的窗户都遭到监视，以防止未受检的信由窗口投到街上。在这种艰难的环境下，他被软禁在纽卡斯尔，针对危急的国家议题，开始了将近一年的讨价还价。苏格兰人努力要迫使他接受盟约，强迫英格兰信奉长老教派。他与苏格兰人争吵。同时，与英格兰议会争辩议会提出的政体问题。议会的计划是软禁查理，直到他们为他建造好宪政与宗教的牢笼，利用他的名义以及他签署的文书为党派利益背书，做完他们期望的事情。他得在盟约上签字，同时废掉主教。舰队与民兵将由议会掌控二十年，被称为《资格限制条例》的许多惩罚措施，让他所有的忠实朋友与支持者褫夺公权，一如在陶顿一役后兰开斯特王族遭到的那种打击。一位具有深刻洞察力的现代作家写道："查理需要放弃王权、教会与朋友，如此才能继续成为英格兰国王。这样也是值得的。……但所谓的英格兰国王，实际上是外国军营中的囚犯，不准与自己的牧师相见，独自在卧室里念《祈祷书》，变成一个只有危险却毫无吸引力的人，一个'受伤者'。"①

查理国王自然希望能因议会与军队、英格兰与苏格兰政府之间的

---

① 引自乔治·马尔科姆·扬在 1935 年所著的《查理一世和克伦威尔》。

歧见获得一些利益。他拖延的时间太久，以至于两个政府撇开他，达成了谈判。苏格兰人得到入侵英格兰的半数酬劳，并于 1647 年 2 月获得议会派保证查理安全的许诺后，将他交给了议会派的人，返回自己的国家。这项交易十分实际，却不免令人悲伤。许多人至今还记得这首诗：

> *苏格兰人是背叛者*
> *为了四便士银币就敢出卖国王*

　　1646 年是混乱而又艰苦的一年，宪政体制、宗教争议以及国家生计的瘫痪引发群众强烈不满，各地又重新回到忠君这件事情上。

　　苏格兰人得到了入侵的报酬之后，查理国王被他新的拥护者毕恭毕敬地带到北安普敦郡的霍姆比府邸。他的声望立刻显露无遗。在纽卡斯尔南行的路上，群众的欢呼声伴随着国王的车铃声，迎接国王、摆脱残酷的战争、恢复英格兰旧制等无疑需要一些重大的改变，但这是全国人的期望。查理在战场上像在议会中一样一败涂地，但他仍然是英格兰最重要的人物。若国王会从事人民期望的事，每个人都会支持他。被夺去了力量后，他比以往更加意识到他所代表的制度具有的力量。但英格兰舞台上出现了第三方力量。这就是克伦威尔的铁骑军，约有两万两千人。铁骑军现在还不是创立者的主人，但也不是创立者的仆人。率领它的都是一些受人信赖的有名将领：总指挥托马斯·费尔法克斯、荣耀的奥利弗·克伦威尔，以及智囊与部队良知的代表——亨利·艾尔顿。在他们领导这支令人畏惧的军队期间，充满政治与宗教分歧，这些分歧本身比刚刚结束的战争更加激烈，足以引发内战及社会冲突。

　　议会已经进行新的选举，以补充保王派议员的空缺，议会因此重新打起精神。议会中强大的独立派支持着铁甲军，但大多数议员仍旧代表长老教派的利益，主张实行限制严格的君主立宪。军队完全不赞成这些雇主的宗教观点。最勇猛的战士、最有说服力的鼓吹者、最热情的教派成员，几乎像反对主教团一样地大力反对长老会建制。军队与苏格兰人之间的歧见，就像与劳德大主教之间的歧见一样多。军队中教派众多且活跃，内部早就产生了宗教自由的观念。军队的确准备镇压他人，但是有什么人能镇压他们呢？

议会派已经获胜，大多数的议员及其他领袖不再需要军队。必须适当地缩减军队，应当由文官主政，军费必须削减。应当调遣兵团前往爱尔兰，以报复 1641 年的爱尔兰大屠杀。另外，英格兰必须维持适量的卫戍部队。至于剩下的兵卒，则只能带着平民院的一番感谢解甲返乡，以娱晚年。但是此时突然出现了一件非常棘手的事，平民院拖欠了军队的军饷。1647 年 3 月，步兵有十八周未领军饷，骑兵有四十三周未领军饷。在威斯敏斯特，伟大的议会议员们觉得付六周的军饷便可以一笔勾销，士兵们却不是这样认为的。他们在许多大事上意见分歧，但对军饷的问题却团结一致。他们决定，在军饷问题与他们关心的其他问题没有获得解决之前，不去爱尔兰，也不还乡。议会与军队起了严重的冲突，双方都觉得自己值得奖赏，难免会扬扬得意。

在这场冲突的初期，议会有发号施令的权力。剑桥议员克伦威尔以万能的上帝之名向议会保证，接到解散的命令，军队便会解甲归田。但是，在另一阵营，他有不同的说辞，因为军队接到议会的解散命令时，军官们立即呈上了一份恭敬的请愿书。在这份可能由艾尔顿撰拟的文件中，他们要求补发积欠的军饷、保证不会惩罚他们在战争中的行为、保证未来不再征兵，还应该发放抚恤金，给残障士卒及阵亡者家中的妇孺。他们说："由于战争的需要，我们采取了法律不会批准的许多行动（和平时期是不会这样做的），我们谦卑地期望，在解甲返乡之前，议会能通过针对我们的补偿与安全法令，并做出完整而充分的规定（更希望得到王室的批准）。"以前，在马斯顿荒原与内斯比两役之后，连胜利的铁骑军都不能确定未经国王授权的事是否算数。他们寻求全国性与永久性的保证，而对威斯敏斯特的所有组织而言，仅有国王才能提供这种保证。这是英格兰的革命与其他国家的革命显著不同的地方。掌握不可抵抗武力的人始终深信，武力不能给予安全保证。英格兰人民的最大特点是本能地尊重法律与传统。即使在叛乱时期，那些毁掉王权的人也深信，以国王之名制定的法律是他们能够依赖的唯一基础。

议会的领袖们收到了请愿书，感到不悦。他们认为自己能控制一切。最后，他们命令各个兵团前往不同的驻地，以便分别解散这些兵团，或是将他们派往爱尔兰。军队回复，他们要集中在纽马克特。在那里，他们立下坚定的誓言，在他们的希望实现前不会解散。当局与武装势力之间似乎势均力敌，双方都努力寻求盟友。议会中的长老会教派向苏格兰人求助，而军官们则求助于国王。按实际权力的大小，将领们依序归属于克伦威尔、艾尔顿与总指挥费尔法克斯，但他们一致认为，自己的地位被贬到讨人厌的党派政客之下。这些政客认为，胜利是难得的资产，他们只想与自己那个小圈子里的人分享。此时，将领、军官与士卒都鼓噪起来了。

克伦威尔与艾尔顿觉得，如果他们能在议会下手之前率先掌握国王的动向，就会大有收获。如能赢得国王的支持，便可轻易获得一切了。艾尔顿早已与查理国王秘密地保持接触。6月初，在艾尔顿与克伦威尔的命令下，骑兵的掌旗官乔伊斯带着约四百名铁骑军，奔往霍姆比府邸。国王在他的内庭官员与议会代表的陪伴下，在那里过着悠闲的生活。议会派去的看守国王的上校逃走了。但查理认为，自己不会受到侵犯，平静地度过了那一夜。他的王室官员甚至和铁骑军的军官互相问候寒暄。

次日早晨，骑兵掌旗官乔伊斯毕恭毕敬地报告，他是前来移送国王的。查理国王并未有任何抗议。他走到外面的阳台上，几乎是带着主人的神色，用目光打量那排列整齐、身着盔甲的部队。乔伊斯对他的骑兵说："我已经以你们的名义承诺了三件事：不得伤害国王陛下，不得逼他做任何违背良心的事，容许他的仆役随行。你们是否全体同意？"骑兵一起说："同意。"国王说："现在，乔伊斯先生，告诉我你的委托令在哪里？你是否有托马斯·费尔法克斯爵士写的任何手令？"乔伊斯很窘迫，看看这里看看那里，最后指着他的骑兵队说："在这里！"查理国王带着君王应有的笑容与信心以及神授的权力说："的确如此。这是我不用拼读就能看懂的手令，一队英俊有礼的绅士，与我一生常见的一样。……去什么地方呢，乔伊斯先生？"

这位掌旗官与那些发出命令的人认为，只要国王的动向掌握在手中，便能细察他的愿望。国王认为牛津对健康无益，而剑桥比较合意，纽马克特则很有吸引力。军队正好驻扎在那里。他们全体骑马前往，带上一个名声响亮且令人愉快的伴侣，让他们觉得已经将英格兰的历史掌握在手中。国王在纽马克特附近的奇尔德利住了三天。剑桥大学的师生带着忠诚谒见国王，表现出内战中难得一见的欢快心情。克伦威尔、艾尔顿与费尔法克斯不久也赶到了。查理身为阶下囚，被移送哈特菲尔德，又由那里迁往汉普顿官。王室内廷官员看到国王在那里的花园中踱步，与反叛的将领谈笑风生，显然心情极佳。见到此情此景，他们不禁感到惊讶。终于，王室发表了下列文告："国王陛下认为议会的种种提议都有损军队的主要利益，也有损所有同情军队的人的主要利益。陛下细看军队的种种建议之后……相信议会两院将与他一样认为，这些建议比议会的提议更能满足各方的利益且是实现永久和平的基础。因此，他请两院立即将军队的建议纳入考虑范围（他认为这是实现和平的最佳途径）。"[1]

在文告的背后，进行着一场政治与个人的大交易。没有人能够探查到交易的精确细节。交易包括英格兰可以容忍的宗教妥协，在议会与国王之间均衡权力的宪政体制，军队解甲时得到的赦免与奖赏，还有嘉德勋章骑士克伦威尔伯爵以代理总督的身份制定的平定爱尔兰混乱的计划大纲——以不同的形式更新了让斯特拉福丧命的"彻底"行政管理政策。艾尔顿身为掌玺大臣，是当时最有建设性的行政人才，

---

① 引自乔治·马尔科姆·扬所著的《查理一世和克伦威尔》，第 67 页。

改造了不列颠岛的宪政体制，其改革力度超越了世代艰苦的努力。在这个时刻，英格兰人民本来可以接近他们期望的解决办法。不过这种办法过于美好，无法实行。人类不可能如此轻易地逃离漫长的困苦。查理与军队的领导人打交道时，从来就没有表现出完全的真诚，他仍寄望于苏格兰人的援助。议会拒绝了军队与王室的建议。他们坚持自己的派系政策，也寄希望苏格兰人来镇压曾经拯救过他们的部队。议会对军队固然是种阻碍，但军队内部也不乏阻碍。

至今为止，将军掌控着军官，军官掌控着士卒，他们都充满了强烈的宗教热情。兵士都深信《旧约全书》。他们心中牢记以笏与伊矶伦、扫罗①与撒母儿②、亚哈③与耶户④。他们特别钦佩撒母儿的行为，他虽然步履蹒跚，却在上帝的面前将阿迦斩成数块。将军们期望为国家、国王与他们自己做最妥善的安排。普通士兵都有根深蒂固的信仰。要安置好查理与克伦威尔之间的协议，应当快速地付诸实施。将领们主要关心军心的控制。但过去在军事大会中的训话似乎无效，军事大会的成员早就视国王是"背负血债之人"，也惊讶他们尊敬的长官为勾结国王而糟蹋士兵。士兵们的情绪变得越来越坏，将领们也看出自己将无法控制。

平民院里的长老会教派现在明白，他们无法降服军队。伦敦商区受到无数坚定信仰的学徒与暴民的压力，强迫长老教派履行职责。长老教派为暴动及暴行所逼，违反己愿，撤销了他们在不得已的情况下，向军队提出的安抚性决议。因为对伦敦商区的暴民心生恐惧，议长与五六十名议员前往位于豪恩斯洛的军队指挥部，要求克伦威尔予以保护。这个请求获准。8月6日，军队来到伦敦，占领了威斯敏斯特，进入伦敦商区。除了军队自己的问题，一切都屈服了。

---

① 以色列的一位国王。——译注
② 希伯来领袖与先知。——译注
③ 邪恶的以色列王。——译注
④ 以色列国王的骁勇御者。——译注

　　　　＊　　　　＊　　　　＊　　　　＊　　　　＊

　　1647 年秋，军队在帕特尼进行激辩。将领们，特别是艾尔顿，想要疏导军队的骚动。他们成立了一个军事议会，或叫军人辩论社。各兵团都选出了代表。这些人被称为"代理人"或"鼓动者"。艾尔顿已经拟好军队章程。在不扰乱到社会秩序或财产权的情况下，他准备采取彻底的措施。他们在帕特尼认真地展开长达数周的激烈辩论。他们任命一位秘书负责会议记录，他的记录最后传入了牛津大学的一所学院，给十九世纪的人一扇可观察这生动场面的窗口。各式各样的新人物一一崛起，其中有塞克斯比、雷恩博罗、怀尔德曼，以及善于鼓吹的戈夫上校。这些人讲话热情洋溢、铿锵有力，每次发言都命中重点。克伦威尔听到这样的一些话："英格兰最穷苦的人，应该过着像最伟大人物一样的生活"以及"一个人如果不能插手政府的管理制度，他就不受这制度的约束。"这种言论是福音书与刀剑的产物。

　　人人享有政治平等之天赋权利的这种学说，震惊了艾尔顿，同时也令伯克或福克斯感到震惊。他试图在无法解散的议会与不会遣散的军队之间严守中立路线。克伦威尔理智上赞成他，但是并不赞成其人的政治判断。这些论点没有获得士兵"代理人"的赞同。当艾尔顿将军强调，只有与国家利害息息相关的人才有投票权的原则时，他的听众开始思考。当他指出，在上帝或自然法则的基础上，要求政治平等会影响财产权时；当他说到"凭着同样的天赋人权，每个人对他所见的任何之物，都拥有与他人相同的权利"时，士兵并没有对这种结论感到反感。他们不久便产生了与十九世纪人民宪章运动支持者类似的观念——二十一岁的男人享有选举权，选区平等，两年召集一次议会。还有许多新的想法。

　　克伦威尔听到了这些观念，并且对之认真思考。他的看法与伊丽莎白一世的看法是一致的，认为这些要求会导致无政府状态。许多演说者鼓动军人大会打倒国王与贵族，并且平分财产，引得与会者群起欢呼。克伦威尔则想到自己的田产上去了。对他而言，上述主张是危险的废话。艾尔顿又作了一番演说，想要平复士兵的情绪，结果引起了新的骚动。除了这些政治主张，克伦威尔还必须思考纪律问题。他仍然大权在握。他毫不迟疑地运用起权力，设法通过一项决议，将身为代表的军官与鼓吹者遣送回兵团，用"军官普通大会"取代了"军人普通大会"。铁骑军在帕特尼提出的政治概念，只有在我们这个时代才能付诸实践。

1647 年的深秋，克伦威尔与艾尔顿得出了结论：即使补发军饷，赦免军队的过失行为，也无法使国王与军队团结起来。他们无法说服军队。皮姆与汉普顿倘若在世，也会憎恶宗教政治的观念。"长期议会"长久以来避免的共和政体、成年男子的选举权，以及当时还未为人知的社会主义，还有共产主义，全部在士兵们的秘密会议中酝酿。只要有机会，国王与军队之间脆弱且引人注意的关系就会粉碎，这并没有什么困难。尽管英格兰的保王派在军事上失败，也丧失了产业，不过仍然尚存一息，准备伺机行动。议会继续制定稳固形势的政治目标。满怀宗教热忱与个人贪欲的苏格兰人仍盘踞在"边界"。查理国王知道所有的动向，开始另寻其他可以求助的力量。在这些压力下，战败的国王与胜利的将领的联盟终于分裂。铁骑军有位上校在长官的指示下，向查理暗示他有丧命的危险，在一些公开举行的会议中，有些无情的人主张，为了国家利益应该杀了他。与此同时，查理的行动并未受到任何限制。

11 月，查理国王深信他会被无法管束的士兵杀害，于是乘着黑夜骑马逃走。经过许多驿站，顺利地逃到怀特岛上的卡里兹布鲁克堡。这里有头驴子，拉着转动不止的水车。他在此地住了差不多一年，没有受到保护，但却神圣不可侵犯，他是精神上的国王、令人垂涎的工具、耐人寻味的财物和最终的牺牲品。他的心中仍然有一项原则，可以加以利用，也可以毁掉。但是，他在英格兰不再拥有讨价还价的能力。

他还是想借助苏格兰人的力量，他与苏格兰签了一项协议。保王派与长老教派因为这项协议而联合起来。不久，第二次内战爆发了。

此时，从某种程度上看，克伦威尔与查理两人竭力想达成协议。军队即将叛变。有人在策划逮捕或杀害将领的阴谋。上校们要弹劾克伦威尔，因为他"走上与霍瑟姆一样的路"。12月15日，将领与士兵会面。有些兵团立刻归顺，但罗伯特·利尔伯恩与托马斯·哈里森手下的兵团开始暴动。史家加德纳描述了这些场面："他们在战场上集合，军帽上插着一本《人民协议书》，还加上'英格兰的自由！''士兵的权利！'这样的口号。哈里森的兵团在费尔法克斯斥责几句后，立刻表示顺服。但利尔伯恩兵团并非如此，不愿意听令。克伦威尔看到单靠劝说已无济于事，便在队伍前面骑马走过，厉声命令士兵将帽上的《协议书》扯下来。他发现没有服从的迹象，便拔剑冲入暴动的士兵当中。他严峻的面孔、果决的行动透露出一股慑人的气魄，逼得他们不得不服从。服从军纪的本能复活了，前一刻还狂傲不驯的士兵，现在都扯下军帽上的《人民协议书》，恳求饶恕。为首的肇事者遭到逮捕，其中三人被临时成立的军事法庭判为死刑。不过这三个人获准以掷骰子定生死，输掉的那个人叫阿诺德，在袍泽面前遭到枪决。牺牲一条命，恢复了军纪。若没有军纪，军队就会瓦解或混乱。"[1]

＊　　　　＊　　　　＊　　　　＊　　　　＊

第二次内战的原因与进程都与第一次内战不同。主要人物扮演的角色几乎都改变了，甚至还颠倒过来。此时，国王与他的特权已不再被视为议会权力的障碍，反而是普通英格兰人自由的宝库。"长期议会"中很大比例的议员，以及贵族院的几乎所有议员，如果被允许参会，都会表达这种看法。以前十分凶狠地对付国王的苏格兰人，现在都深

---

① 引自《大内战史》第四卷，第23页。

212

信他们的危险在另一方。威尔士坚决站在王权这一边。伦敦以前是皮姆与汉普顿主要的支柱，现在深深地倾向于王权复辟。曾经将查理赶出伦敦的学徒们仍然生机勃勃地闹事，但是，他们此时正在侮辱士兵，高呼："国王万岁！"半数的海军一直是反对查理的致命武器，却在此时叛变，拥护他。参加叛变的大部分舰艇驶往荷兰，官兵都恳求威尔士亲王做他们的海军将领。保王派遭受迫害或是经济上受到损失，他们的感情及对社会的关心均受到伤害，热切期望拔剑起义。广大民众仍旧无动于衷。1660 年的那种普遍复辟情绪并没有产生，但是英格兰社会中所有的领导力量都汇集到一起，群众甚至都感觉到新的专制政体已经将国王与议会扫到一边了，并且会给劳苦大众的日子带来苦难。查理虽然在卡里兹布鲁克堡做阶下囚，却比他"亲自主政"时期更像真正的国王。

第二次内战为时甚短，过程简单。国王、贵族院与平民院、地主与商人、伦敦商区与乡村、主教与长老会长老、苏格兰军队、威尔士人和英格兰舰队，现在全部反抗新模范军①。新模范军力抗所有的力量。为首的是克伦威尔。起初，军队似乎无法解决困境，然而此种困境也消除了内部的歧见。费尔法克斯、克伦威尔、艾尔顿，现在再度与他们勇猛的战士团结起来。他们进军威尔士，挺进苏格兰，势如破竹，无人能挡。他们仅派了一支特遣部队，便足以镇压康沃尔与西部的大规模起义。他们在科尔切斯特击溃了保王派的武力，而且采取严厉的惩罚手段。保王派的指挥官卢卡斯与莱尔投降之后，费尔法克斯违反过去的惯例，下令在城外将两人枪决。克伦威尔已经摆平威尔士的起义，并且迅速移师北上，与其他的部队会合，扑向通过兰开夏的苏格兰军队。苏格兰军队虽然由戴维·莱斯利率领，但它已不是当年的那支部队。真正训练有素的苏格兰部队在利文爵士率领下袖手旁观。入侵的苏格兰部队在普雷斯顿被切断退路且遭

---

① 铁骑军。——译注

到歼灭。英格兰舰队在几年前曾经力抗国王，此时却对攻无不克、勇猛作战的铁甲军无能为力。这支军队衣衫褴褛，几乎赤足，但是披着明亮的盔甲，带着锐利的刀剑，坚信自己错误的使命。

到了 1648 年年底，第二次内战已经结束。克伦威尔成了独裁者。保王派被打垮，议会形同傀儡，宪政体制徒具外表，苏格兰人惨遭失败，威尔士人退回山中，舰队重新改编，伦敦也屈服了。查理国王仍住在驴子转动水车的卡里兹布鲁克堡，等着支付账单。不过这账单是他的生命。

＊　　　　＊　　　　＊　　　　＊　　　　＊

我们不能让维多利亚时代的作家牵着走，认为铁骑军与克伦威尔的成功是民主制度及议会制度压倒神授君权及旧时代梦想的胜利。它只是全英格兰大约两万名坚定、残忍、纪律严明的军事狂热分子曾经想要或曾经期望的胜利。需要在漫长岁月里不停地抗争，才能扭转这种局面。因此，我们极其关心这场斗争的结果，起初带来了有限的君主立宪制度，最后却导致军事独裁。一位严厉、可怕、浑身是劲的人，现在做了主人，他古怪的、机会主义的、自我中心的方针，野蛮得像是野兽。在接下来的十二年，历史记录下他用意至善又令人困惑的起落沉浮。

最易采撷的胜利果实显然是国王的头颅。诚然，他从未离开过卡里兹布鲁克堡，但是，他难道不是英格兰抵抗铁骑军及其统治，甚至扣发铁骑军军饷的整个大行动的主要动力吗？他难道不是让所有舆论随之转动的轴心吗？他难道不是铁骑军所痛恨或无法解决的所有做法的代表吗？他难道不是他们应该获得的战利品吗？当人们在统治国家的问题上极度犹豫之际，一切都动荡不定，所有的人都知道，处决查理是个极其重要的行动，可以将铁骑军团结起来。将"背负血债之人"查理·斯图亚特处以极刑，能够让士兵满意，并且使他们的领袖掌控住他们，让他们服从。

一个狂风暴雨的夜晚，大雨如注。在怀特岛上，有人看到许多铁骑军士兵乘小船渡过索伦特海峡，分别在纽波特与考斯登陆。国王的内廷官员上前打探，严加监视。查理国王的朋友都劝他赶快逃走，逃亡看起来并不是不可能。查理国王怀着希望，想与议会重新谈判，他对自己的力量与地位深有信心，因而拒绝了逃亡的机会。这是他最后的机会了。几天之后，他被带往不列颠本岛，监禁在赫斯特堡。在这里，他受到的粗暴对待是第二次内战以来的头一遭。之前，他个人的尊严常常受到尊重。现在，几乎连一个亲近的贴身仆人都没有，独自关在一个小塔里，没有烛火，满室黑暗。此后仍有进一步的谈判，但这不过是与一位注定要死的人交涉。就是在这种黑暗监狱中，查理国王显得无比崇高。他在动荡不安、坎坷多事的统治期，采取多次错误的行事方式，但是在最后，命运终于赐给他崇高与无可争议的角色——英格兰自由与权利的保护者，当然也是不列颠的，因为整个岛都卷入到这个事件中。在延期一段后，他在圣诞节时被带往伦敦。起初，他担心抓他的军官哈里森上校会杀他，并且确实有这种迹象。军队有他自己的铁血方式，有效地维护他们的力量和信念。克伦威尔无法安抚群起激愤的兵团，若经由审判来处决查理国王，至少可以呈现一个令人敬畏、完全受控的赎罪场面。有天晚上，查理国王对启程前往伦敦的哈里森上校直率发问："你是来杀我的吗？"上校说："不，陛下。法律对大、小人物一视同仁。"查理听到此说便安然入睡。他得到了不会被杀害的保证。依照法律，他是不可以侵犯的。

查理国王在温莎休息将近一周。他在这里受到的尊重与待遇，与在赫斯特堡的待遇相比，有天壤之别。内廷官员随侍左右。国王每晚依传统方式进餐，仆人跪着上菜。议会派军官毕恭毕敬地与他一起进餐，退席时躬身行礼。这是多么神奇的插曲！但是他现在必须继续启程，前往伦敦，很多活动正在伦敦进行。"能否请陛下继续前往吗？"

伦敦此时在铁骑军的把守与口令下，城门深锁。平民院议员打算进入议会开会时与若干趋炎附势的议员站在普赖德上校的一边，并且列出所有不可能服从军队的议员名单。有四十五位试图进入议院的议员遭到逮捕。五百多名议员中有三百名未能进入议会。这就是"普赖德的整肃"。"背负血债之人"将在全国与全世界面前受审。当局查遍英格兰最古时期的法律与判例，都找不到任何的审判依据，甚至借口。国王被杀的事情在历史上有许多例子。爱德华二世于伯克利堡、理查德二世于庞蒂弗拉克特堡，都惨遭不幸。但这种行为要秘密进行，权力当局都否认参与，当时归因为"谜"或以"生病"为借口。现在，胜利的铁骑军有意借审判查理国王来教导英格兰人民，让他们懂得服从。十八个月之前，可能担任查理国王派往爱尔兰的代理总督克伦威尔，终于看到，弑君是他保持最高权力与存活的唯一机会。费尔法克斯指出，杀害查理会让国王寄居在荷兰的儿子不费任何代价地拥有国王的所有权力。英格兰找不到任何法官能够草拟这些审判的起诉书，组织特别法庭。一位荷兰律师伊萨克·多里斯劳长时间住在英格兰，能够以古代传统来掩饰这次判决。开庭时，所用的语言与英格兰历史无任何关联，只不过它回溯古典时代[①]，当时，罗马元老院或禁卫军有权下令处死暴君。幸存的平民院议员顺从地通过一项法令，创立了由一百三十五名司法行政官员组成的法庭，以审判国王。木匠开始为威斯敏斯特官最令人难忘的场面进行装饰工作。这不是杀害一位普通的国王，而是代表整个不列颠民族的意志与传统的国王。

＊　　　＊　　　＊　　　＊　　　＊

越是精细地描述这个著名的审判，就越能表现场面的戏剧性。查理国王凭借自己兴盛岁月时知解及运用的法律与宪法，以无懈可击的辩驳对抗敌人。一如莫利所写的那样："他态度沉着，以不屑的眼光注

---

① 罗马时代。——译注

视着法官。"他拒绝承认这个特别法庭。对他而言，这是大逆不道的非法行为。对于此点，首席审判官约翰·布拉德肖找不出任何合乎逻辑的反驳。不过，克伦威尔与铁骑军仍旧可以砍掉查理国王的头，而且他们不惜任何代价，誓要达此目的。威斯敏斯特宫内聚集的庞大人群都同情国王的际遇。最后开庭的那天下午，当他要求申辩却遭到拒绝，并被带出大厅时，群众都低声祷告，念着"上帝保佑国王"。士兵预先收到指示，信心坚定，齐声大呼："执法！执法！处死！处死！"

铁骑军在查理受刑之前，一直考虑着他的个人尊严，为他提供各种方便，让他可以安顿俗界事务及接受宗教安慰。这次处决并不是屠杀，而是仪式及牺牲，或者我们可以借用西班牙宗教法庭的说法，是一种"检验信仰的行为"。1649 年 1 月 30 日上午，查理被带出圣詹姆士教堂，前往白厅。稍早，他被士兵带出舒适的住处，由水路押到这个教堂。这天，天降大雪，但他已经穿上暖和的衣裤。他在铁骑军卫队中，快步走向半英里外的宴会厅，还对他们说："快点走吧。"只要他的愿望不与已决定的事情冲突，他想做什么都没有人干预。但是，大多数签了死刑执行令的人都被吓呆了：因为他们将对此事承担责任，遭到报复。克伦威尔很难聚齐足够的签署者。仍担任总指挥的费尔法克斯并不是个卑鄙的人，但却很残暴，对于耳闻目睹的场景十分愤慨。克伦威尔已将他掌握在手。艾尔顿、哈里森与注定死亡的国王都留在大厅里。克伦威尔也在场，他会出席需要的场合。

下午一点钟，有人通知查理国王，时间已到。他由宴会厅的落地窗走出去，登上行刑台。刑场上，士兵一排排列队站好，将广大的群众隔在远处。查理国王带着藐视的神色，看看准备捆绑他的绳索与滑轮。克伦威尔等人错误地认为，查理会以拒绝就刑的方式，否定将他定罪的特别法庭。他获准随意讲几句话。由于他的声音无法传到远处的士兵那里，因此便对那些聚集在行刑台上的人讲了几句。他说："我死为虔诚的基督徒，我宽恕所有世人，没错，特别是那些置我于死地的人（没提任何人的姓名）。我希望他们悔悟，希望他们以正确的道路引领王国得到和平，而非战乱。我不认为人民的幸福来自于分享国政。臣民与君王截然有别。如果我对专制政府让步，愿意用武力改变法律，我今天根本不需要受罪。"因此他说："我是人民的殉难者。"

他从容地迎接死亡，帮助刽子手将自己的头发拢在白色小缎帽里。他自行躺到行刑板上，依他自己的手势，刽子手一刀砍下他的头。接下来便是展示，有人大呼："这是叛贼的脑袋！"

无数的群众，像潮水般拥向现场，被强烈而无法表达的情绪左右着。当时，有一个人在日记中写道："当人们看到被砍下的人头时，发出成千上万的呻吟，那是我从来没有听到过的呻吟，真希望我永远都不再听到。"

奇怪的命运吞噬了这位英格兰国王。没有任何人像他那样不顾世势，顽强抗拒时代的潮流。他在全盛时期曾经信念不移地反对我们现在所称的议会民主。然而，不幸的他日益成为英格兰自由与传统的实际代表，他错误与不正确的行为并不是因为过于追求专制的权力，而是因为他出生以来就有王权的观念，而王权是这个岛上的固定习俗。他力抗铁骑军，铁骑军则摧毁了议会的所有统治，还要让英格兰投入古今以来最难抗拒、最卑鄙的暴政之中。从任何角度看，查理国王都从不逃避他所坚信的事业。他在与敌人讨价还价或周旋之际，曾经使用欺诈的手段，但这是源于斗争的邪恶与多变的本质，恰与另一方面不谋而合。不论是在宗教方面或是政体方面，他从未违背自己的中心主题。他坚定不移地信奉英格兰国教的《祈祷书》与主教团，认为基督教与这两者交织在一起。在喧哗多变与快速变迁的岁月里，他坚定不移地捍卫着引导人生的事业。就为了宗教理想而殉难的意义而言，他并不是殉道者。他的君王利益与每个阶段的重大议题混在一起。有人将他描述成弱小谦卑、反对新兴的金钱权力的代表，这是异想天开的想法。他不能被称为英格兰自由的捍卫者，也不完全是英格兰教会的捍卫者。但无论如何，他是为英格兰的自由与教会而死。死难所产生的意义，不仅传给了他的儿子兼继承人，也传给了我们这些后人。

第六部

王政复辟

第十九章　英格兰共和国

查理国王遭到处决前,英格兰共和国就已经诞生了。1649 年 1 月 4 日,为克伦威尔与铁骑军服务的一撮平民院议员宣布:"除了上帝,人民是所有正当权力的原创者……英格兰议会的平民院是由人民选举产生的,而且代表人民,平民院拥有至高无上的权力。"1 月 9 日,他们投票表决,法律文件上盖的不应当是一个人的名字。新的印章所呈现的,一边是英格兰与爱尔兰的地图,另一边是平民院的画像,上面还有"靠上帝祝福而恢复自由的第一年"的文字。查理一世的雕像被推倒了,有人在雕像的台座上刻了一句话:"下台的暴君,末代的国王。"2 月 5 日又宣布:"贵族院无用而又危险,应当废除。"此后贵族院便停止开会。在第二次内战中成了阶下囚的许多贵族遭到了报复,汉密尔顿爵士与知识高深、纪录辉煌的政治家霍兰爵士均遭斩首。

国家将由议会每年选出的国务会议治理。它的四十一位成员包括贵族、法官和平民院议员,其中有许多重要的弑君者。国务会议无所畏惧、十分勤奋而且行事廉洁。司法界一度动荡不安,十二位法官中有六位拒绝继续任职。其他的几位,早取消了效忠国王的誓言,同意为共和国[①]效力。军队上层的极端保守派坚决维持习惯法,并且不容许破坏任何非政治问题的司法行政权。人们认为律师必须加入新政权,以免特权与财产受到"平等主义者"、煽动者与极端主义者的侵犯。这件事成了

---

① 克伦威尔父子统治下的共和国。——译注

问题的关键。平等主义者虽然来势汹汹，掌权的人却毫不迟疑地将他们消灭，甚至连艾尔顿都被摒除在掌握大权的国务会议之列。克伦威尔与他的同僚对极端主义者的要求早已熟悉。1647年，克伦威尔与查理国王进行失败的谈判时，五个骑兵团签署的《人民协议》中，约翰·利尔伯恩就已经提出了这些要求。

必须分散或解散一部分铁骑军。克伦威尔愿意带领较大部分的铁骑军，借上帝耶和华之名，讨伐偶像崇拜与背负血债的爱尔兰天主教徒。这种军事行动会引起军队的狂热主义。靠抽签来决定哪些兵团可以去爱尔兰，并且一抽再抽，直到势力很强的平等主义兵团被排挤出去为止。军中流传着一本《英格兰的新锁链》的小册子。军队发生叛变，成百上千的老兵结队示威，支持"人民的主权"、成年男子选举权与每年召集议会的要求。这种情绪不只限于士兵。除了这些重大的原则之外，以杰拉德·温斯坦利为首的一群人大胆地宣称财产权与公民权皆要平等，这群人叫作"掘土派"①。

许多人出现在萨里郡的公地，准备集体垦殖这些土地。这些掘土派并没有侵犯圈起来的土地，而是留给有权占有它们的人去处理。但是，他们宣称整个地球是"公有的宝库"，公地应属于所有的人。他们进一步宣称，被杀的查理国王的权利可以追溯到征服者威廉，一群贵族与冒险家随着威廉来到英格兰，借武力夺走了大众在撒克逊时代的传统权利。就历史而言，这项权利要求与六个世纪的习俗重叠，其本身也有高度的争议性，但是他们所主张的便是如此。共和国的统治者都视这种要求是危险的、颠覆性的胡言乱语。

克伦威尔比任何人更感到震惊。他对私人财产所有权的关心，几乎不亚于宗教自由。他说："贵族、绅士、自耕农，是我国有益的力量，也是一股重要的力量。"国务会议将垦殖者驱出公地，毫不留情地追捕叛变的官兵，将他们杀死。克伦威尔再度亲自平定叛变，并且下令在

---

① 1649—1650年间主张土地公有的清教徒激进派。——译注

牛津郡的教堂庭院里枪决追随利尔伯恩的骑兵威廉·汤普森。他的观点与坚决使得若干人称赞他是"为民主制度牺牲的第一位烈士"。克伦威尔又下令，将不肯自愿报名参加爱尔兰战争的士兵赶出队伍，而且不发拖欠的军饷。他被国务会议任命为指挥，他赋予自己的任务不但具有军事性，也具有宗教性。他与清教徒的神职人员联手，鼓吹对爱尔兰人发动圣战，并且独自乘坐一辆套着六匹佛兰德斯马的大车前往查令十字做礼拜。所有举动都是他面对军事与社会危机时深思过的策略。脱离压制的危险，会在英格兰掀起凶猛而又无法预测的社会动乱。

*   *   *   *   *

1649 年，克伦威尔在爱尔兰进行的军事行动是相当冷血的屠杀，也和以往的战争一样，有着《旧约全书》所描述的激烈场景，长期影响着清教徒的思想感情。爱尔兰民族的精神与社会危机，促使他们在天主教的容忍精神与君主制度下团结起来，并更坚定地与保王派的新教徒结盟，后者在奥蒙德侯爵的率领下，拥有一万两千人的正规部队。罗马教皇使节雷鲁契尼的到来，更是激怒了许多互为冲突的势力。在克伦威尔登陆之前，奥蒙德的军队已经大为削弱。奥蒙德于 1648 年将都柏林让给一位议会派的将领，但是他后来又占领了德罗赫达与韦克斯福德两城，并且决心捍卫它们。克伦威尔率一万名久经战阵的老兵进攻。如果奥蒙德让他的正规军在野外出战，同时借由清教入侵者的暴行使爱尔兰人团结起来，他会好过一些。然而，他希望克伦威尔因长期包围德罗赫达而损兵折将，在城中安置三千名士兵，这三千人是爱尔兰保王派的精锐与英格兰的志愿兵。克伦威尔看得出来，摧毁这些人马不但会粉碎奥蒙德的军力，而且也有助于在整个爱尔兰造成普遍恐惧的心理。因此，他决心采取"惊吓"行动，他的赞扬者与辩护者都为这个举动感到困窘。

克伦威尔向守军招降不成后，用大炮击破城墙，亲率士卒进行第三次袭击，猛攻得手。接下来便是进城，大肆屠杀，凶残的程度甚至于吓坏了那个时代的野蛮人。所有的人都被杀死，没有一个幸免，连教士与苦行僧都遭到惨杀，尸首上有价值的东西被搜刮一空。城守阿瑟·阿什顿爵士有条假腿，铁骑军认为它是黄金制的，不过，他们只在皮带中找到一点私人财富。直到第三天，屠城者还在搜寻和屠杀躲起来的人。

这些事实并无任何争议，因为克伦威尔在致国务会议主席约翰·布拉德肖的信函中，已对此做过报告。信中说："我们在崔道（他如此称呼德罗赫达城）的种种努力，得到了上帝的祝福。在炮击之后，我们对这座城猛攻。城中的敌人大约有三千人。他们顽抗，我们有一千名士兵攻了进去，又被逼了出来。但是上帝赐予我们勇气，因此再度进攻，攻入城内，利用敌人的防御工事打击敌人。……我们在前一天曾招降这座城，攻进去之后，我们便拒绝饶恕。我相信我们杀死了所有的抵抗者。我认为逃掉的不会超过三十人。那些逃掉的人被我们严密地拘禁在巴巴多斯。……这是极大的慈悲。敌人不愿意在战场上解决问题，所以将所有的精兵投入城池守卫……由他们最优秀的军官指挥。……我不相信，也未曾听到有什么军官幸而脱逃，只一人除外。……敌人对我军的行为深感恐惧。我确信，因为上帝的慈悲心，这种残酷的行动可免于更多流血。……我愿所有正直的人将胜利的荣耀全归于上帝，因为对这种慈悲的赞美的确属于他。"

在致议长伦索尔的信中，克伦威尔进一步陈述了细节："少数敌人撤退到密尔丘，一个易守难攻的地方。……城守阿瑟·阿什顿与几位高级军官都在那里。我们的士卒攻打他们，我下令将他们全部杀死。在战斗激烈之际，我下令禁止饶恕城中任何有武装的人。我认为，那晚大约杀死了两千人。少数的军官与士兵过桥逃脱，进入城的另一边，他们约有一百人，占据了圣彼得教堂的尖塔。……我们劝这些人投降保命，但是他们拒绝了。于是我下令焚烧圣彼得教堂的尖塔，火焰中传出一个人的叫喊声：'我完蛋了，该死，我身上着火了，我身上着火了！'"克伦威尔还补充道："我相信，这是上帝对这些野蛮的可怜人做的公正审判，他们的手上沾满了无辜者的鲜血。"[①]几个星期之后，猛攻韦克斯福德特城时，同样的残暴再度上演。

在安全舒适的维多利亚女王时代，当自由党与托利党的格莱斯顿[②]、迪斯雷利[③]为往事进行争论时，当爱尔兰的民族主义者与激进的非国教教徒推行他们的旧主张时，仍旧有一些人对克伦威尔的野蛮暴行十分敬畏，有些人则偷偷地赞叹。人们一度认为，这样的残暴场面永远逝去了。同时，在天下太平、追求金钱、从事辩论的大时代，他们开始向曾为自由社会奠基的粗野战士们致敬。只有到了二十世纪，我们才开始大声疾呼，希望知识分子放弃这种无意义的沉迷。我们已见证过现代的"可怕"，其残忍不亚于克伦威尔，且规模更大。我们太熟知独裁者的情绪与权力了，所以无法像祖先那样保持泰然自若的超脱。因此，有必要在此重提这个简单的原则：当征服者大肆屠杀手无寸铁或解除武装的人，留下的便只能是最丑陋的记忆。

在奥利弗·克伦威尔已经肮脏的灵魂中，显然有着疑惧与不安。他写出"悔恨与遗憾"，这是犯下那些罪行后必然会有的反应。他肆无忌惮地干这些坏事的时候，曾提出多种借口，托马斯·卡莱尔[④]则随声附和。他相信，靠着令人恐惧的做法，可避免更多的流血冲突。但是事实并非如此。他离开爱尔兰之后，战争继续以卑劣、凶狠的方式进行了两年。他痛恨天主教，视之为世间邪恶的起源，认为守卫德罗赫达的部队与信仰罗马天主教的爱尔兰农民是一样的，那些爱尔兰农民曾在1641年杀害信仰新教的地主。他理应知道，这些人与八年前的恐怖行动都没有关系。他以敌方的"行动激烈"作为辩护的借口，其实

---

①　引自托马斯·卡莱尔1846年所著的《奥利弗·克伦威尔书信演说集》第二卷，第59—62页。

②　自由党领袖，曾任英格兰首相。——译注

③　托利党领袖，曾任英格兰首相。——译注

④　苏格兰散文作家与历史作家，著有《法兰西革命》《英雄与英雄崇拜》等。——译注

他的部队死伤未及百人，而且，依兰克的公正评断："那自始至终都是深思熟虑、蓄意实施的冷血暴行。"总之，凡是有良心的人一定会回避这个野心勃勃、利欲熏心的政客臆想出来的为派系服务的神祇，他嘴上挂着的"正义"与"慈悲"着实令人心寒，甚至于"形势所迫"或"顾及国家安全"，也不应该拿来作为借口。克伦威尔在爱尔兰拥有压倒性的力量，但他只会无情而又恶毒地使用这力量，降低了人类的行为标准，明显使人类的历史陷入黑暗。克伦威尔在爱尔兰进行的屠杀，在石器时代，或自石器时代以来的各国历史上都可找到无数的例子。因此，必须剥夺这种人的所有荣誉，不论是名将的短暂光荣，或是掩饰成功君主与政治家严刑峻法的危害的长久名声[①]。

许多联系已经先后将西方岛屿的居民团结起来，甚至于爱尔兰本岛也为新教徒与天主教徒提供了可以容忍的生活方式。在所有这些方面，克伦威尔可以说是给居民带来长期的不幸。经由无限制的恐怖行动，通过不公正的开拓活动[②]，通过实际禁止天主教的措施，通过上述的流血暴行，克伦威尔在民族之间与教派之间都划出了鸿沟。"不想下地狱就滚到康诺特[③]吧！"是他扔给爱尔兰当地居民的话，而三百年来，爱尔兰人都用"你受过克伦威尔的诅咒"这句话，作为他们表达仇恨的最为贴切的言语。克伦威尔在爱尔兰进行统治的后果，至今仍在困扰与破坏英格兰的政治。要治愈这些疾患，后来世世代代无不用尽心力，但仍然没有太大的成效。这成了全世界英语民族走向和睦的重大障碍。我们所有人仍承受着"克伦威尔的诅咒"。

*　　　*　　　*　　　*　　　*

斧头使查理一世身首分家的那刻，他的长子在大多数臣民及欧洲

---

① 写于 1938—1939 年。
② 对爱尔兰土地所做的没收与分配处分。——译注
③ 爱尔兰共和国西北部之一地区。——译注

人的心目中已成了英格兰国王查理二世。处死国王的第六天，探子带回来这个消息，苏格兰议会马上宣布他是大不列颠、法兰西与爱尔兰的国王。苏格兰议会在伦敦的代表要求承认查理二世的地位。自称为"议会"的"少数寡头政治执政者"下令驱逐这些特使，并且说："他们正在为新的流血战争揭开序幕。"查理二世人在海牙。荷兰人大都对他友善，对他父亲遭到的处决感到震惊。荷兰律师多里斯劳曾经帮忙成立杀害查理一世的特别法庭，他在晚餐时被苏格兰的保王派分子杀害。法律惩罚了凶手，但是杀人者的行动却广受赞扬。

蒙特罗斯在兵败时，曾听从已故的查理一世的劝告，离开苏格兰。起初他认为，白厅处决了国王，已经让他生命中所有的目标成空。一位教士对他晓以大义，还提到复仇的职责，重新振奋他的精神。他带着一撮追随者在凯恩内斯登陆，被政府部队击败，并被人廉价出卖给政府的部队。他被拖到许多苏格兰的城镇游行示众，于爱丁堡的特制高绞架上接受绞刑，围观的广大群众都很激动。他高昂的精神超越肉体的不幸，将遭受的苦难视为光荣的殉难。他凛然的目光使敌人不安，并且在苏格兰的民谣与传奇中留下令人长久怀念的名声。他的尸体被砍成了肉泥，撒在他以前战斗过的地方，以示警诫。然而，在对一位非正统的保王分子施以严惩时，阿盖尔与盟约者也准备以捍卫君主制度之名与英格兰开战，并且与年轻的国王查理二世结盟。

查理二世面前是艰难的路。苏格兰政府说："如果你接受以前我们与查理一世所签的盟约，成为长老教派主张的拥护者，我们不但会将整个苏格兰置于你的主权之下，而且将偕同你一起进军英格兰，那里的长老派与保王派教徒将同样加入重建王室神圣威仪的行动，对抗共和主义者与弑君者。"在这最黑暗的时刻，居然有人宣布要继续实行君主制度，代价极高且足以致命。查理二世必须答应摧毁主教团，并把所有曾追随他父亲的作战者所憎恨的宗教制度强加在英格兰身上。他被小心翼翼地、严格地抚养长大，精通各朝各代的宗教分歧与政治争议。他犹豫很久，决心为了王室的利益将灵魂出卖给魔鬼，也背叛了拯救王室的事业。索价甚高的苏格兰代表，了解这交易中涉及的一切。在荷兰，他们每天拜访他。其中有个人说："我们迫使他签署盟约并宣誓遵守。我们由一些显而易见的原因知道，他心中痛恨一切。……他昧着良心接受了我们极为不齿的压力。"对亨利埃塔·玛丽亚王后而言，一种新教的异端邪说与另一种是一样的，即便亨利埃塔·玛丽亚王后抱着要为丈夫复仇的念头，也质疑儿子签署盟约的决定。

履行这项盟约就像签署时一样艰难。查理二世在苏格兰登陆之前，便在船上被迫做出最确切的保证。他由阿伯丁郡的住所窗户朝外望去，看到了一个可怕的东西。他的忠实仆人兼朋友蒙特罗斯的一只干枯的手被钉在墙上。他发现自己在恳求他做君主的人手中是一名囚犯。他聆听无止境的讲道、告诫与责难。他在长老教派的教堂中下跪，但他认为那地方其实等于古代腓尼基人信奉的太阳神庙宇。我们可能会称赞苏格兰政府与其神职人员坚定不移的信念与目标，但也应当感到庆幸的是，我们从来不曾接触过他们。

苏格兰的主要政策是要把他们即将在英格兰发动的新战争，与两年前入侵普雷斯顿令人哀叹的惨败区别开来。所有曾参加那倒霉战事的人——因查理一世的协定而被称为"订约者"——都一律禁止参加。经过净化，淘汰了三四千名最有作战经验的军官与士兵。他们的位置都由"牧师"的儿子、教会执事与其他神职人员担任，这些人除了看圣礼，听布道，对于军事几乎一窍不通。然而，他们再度建立了为王室而战斗的军队，法兰西的枢机主教马扎然与荷兰奥兰治的威廉亲王双双派遣援兵至苏格兰。不幸且年轻的国王查理二世，在战争需求与求胜期望逼迫下发表声明："期望在上帝面前深深地表示谦卑，原因是我的父亲曾经反对'神圣同盟盟约'，也因为我的母亲曾经有偶像崇拜的过失，在王宫中容忍偶像崇拜会激怒要求绝对忠实的上帝，使子孙因祖先的罪恶受到报应。"查理二世不知自己是否敢再度正视母亲。事实上，他的母亲说，她永远不会再做他的政治顾问。在这个奇怪的情况下，苏格兰的一支大军在苏格兰与英格兰接壤的边界集结起来了。

北方出现了威胁，克伦威尔由爱尔兰回到英格兰。费尔法克斯已经彻底地与前任同僚疏远而且拒绝入侵苏格兰。国务会议最后任命克伦威尔为总指挥，这只是个形式，事实上他早已长期担任这个职位。他的铁骑军刚在爱尔兰进行过大屠杀，是他手中沉重的、锐利的、染血的剑。冲突发生前，他仍在与人争论。这些人相信，许多他相信与估量过的原则，作为政治筹码的教义，都是需要救赎或是会遭天谴的事情。他咄咄逼人，气冲冲地说："我，恳求大家看在耶稣基督的分上想一想，你们很可能是错了。"他的呼吁白费了。若不是任由军队留在战场上必然会付出代价与遭受危险，他们会更起劲地争吵，直到世界末日。同时，英格兰的部队已经入侵苏格兰低地，沿着海岸前进，在那里，由他们的舰队从海上补给粮食。双方调动军队互相对抗。戴维·莱斯利并不是位平庸的对手，他的军队人数上也较铁骑军多。克伦威尔被逼退到邓巴，风向与天气状况制约着每日的军粮。他依旧可以经由海路向南逃避，在英格兰东海岸各港口补给军粮。但逃走对一个事业上的胜利从未中断的人而言，并不是好事。

苏格兰的军中有两种意见。第一是莱斯利所提的意见，放克伦威尔一马；第二是六位宗教首席神职人员的主张，替上帝复仇的时间到了，惩治那些罪人，否则他们会将宗教混乱带入已改革的教会。宗教偏执胜过了战争策略。虔诚的苏格兰军队从壁垒森严的高岗上冲下来，围攻克伦威尔与他的追随者，防止他们上船逃走。双方都满怀信心地恳求耶和华帮助，这位至高无上的真神发现双方的信念与热心毫无差别，只得容许纯粹的军事因素来决定胜负。9月3日战争再起，距德罗希达的屠杀已经有一年的时间了，神恩将再次表现出偏心。克伦威尔高兴地说："我们对上帝寄予厚望，我们多次体验过他的慈悲。"一位约克郡的军官约翰·兰伯特，我们以后将有许多关于他的叙述，他让克伦威尔深信，苏格兰军南侧有弱点，两军阵地在那里有重叠处。在曙光初现灰色之际，克伦威尔用右翼部队佯攻，实际上是以左翼部队猛攻。太阳从身后的海上升起，他大呼道："现在让上帝起来，击溃他的敌人。"

这些有着政治与宗教热忱的战士一旦交战,胜负立刻显现。苏格兰人发现他们的右翼遭到迂回攻击,便溃散逃走,抛下三千具尸体。九千人成了俘虏,跟着克伦威尔的部队一道挨饿。长老派的军队就这样瓦解了。

*　　　　*　　　　*　　　　*　　　　*

这场灾难使苏格兰人的政策摆脱了教条的束缚。国家安全成了全国的呼声。他们匆忙地与"订约者"和解,以已裁掉的官兵来加强兵员耗尽的部队。英格兰保王派分子也受到了欢迎。查理二世在斯昆加冕。政治观念在宗教战争的过程中产生。苏格兰政府中,大多数人主张军队朝南行军,在行军沿途唤起英格兰的保王派势力,将克伦威尔留在他已占领的爱丁堡。但是宗教的势力与我们现在所称的激进派势力仍保留着足够的力量,可破坏此计划。认为自己知道如何取悦万能上帝的六位长老教派神职人员宣布,他们相信在邓巴的失败是因为他们支持了一位不签盟约的国王之子,耶和华为此离开了这支军队,许多人也是因为这个原因,借口离开军队。

一支苏格兰的部队于1651年入侵英格兰,为的是英格兰王室的事业,而非长老教派。克伦威尔容许他们通过,因为这可以证明他在政治与军事上的睿智。若他及时行军,可以在"边界"赶上他们,但他意图在后面切断补给。这件事证明他的深思熟虑确实有道理。英格兰的保王派已经流尽鲜血,受到罚款并且感到惶然,无力做出任何新的反应,许多活跃的领袖已遭处决。身为国王的查理二世重返故土,他极度沉默。克伦威尔现在可以轻松地跟在部队的后面,集结英格兰共和国的所有武力,抵抗北方入侵者,这个做法确实很卓越。9月3日决定了查理二世的命运,当天,一万六千人的苏格兰部队被迫在伍斯特与两万名新模范军的老兵及英格兰民兵决战。为数甚多的民兵已团结起来,抵抗他们所痛恨的从事干预的苏格兰人再度入侵。指挥苏格兰大军的莱斯利与骑兵在城中坚守,奋战到最后一刻。查理二世表现得极为出色。他在战斗激烈时，骑马驰骋在各兵团之间，鼓励他们尽忠职守。这场战斗是数次内战中最激烈的一次。但遗憾的是，苏格兰人与他们的保王派战友都被消灭了。几乎没有任何人活着重返苏格兰。对克伦威尔而言，这是"至高的慈悲"。对查理二世而言，这可以说是他生命中最传奇的冒险。他艰难地逃出历经摧残的战场。克伦威尔悬赏一千英镑取他的人头，搜遍了这块土地，就是为了找到他。他一整天都躲藏在巴斯科贝一棵著名的橡树里面，追捕者就这么有意地忽略了橡树中的人。有人会因为抓到他、领到奖赏而感到高兴。但是，到处也都有朋友，如果发现他，都会保密、守口如瓶、无所畏惧。几乎有五十个人先后认出了他，但却知情不报，虽然可能会因此而受到严惩。"国王，我们的主人。"这句话的魔力向所有阶级的人施下魔咒。"英格兰国王，我的主人，你的主人，所有善良英格兰人的主人，在你的附近，处于极大困境之中，你能帮我们弄到一只船吗？""他好吗？他安然无恙吗？""对。""上帝保佑。"所有受到托付或发现秘密的人，都有这种心情。

就这样，经过六个星期的逃亡之后，查理二世再度流亡国外。他最忠实的、幸存的支持者德比爵士，为了忠诚，最后在行刑台上付出生命。德比夫人曾经豪迈地在莱索姆庄园捍卫过自己的家园，现在仍旧希望王室的旗帜在曼岛飘扬，德比郡的人已经宣布该岛独立。但是英格兰议会靠宣传与部队征服了这个保王派的最后避难所。英勇的德比夫人受到了长期监禁，晚年生活贫困。这就是内战或大反叛的结局。英格兰被制服，爱尔兰被慑服，苏格兰被征服。这三个王国被统一，接受伦敦专制政府的统治。不可抗拒的武力结束了英格兰历史中最令人难忘的一章。绝对专制统治持续了一段时间，但未解决任何问题。在无情而又忧郁的岁月里，自由的人常常能在历史的教训中找到安慰，因为历史指出，除了被奴役的民族外，暴政在各地都不能持久。对那些忍受暴政的人而言，岁月永无止境，他们只不过撞到了这旅程中的一段坏运气罢了。人们心中自然产生的新希望，就好像春天里开垦过的土壤一般复苏，给忠实、耐心的农人带来回报。

第二十章　护国公

　　君主制告终，贵族院已不存在，英格兰的国教俯首称臣。平民院幸存的议员只有数人，被人鄙视地称作"残余议会"。残余议会高估自己的价值，以为自己是议会事业幸存的化身。他们觉得，国家在未来的岁月里需要他们的指导。克伦威尔在爱尔兰与苏格兰征战的时候，这些清教徒的显贵通过他们选出的国务会议进行有效的统治。虽然他们极力鼓吹宗教观点，但也制定了比较实际的政策，即使招致反感，倒也颇有力量。这些人代表了战争中产生的寡头政治，战争仍在进行，一定得筹到军费。当时军费的主要来源是货物税与财产税，后来也没有从英格兰的财政制度中拿掉。显然地，被打败的保王派与被剥夺了法律保障的罗马天主教徒是税收的来源。他们都被科以很重的罚款，如此才能保有部分地产。许多土地在售卖，查理二世在复辟后发还，只有发还直接没收的土地，才有长时间的土地重新分配；虽然土地分配是以同一个等级制度为基准完成的，但新业主中产生了一个只为私利的核心集团，几年后以这个核心为基础，逐渐形成辉格党与他们遵循的原则。王政复辟之后，英格兰生活中有两个宗教派别，世俗生活中出现了两个士绅阶级，这两个阶级在利益、传统与观念上均有分歧，但都是以土地为基础。土地制度是存在已久的政党制度的牢固基础。

　　残余议会是民族主义者，推行保护主义政策并且好战。残余议会的《水上运输法》规定，禁止输入未用英格兰船只或输出国船只载运的进口货物。荷兰人控制着波罗的海的贸易与印度群岛的香料贸易，并且垄断了鲱鱼的捕捞。残余议会为了对抗荷兰人，遂挑起了英格兰历史上首次对同是新教的姐妹国家发动的战争，战争起因于经济。罗伯特·布莱克是萨默塞特的一位商人，他在内战中崭露头角，并有航海经验，被任命为海军将领。他是"海上将领"中一流的、最有名的将领，而且像鲁珀特亲王一样，证明海战仅是用不同乐器演奏同样的曲调罢了。英格兰的海军不只是能够挡住荷兰人与无数保王派的劫船海盗而已。布莱克不久便学会了如何对海军舰长发号施令，教导舰队遵守军纪与团结一致。在他最后一次对抗地中海海盗时，他证明军舰上的舷侧炮火可以将当时被认为无懈可击的陆上炮火击毁。

残余议会在他们的"大将军"①在外作战时，才渐渐得势。可是当他胜利归来，对于残余议会不受欢迎而深感意外。他为议会缺少代表性而感到震惊。更重要的是，他观察至今，发现一直因上帝事务被派遣在外的铁骑军憎恶管束他们与负责军饷的文官。他努力地协调萎缩的议会与巨大的军事力量，但是即便是他，也不得不提出批评。他反对与信奉新教的荷兰人作战，而且抨击侵犯传统权力的《执照法》与《叛国惩治法》。最后，他确信，残余议会的议员都是"骄傲的、有野心的而且追逐私利的"。他预见到，如果残余议会将永久地统治英格兰，会有可怕的危险。他以贬抑的眼光看着议会，就像拿破仑由埃及归来后，也对"督政府"②投以贬抑眼光一样。残余议会这个寡头政治集团的成员非常顽固，认为议会因为处决了查理一世，也就建立了永远的至高权力，根本不在乎脚下的根基正在动摇。"大将军"的看法明确，言辞坦率地说："这些人一直要到军队扯住他们的耳朵，将他们由座位上拽下来时，才会离开。"

因此，1653年4月20日，克伦威由三十名毛瑟枪兵陪同前往平民院。他就座听了一会儿辩论，然后起身演说，而且越说越生气。最后他说："好啦，好啦，我一定要终止你们的喋喋不休。你们这根本不

---

① 克伦威尔。——译注
② 1795—1799 年法兰西第一共和国的督政府。——译注

算是议会。"他召毛瑟枪兵进来，将平民院的议员都赶了出去，锁上大门。大多数的政客都是有势力又脾气暴躁的人，当这些气愤的政客被赶到街上时，克伦威尔的目光落在代表议长权威的令牌上面。"我们该怎样对待这一文不值的丑角棒？"他问道，"将它拿走吧！"当天晚上，一个伦敦人打趣地在圣斯蒂芬小礼拜堂①的门上草草写下："本宅出租——不附带家具。"塞尔登与科克极尽努力、皮姆与汉普顿为之奋斗一生的事业，就这样结束了。好几个世纪以来，从西蒙·德·蒙特福特时代到《权利请愿书》时代所建立的、珍藏的宪政保证条款，瞬间都被抛弃了。个人的意志现在是一切的主宰。人们都感到困惑，开始自我辩论，爆发的情绪变成一个魔咒，捍卫数世纪缓慢累积起来的成果，维护英格兰的传统。

当拿破仑于 1799 年雾月②18 日，驱除共和国立法机构后，身为议员的阿贝·西哀士③返回巴黎，对督政府中的同僚说："诸位先生！我们有了主人。"英格兰——应该说英格兰、苏格兰与爱尔兰——现在有了主人，这就是他们全部拥有的。但是，这位主人与十八世纪那位耀眼的冒险家是多么的不同！拿破仑很有自信，毫无顾忌，知道想要做什么。他意图夺取至高无上的权力，并且毫无限制地使用权力，直到他与他的家族控制全世界为止。他不在乎"过去"，知道自己没有治理遥远"未来"的方法，但是，"现在"是他的奖品与战利品。

克伦威尔狡猾且残忍，但平时却是一位优柔寡断、内心感到歉疚的独裁者。他承认与谴责自己实行的武断专横统治，但是他能够自圆其说，说他的权力源自于上天与人民。如果真的能够找到"应许之地"，难道他不是上帝所选的人民保护者与奉命带领人民前往"应许之地"的新摩西吗？难道他不是唯一有能力保护"这个国家各种神圣教派"

---

① 平民院所在之地。——译注
② 法兰西共和历的二月。——译注
③ 法兰西大革命时代的活动家，天主教教士，雾月政变后为临时执政官之一。——译注

234

的治安官，特别是保护上帝忠实仆人的财产不受保王派阴谋人士或疯狂、贪婪的平等主义者侵犯吗？他难道不是已被裁撤的议会所任命的大将军，所有武装部队的统御者，国家所有权力的唯一持有者，而且如他所言，是"拥有三个国家至高无上权力的人"吗？

克伦威尔渴望个人的权力，只是为了让事情按照他的想法解决，不是为了他自己或他的名声，而是为了年轻时对英格兰的梦想。他是后伊丽莎白时代的巨人，一位"质朴的都铎时代绅士"，却生不逢时，希望看到苏格兰与爱尔兰表现出应有的忠诚，英格兰"能够得到西方世界的拥有勇敢的自耕农、可敬的地方行政官推事、博学的神职人员、兴盛的大学与无敌舰队"[①]。在外交政策方面，他仍与西班牙无敌舰队对抗，始终渴望领导着身穿红衣的铁骑军对抗某个宗教法庭庭长的束薪与火刑柱，或是对抗崇拜意大利教皇的迷信行为。现在这些已经成熟，可以用镰刀收割了吗？是的，这一把镰刀不是曾在马斯顿荒原与内斯比两次战役中，修理过保王派，也曾消灭了韦克斯福德与德罗赫德的天主教徒吗？国务会议能干而忠心的秘书约翰·瑟洛徒劳地指出，西班牙显然已经式微，黎塞留与马扎然统一的法兰西国势日增，成了英格兰未来的威胁。可是他说的这些对主人起不了作用。他磨利了沉重的剑，准备打击堂吉诃德与托尔克马达[②]的继任者。

＊　　　　＊　　　　＊　　　　＊　　　　＊

克伦威尔在外交上的成败，直接影响查理二世的在位时期。他设法提升新教运动的世界利益，满足不列颠贸易及航运的特别需求。1654年，两年前开始的对抗荷兰人的海战结束。他为英格兰共和国与荷兰共和国的结盟提出忠诚建议，这个联盟将成为新教联盟的基础，不但能够自卫，而且能够攻击天主教国家。荷兰领袖知道自己输了这

---

① 引自乔治·马尔科姆·扬在 1935 年所著的《查理一世和克伦威尔》。
② 西班牙多明我会修士。——译注

场战争，自然愿意在尽量不损害贸易前景的情况下结束战争。

另一方面，法兰西与西班牙的冲突仍然在持续。克伦威尔可以挑选任何一方作为盟友。他不顾国务会议提出的强烈反对意见，仍在1654年9月派了一支舰队远征西印度群岛，占领了牙买加。这项侵略行动缓慢地，却又不可避免地，演变成英格兰与西班牙的战争，结果英格兰与法兰西结盟。1658年6月，蒂雷纳元帅指挥六千名有经验的英格兰老兵，在佛兰德斯的沙丘之役中击败了西班牙人，夺下了敦刻尔克港。英格兰海军随即封锁西班牙海岸，展现了英格兰海军的实力。布莱克的一位舰长在特内里费岛击沉了西班牙的运宝船。克伦威尔的远大目光放在直布罗托上面。他仔细研究一些计划，准备要占领这块奇异的巨岩。这个目标要到后来马尔博罗①时代才得以实现，但是英格兰在这次克伦威尔对西班牙的战争中，得到了敦刻尔克与牙买加。

克伦威尔发现，对西班牙战争的掠夺目的与他为欧洲新教联盟而做的努力联合起来并无任何困难。他准备打击国外迫害新教徒的宗教活动。1655年，他听说萨伏依公爵下令镇压与屠杀皮埃蒙特以北的山谷中的一个新教教派——瓦勒度派②，便停止与法兰西的谈判，扬言要派遣舰队攻打萨伏依公爵统辖的尼斯港。当他获悉两个友好的新教邻国——瑞典与丹麦——已经开始作战时，便设法说服荷兰人与他一起进行调停，并且安排双方停火一段时间。总体上，克伦威尔的外交政策在帮助英格兰贸易方面较为成功，而非阻止或打击反宗教改革运动。当时已经扫平地中海与英吉利海峡的海盗，对外贸易也获得拓展，全世界都知道要尊重英格兰的海军力量。诗人沃勒③写道：

---

① 英格兰将领，在西班牙王位继承战争中率英荷联军击败了法王路易十四。——译注

② 约1170年出现于法兰西南部的一个基督教派别，十六世纪参加宗教改革运动。——译注

③ 埃德蒙·沃勒（1606—1687），善用英雄偶句诗体，作品中有《献给我的护国公》等颂诗。——译注

现在海是我们的，所有国家的，

每只船舰都以低垂的帆向我们致敬；

你的力量延伸至风可以吹到的任何地方，

延伸至鼓起的风帆可以抵达的地球上任一地方。

德莱顿也写道：

他使我们成为欧陆的自由民，

我们以前则被视为囚犯；

他遣英狮去捕捉更高贵的猎物，

训练英狮先在比利时走动与怒吼。

     *   *   *   *   *

    但是如何寻找一个有价值、听话且敬畏上帝，同时又关心大事的议会，以帮助护国公完成任务呢？他正在寻找这样一个议会，议会的权力会使他免于承担因惩罚"背负血债"的查理一世而得到的残暴独裁的罪名。这种权力既能够支持他的计划，又会在不偏离他的理想或阻碍他的军政方针的前提下适当地调整他的计划。但这样的议会并不存在。议会是棘手的东西，议会有办法在选民意见的基础上发表自己的集体言论。克伦威尔想寻找能够限制自己的独裁统治却又不会妨碍自己意愿的理想议会，他在寻找的过程中试过各种方案。先尝试由中上阶层的代表组成清教徒的寡头政治集团，点缀着崛起于军队的人；然后是令人失望的、赤裸裸的军事独裁政府，最后恢复了有名无实的君主立宪制。他已经驱逐了民选而且已经逾期的残余议会，以亲手挑选的一些清教徒知名人士取代了残余议会，这个议会在历史上被称为"贝尔邦议会"，因为其中有一位成员是"赞美上帝的贝尔邦"。这将是个"圣人议会"，成员都有值得信任的政治记录。独立派或公理教会提交了一份名单，而军官委员会从中挑选了一百二十九位英格兰代表、五位苏格兰代表与六位爱尔兰代表，这说明了委员会对于代表的比例的观念。1653 年 7 月克伦威尔对议会致辞，说这些代表是"一群上帝选出，要为他工作与赞美他的人"。但是他的演说中一句含蓄、未完的话，表现出他在以提名代替选举的问题上受到良心的谴责。他说："通过公民选举产生的那些议员知道上帝何时会让人民适应普选权，若有一天你们的地位能够与他们相比，那时我比任何人都更加期望实现普选制。"

这些圣人的政治行动让他们的召集者感到悲哀而又失望。他们以令人惊异的速度，全面扫除阻碍，以便创造新天地。他们想废除政府对教会的支持，废止什一税，但是却不给提供任何生计。仅经过一天的辩论，他们便废除大法官法庭。他们威胁要对付财产所有权，并且宣扬平等主义的观念。在宗教因素的刺激下，他们还鲁莽地改革赋税，但这似乎关系到士兵的军饷，也削弱了国家的安全。这件事意义重大，让士兵们愤怒。圣人不再听从克伦威尔的劝告，他也看出他们是一群危险的愚人。他后来提到，召集他们、组成议会的行动是"我自己软弱与愚蠢的一个故事"。军事将领都希望避免另一次强力驱逐议员的丑闻，于是，有一天清晨，他们劝说并强迫他要温和派的圣人在其他议员醒来之前通过决议，将他们得自大将军的权力交还。克伦威尔并没有浪费什么力气与他们搏斗。他宣布自己的权力已经再度"变成以前那样不受限制"，并且盘算用其他方法尽可能掩饰得好看一点。

他的崇高地位以及全部的外在力量，都建构在议会与军队之间的脆弱、平衡基础上。他常常利用军队对抗议会，但是没有议会，他便感到自己与军队相处时很孤独。军队将领也都意识到，他们与可怕的士兵之间存在着军阶与社会阶级的鸿沟。他们依靠拥护士兵的利益与主张来维护自己的地位，必须找到可以对抗的新事物，否则士兵便不再需要他们。这些认真的、讲求实际的、迄今因胜利而得意的革命者全都需要召集议会，即便只是个可以摧垮的议会也行。艾尔顿早已在爱尔兰去世，兰伯特与其他许多不同军阶的军官便拟就了《施政纲领》——事实上它是英格兰第一部与最后一部成文宪法。护国公的行政职位授予克伦威尔，国务会议能约束与平衡护国公的行政职位。国务会议内的七位陆军将领与八位平民，将被提名担任终身职位。根据国家新的财产标准而产生的一院制议会也成立了。旧的财产标准是，每年保有四十先令的终身不动产；新的标准是拥有价值二百英镑的不动产。在这个条件下，有选举权的人大概没有减少，但是那些曾经与议会奋战的人都失去了选举权。克伦威尔心怀感激，接受了这个《施政纲领》，并且担任起护国公。

但是这一届议会再次出了差错。1654 年 9 月才开会不久，就发现其中有个凶猛且又活跃的共和派团体，这个团体显然毫不感激那些尊重共和观念的军事将领或护国公，而将新宪法撕个粉碎。克伦威尔立即将共和派议员驱出议会。但是议会中剩下来的多数议员仍想要《施政纲领》保证有限制的宗教自由，并且限制护国公对军队的控制权，裁减军队的规模与削减军饷。这个闹剧闹得很大。克伦威尔在《施政纲领》容许的期限内及早解散了议会。他在告别词中对议员大肆谴责，说他们疏忽职守，并且因为抨击军队而逐渐损害到国家的安全，污染了政治气氛。他严厉地说："你们看起来似乎是为制造争端奠定基础，而不是替人民解决问题。"此时他回到一再发生的老问题上。他告诉一位不满的共和派议员："我像任何人一样，相当支持得到授权才能治国的主张。"有人中肯地问道："但是我们在哪里找得到授权呢？"

接下来，克伦威尔即使不是全无顾忌，却也是赤裸裸地实行军事独裁。一位名为彭拉多克的保王派上校，于 1655 年 3 月占领了索尔兹伯里。这次起义被轻易地镇压下去了。瑟洛领导的高效率秘密警察发现了许多功败垂成的阴谋，再加上这个暴动，让护国公深信有大危险。克伦威尔曾经告诉议会："人民宁可选择安全而非激情，再找寻真正的安定而非形式。"他将英格兰与威尔士划分成十一个地区，各区安置了一位军政长官，统率一支骑兵及整编过的民兵。这些军政长官都被授以三项职责——维持警政与公众秩序，对公认的保王派征收特别税，严格推行清教徒的道德观念。有几个月的时间，他们热心地执行这三大任务。

没有任何人敢违抗军政长官的命令。但是，与西班牙的战争花费庞大，税赋不足以应付开支。克伦威尔像查理一世一样，再度被迫召开议会。军政长官均向他保证，他们有能力组成一届顺从的议会。但是平等主义者、共和派与保王派都能够利用人民对军事独裁的不满情绪，让与护国公为敌的许多有名政敌再度当选议员。克伦威尔勉强使用《施政纲领》中的一项条款，将一百名反对他的议员逐出议会，另有五六十名议员自动辞职，以示抗议，其至在这一次净化之后，他要议会批准军政长官实行地方统治的企图还遭到激烈反对，他不理会批准与否，先做了再说。的确，剩下来的许多议员"对军政长官的独断专行十分恼怒"，以至于"他们渴望找到法律规定或限制的力量"。

正是在这个阶段，一群律师与士绅决定将王冠献给克伦威尔。他们当中有人说："护国公的称号，不受任何规则或法律的限制，国王的称号才可以受到限制。"因此他们在1657年提交了《请愿与建议书》，呈现的提议宪法不仅恢复君主制，而且坚定地准备重建议会——包括提名贵族院，以及大肆削弱国务会议的权力。克伦威尔说国王的地位只是"帽子上插的一根羽毛"，但他仍受到加冕为国王这个诱惑的吸引，并宣布"非常赞成这个解决之道"。但是军事将领立刻表示，他们对君主制度深恶痛绝，士兵也是如此。克伦威尔只能以"有权提名护国公继承人选"来满足自己。1657年5月，除了拥有国王称号，他又批准了新宪法中的主要条款。

共和派正确地预见到，实际上已然恢复的君主制度定然会打开斯图亚特王朝的复辟之路。在《请愿与建议书》的条件下，克伦威尔同意遭逐的议员重返议会，同时将他最能干的支持者调往新的贵族院。因此，共和主义者能在议会内外反对新政权。克伦威尔此刻又突然察觉到一项正在进行的反对他的阴谋，于1658年1月解散了这个他曾拥有过的最友善的议会。他在结束、解散议会的告别演说中说："让上帝做你们和我之间的裁判吧！"共和主义者毫不后悔地回答道："但愿如此。"

*　　　*　　　*　　　*　　　*

克伦威尔与他的国务会议拥有所有的特权与权威，以及对国外推行侵略与征服的政策，这些事消耗了他们的主要精力。他们在社会事务的立法方面，异常的乏善可陈。《济贫法》的执行状况被称为"不但严苛，而且失败"。在 1629 年至 1640 年间，查理一世"亲自主政"的时期，各方面的情况较好，改善较多，远胜过那些以上帝之名与圣人之力进行统治的状况。后者认为应当惩罚穷困之人，而不是救济他们。

英格兰的清教徒与他们在马萨诸塞州的教友一样，积极地消除恶习。所有的打赌下注之类的赌博活动都在禁止之列。他们于 1650 年通过了一条法律，规定通奸可以判处死刑。这是一种残暴行为。但陪审员难以找到证据证明被告有罪，因此减轻了残暴的程度。酗酒遭到大肆抨击，许多酒馆都关门了。发誓也要受罚，但罚镑有高低之分：公爵初犯罚三十先令，男爵罚二十先令，乡绅罚十先令。普通百姓可以发泄情绪，但必须缴三先令四便士。就他们的金钱状况而论，不容许他们说得太多。一个人因为说"上帝是我的见证"而被判缴纳罚镑；而另一个人因为说"以我的生命做担保"而被罚。那真是艰苦的岁月。教会的节日被视作迷信与放纵，因而被每月一次的禁食日取代。圣诞节引起狂热清教徒的仇视。议会深为关注圣诞节带给人们的纵情声色的自由。在圣诞节晚餐前，士兵在伦敦各处，未持搜索状便进入民宅，夺走厨房或灶上正在烹煮的肉类。人们到处受到盘查与暗中监视。

在全国各地，五朔节花柱①都被砍倒了，以免乡民围着它们跳舞时，会做出伤风败俗或轻浮的行为。安息日时，除非是要前往教堂，否则

———————————
① 饰有花彩条、丝带等的柱子，供人们在五朔节时围着它跳舞。——译注

在户外行走也会受到惩罚，而一个人到邻近的教区听布道也被判缴纳罚款。甚至有人提议，禁止在安息日时坐在门口或靠在门上。熊遭到射杀，鸡被扭断脖子，有效地结束了"熊狗相斗"①与"斗鸡"的活动。所有形式的体育运动如赛马与摔跤都遭到禁止，而抑制奢侈的法律则是想去除男女服装上的所有装饰品。

一个人可以很容易地看到，追求官职或擢升的欲望如何导致伪善。面带不悦之色、眼光向上看、说话有鼻音以及引用《旧约全书》的经文，这都是博得宠爱的手段。那么，除了天生有如此习惯的人之外，尚有其他可以学会它们的人。但是在所有这些言不由衷与天性恶毒的机构后面，有支以纪律严明的教派信徒组成的军队作后盾，他们经常强行增加人数与军饷，没有人能够成功地抵制他们。他们的将军与上校不久便将王室肥沃的土地据为己有：弗里特武德成了伍德斯托克庄园的主人，兰伯特成了温布尔登的主人，奥凯成了安特希尔的主人，普赖德成了无双宫的主人。黑兹里格与伯奇则弄到内达拉谟与赫里福德两个地方主教辖区内的大片土地所有权。不过，对全国民众而言，克伦威尔的统治是以无数可耻的、不足道的暴君虐政组成的，成了古今英格兰最让人痛恨的政府。英格兰人民首次感到，自己受到控制中心的管理，而他们对它却根本没有发言权。愤怒与仇恨愈演愈烈，因为他们难以表达意见。昔日的国王可能骚扰过贵族，征收过富人的税。但是现在靠着非法、血腥暴力爬上来的统治者，擅自规定每个乡村的生活与习惯，变更无数中世纪开创出的习俗。在全国各地，农民都在橡树下充满感情地怀念美好的旧日时光，渴望"国王将再度享受他自己的王位"，这种情形又何足为奇呢！

在权力达到顶点时，权力令人厌恶的特色便会从图画中消失色彩，甚至被所谓的迷人魅力取而代之。我们看到护国公一身的荣耀，是新教的拥护者、欧洲的仲裁者、学问与艺术的赞助者。他在举止上对所

---

① 让狗与上链的熊搏斗。——译注

242

有的人都表现出应有的礼遇，对年轻民众温文有礼，对英格兰的热情像查塔姆①一样热情，而在某些方面更为亲切和富有情感。人人皆知，他期望为权力寻找道义基础，对国家与上帝的责任感远超生命所及的范围。克伦威尔虽然深信自己已被选为国家至高无上的统治者，但永远都准备好要与其他人分享权力，只要他们与他的意见一致就行。只要议会执行他要求的法律与税赋，他的确愿意也急于通过议会去治理国家。但是他的宠爱与净化行动，都没有使议会照他的意志行事。他一再被迫地使用或扬言使用武力，试图在集权专制与无政府状态之间做宪政调整，实际上都是在实施军事独裁。

*　　　　*　　　　*　　　　*　　　　*

不过，克伦威尔的独裁政治在许多方面都与现代的专政形态有所不同，比如报纸受到压制，保王派受到苛待，法官受到胁迫，地方特权遭到削减，但共和派领导的反对派也总是声势浩大。独裁者并没有在自己身边建立党派，更没有打算建立专政的国家。私人财产受到尊重，对保王派处以罚锾，也容许他们依正式手续交出部分的产业来赎罪。很少有人因为政治罪被处死，也没有任何人不经审讯便遭囚禁。克伦威尔于 1647 年告诉铁骑军说："我们以自由选择的方式得到的东西，可以比强取豪夺多上两倍，并将成为我们子孙的东西。……你们用武力取得的那种东西，实在是微不足道。"

克伦威尔所主张的宗教自由，并没有延伸到大众信奉的罗马天主教、主教制或贵格派。他禁止公开举行弥撒，并让数以百计的贵格派教徒下狱。但是，他对信仰自由的限制，并不是出于宗教偏见，而是担心会引起社会动乱。宗教上的容忍政策挑战了克伦威尔时代所有的信仰，受到容忍的宗教发现，他们最好的朋友是护国公本人。他认为，

---

① 查塔姆，即老皮特（1208—1278），英格兰首相，为英格兰赢得七年战争的胜利。——译注

犹太人是社会中有用的分子，再度为他们打开英格兰大门，而自爱德华一世以来，这扇门几乎关闭了长达四百年之久。实际上，几乎没有纯粹基于宗教理由而进行的迫害，甚至罗马天主教徒也没有受到严重的骚扰。议会有意处死或折磨亵渎神明的贵格派教徒或"一位论派"教徒①，克伦威尔都出面做出戏剧性的干预，证明了他自己是减轻许多苛政的源头。克伦威尔在那个辛酸年代写过："我们并不想强迫他人接受某种思想，只期望给人知识与理智。"他还想团结与正确地了解犹太人与非犹太人。因此，无法完全抹杀他在自由观念的发展过程中应有的地位。

克伦威尔有时热情奔放，但内心却疑虑甚多，时起冲突。他深信自己是上帝的选民，但又不确定自己的行为是否正直。他年轻时受过严格的清教徒教育，经常反躬自省。他将自己在政治上与军事上的胜利，都归诸上帝的特别照顾，但在写信给朋友时表示，他担心自己有"过分利用天命的倾向"。这种犹豫不决的心理成了实行机会主义的正当理由。他说了一句有名的话："不知道前往哪里的人，才可能登高望远。"这句话将他犹豫的心理反映无遗。他对政治目标的疑虑在晚年变得日益显著，愈来愈依赖他人的建议与意见。他一方面深信自己是为了人民，以神授君权来治理国家；另一方面对自己的微不足道表达出真正基督徒的谦卑，心中总有两者的冲突。他在弥留之际询问他的教堂主持牧师："我是不是可能失去上帝的恩宠？"在得到牧师保证后，他说："那么我得救了，因为我知道我得到了上帝的恩宠。"

1658年9月3日，是邓巴战役、伍斯特战役以及德罗赫达大屠杀的周年纪念日，狂风暴雨，雷霆大作，护国公在此时去世。他永远都是善良、忠实和顾家的人，为他钟爱的、最不信奉清教徒的女儿去世而心碎。他任命他的长子，善良的乡绅理查德做继承人。当时没有任何人对他的遗嘱表示异议。如果说在风云动荡的年代，克伦威尔的剑

_____

① 新教的一派，反对三位一体说，主张唯一神格。——译注

拯救了议会的事业，他也一定是历史上独裁政治与军事统治的代表，他兼具军人与政治家的全部特质，处处都与英格兰民族精神格格不入。

然而，如果我们通过表面现象看本质，便会发现，克伦威尔不但是抵抗将领野心的屏障，也是力拒铁骑军恃强仗势、滥施镇压的屏障。他有许多过失，不过他的确是维护他所爱的旧英格兰持久权利的护国公，抵抗着他与议会共同锻造的打击这些权利的可怕武器。没有克伦威尔，便不可能有任何进步，没有他便没有瓦解，没有他便也不可能有复兴。在迄今仍引导不列颠岛生活的各种社会与政治制度的废墟上，他昂然屹立，伟大、闪耀，而且不可或缺，是借着时间才能够疗伤止痛、重新成长的唯一动力。

第二十一章　王政复辟

护国公克伦威尔的去世造成的真空，是不可能填补的。在他临终之际，他以"非常含糊、不完整的"语句指定他的长子理查德为继承人。理查德的政敌戏称他为"摇摇欲坠的家伙"，他心地善良受人尊敬，只是缺少严峻时代所需要的魄力与能力。他首次被军队承认，适时地坐在父亲的位子上。但是当他试图行使职权时，才发现自己徒有虚名。首先，理查德·克伦威尔想任命自己的妹夫查尔斯·弗里特武德担任军队总指挥，遭到军官委员会的反对。理查德明白了，军队的指挥权并非世袭，但它也不能一直虚悬着。他的弟弟亨利不但能干还精力充沛，而且像他一样想要加强行政部门的权力，甚至不惜牺牲护国公一职的君王属性。根据亨利·克伦威尔的建议，召开了另一届议会。

保王派当然被排除于这届议会之外，一直活跃的瑟洛将支持护国公的人塞进议会。不过，这立即引发了有关治国的大议题。在理查德郑重其事地主持议会，并且发表他的"即位演说"之后，平民院议员便毫不迟移地着手恢复共和制的原则，设法控制军队。自1657年的整肃以来，议会的完整代表性被剥夺了，因此他们质疑所有法案的合法性。议员企图将军队对护国公的忠诚转变为对他们的忠诚。不过，军队的领袖都决心保持中立。他们埋怨平民院的作为以及"传统事业"陷入的险境。他们说："为了这个事业，我们曾经浴血奋战。如果以鲜血换来的人民自由将再度被摧残，我们一想到有一天必须对此做出说明，便不寒而栗。"平民院认为，若军队本身是国家的一个独立集团，将令人无法忍受。他们请求到会的军官回去履行军事职责。他们宣称："如果议会未能命令军官们回到岗位，会对议会不利。"他们决定，每位军官都应当自行书面宣誓，不干预议会的召开与辩论。

平民院与军队发生冲突时，愿意将军队的最高指挥权交付给护国公，这种做法让冲突达到高点。双方都集结了武力。护国公与议会起初都拥有部分军官及一些任由他们调度的兵团，但是下级军官与士兵不肯听命。理查德·克伦威尔继任护国公不到四个月，就发现自己甚至被亲随侍卫所弃。军队要求立即解散议会，军官委员会彻夜等候议会屈服。议员们在次日早上表示愿意服从。设法想进入平民院开会的议员再度被部队赶了回去。军队成了主人，弗里特武德与兰伯特争着领导他们。这些将军原本乐意让理查德保持有限度的尊严，但是部队在情绪上已敌视护国公。他们决心支持纯粹的共和制度，使他们的军事利益、分裂主义以及再洗礼派的教义在其中居于主导地位。

在这个不流血的、绝对得胜的时刻，士兵们都觉得自己需要行政部门对他们的行为表示某种认可。但是他们能在哪里找到这种行政部门呢？最后他们提出了权宜之计，宣称他们记得1653年4月举行会议的议员是"传统事业的拥护者，始终都得到上帝的帮助"。他们前往前任议长伦索尔的府邸，邀请他与1653年剩下的议会议员在适当的时候重新行使权力。四十二位惊讶的清教权贵，重新回到他们六年前被驱逐的议会。长期议会的剩余议员被带出来，摆在惶然不解的英格兰人民面前。

国务会议成立了，其中有三位主要的共和派领袖——文恩、黑兹里格与斯科特及八位将军和十八位平民院议员。国务会议希望奥利弗·克伦威尔的儿子们能默许废止护国公制。他们的债务都付清了，他们也得到住所及年金。理查德立刻接受了这些建议，亨利在稍稍犹豫之后也接受了。两人皆未受伤害地活到人生的最后一刻。护国公的大印被劈为两半。军队宣布承认弗里特武德为总指挥，但是他们同意高级军官的任命应当由议长以共和国的名义签发。英格兰以"代议制原则"为基础的共和政体制定妥当,全国的权威都应当以它为依归。不过,军队与议会之间的原有冲突仍继续存在。兰伯特将军道:"我不知道为什么不能互相宽容。"

当这些紧张情势困扰伦敦的共和政府时,国内各地的保王派都有所行动。中央政府近来的变化使斯图亚特王室恢复了权力,似乎有诉诸武力的条件。1659年夏天,保王派奇妙地与长老教派的盟友联合起来,在几个郡县武装起事。他们在兰开夏与柴郡的势力最为强大,德比家族在这两地的影响力很可观。乔治·布斯爵士不久便有了一支大军。兰伯特率领五千人前往围剿。8月19日,保王党在温宁顿桥被打败,兰伯特在战报中说:"双方的骑兵都像英格兰人一样奋战。"在其他地方集结的保王派被地方民兵打垮。这场叛乱很快就被平定,查理二世很幸运,发现自己还来不及领军。铁骑军同样轻松地打垮了护国公派与君主制的拥护者。战场上武器撞击的声音提醒将军们所拥有的武力,他们不久便再度与亲手恢复的"残余议会"展开激烈的对抗。

兰伯特在这个时候成了鼎鼎大名的人物。他在温宁顿桥战役中获胜,带着大部分的部队返回伦敦。10月里,议会对他傲慢的态度感到不满,想要解除他及其同僚的指挥权。他便将兵团带到威斯敏斯特,并将圣斯蒂芬小礼拜堂①的所有入口全部封锁,甚至连签发过将军委任书的伦索尔议长都不能进入。伦索尔愤怒地问士兵,难道他们连他都不认识吗?士兵们回答说,他们未曾在温宁顿桥战役中见过他。没有发生流血事件,不过大权落到了兰伯特的手中。

兰伯特作战能力很强,军功仅次于克伦威尔,而且政治知识渊博。他无意自立为护国公。他的心中有一个完全不同的想法。他的妻子出自名门,深具文化素养,支持保王派。她与兰伯特将军提出一项计划,企图将女儿嫁给查理二世的弟弟约克公爵,由此兰伯特便可以成为共和国的行政长官,并可以使王政复辟。双方都慎重地考虑这项大计,

---

① 平民院所在地。——译注

对最近的保王派叛乱事件中的战犯都极尽宽容地处理，便是一种表现。兰伯特似乎相信，比起"残余议会"或护国公政体的体制，在复辟的君主制度下，他能让军队在政治与宗教两方面更加满意。他的行动秘密、迂回、充满危险。弗里特武德早就起了疑心。两位军事首领之间产生了很大的敌意。同时，军队感觉到了内部的不和谐，开始对反抗议会的猛烈行动产生疑虑。

共和派中最坚定的议员是黑兹里格。他那苍白的脸、薄薄的嘴唇以及锐利的眼神，给人以布鲁图斯①那样坚定不移的印象。他被赶出平民院之后，匆匆前往朴次茅斯，说服了卫戍部队，使当地的部队深信，在伦敦的部队已经违反重大原则。弗里特武德与兰伯特两人虽然不和，却派了一支军队去围攻朴次茅斯。黑兹里格也使攻城部队赞成他的观点。部分铁骑军立刻前往伦敦，插手国事。士兵的分裂开始摧毁部队的自信，结果结束了他们在英格兰的军事统治。在圣诞节期间，军队决心与议会和解。他们行军前往大法官巷，走到伦索尔议长府邸前面停下来，一反之前对议长的不尊敬态度，对导致平民院暂时休会一事表示悔意。他们表示服从议会的权威，并且欢呼议长是他们的将军与国父。显然，这种情形不会持久。一定会有人采取行动，在英格兰建立一个能融合新、旧制度的政府。这种拯救者只能来自其他地域。

*　　　*　　　*　　　*　　　*

在苏格兰镇守的克伦威尔派指挥官乔治·蒙克气质与兰伯特大不相同，却也是位有名的人物。英格兰将再度被这位从容不迫的人拯救。蒙克是德文郡人，年轻时在荷兰战争中接受过彻底的军事训练，在"大反叛"内战开始时，这位拥有难得一见专业知识的军人，返回英格兰。

① 罗马贵族派政治家，刺杀恺撒的主谋。——译注

他是位幸运的士兵，比较在意发挥军事专长，不太关心濒于危机的事业。他曾在英格兰、苏格兰与爱尔兰三个王国为查理一世作战。被圆颅党俘获并囚禁一段时间之后，倒向他们那一方，不久获得了指挥大权。他在爱尔兰作战，也在海上抵抗荷兰人。他经历过所有危险的海峡与风暴，在那个时期先后支持议会派、共和制与护国公制度。奥利弗·克伦威尔在世时，他让苏格兰完全臣服，但是并未招致任何长久的敌意。他早就反对军队在伦敦的暴行。他深得苏格兰民心，赢得一个协议，获得补给来维持军队，却未引起苏格兰人的不快。他撤换麾下所有无法信任的军官。兰伯特仍旧在进行不合适的计划，现在发现他自己必须与蒙克相对抗。蒙克利用议会与法律二者的口号，获得了英格兰共和派的支持，以及苏格兰人的完全信任，允诺会保护他们的利益。1659 年 11 月，兰伯特带领大军由伦敦北上，却师出无名，似乎仅是支持军事暴行而已。他用武力强迫乡间贡献以维持军需，引起了当地居民的反感。

蒙克是那种十分了解如何运用时空的英格兰人。这是这座岛上最成功的典型。英格兰人一向欣赏这样一种人：无意支配事件或转变命运的趋势；静待执行职责的时间，日日观察，直到对潮水的涨落已经没有疑问才采取行动；表现得非常礼貌，完全恪尽职守，即使并非出自真心诚意，也行为稳当、有规矩，缓慢、谨慎地朝明显的民族目标前进。1659 年秋天，蒙克将军与七千名井然有序的士兵驻扎在特威德河畔，各界的人士都在恳求他。他们说他手中掌握着英格兰的前途，所有的人都求助于他的好心。蒙克将军在营帐中接待代表每种利益与党派的使者。他像任何伟大的英格兰人一样，耐心聆听他们的恳求，带着我们民族自诩的赤诚性格。他将会怎么做，让众人猜测过好长一段时间。

最后，蒙克所有的耐心都耗尽了，开始行动。获悉伦敦的情势后，他在 1660 年寒冷而又晴朗的元旦，由科尔德斯特里姆渡过特威德河。他做了所有预防措施，后来证明他对于部队的担忧是有道理的。在任何不确定的情况下,他会日复一日地按兵不动。圆颅党的老将托马斯·费尔法克斯出现在约克,集结了大批拥护自由议会的人。蒙克答应他,十天之内不是和他会师,就是战死。他守住了承诺。在约克,他收到了期盼已久的东西,平民院——绝望的残余议会——邀请他返回伦敦。他率军南下,沿途的城镇与郡县纷纷发出"要自由议会"的呼声。他与部队抵达了伦敦,但他不久就因为残余议会专横的命令——包括将伦敦市的城门拉下来以便让首都居民慑服等——大为气愤。伦敦商区现在已转而支持保王派,并且正在为查理二世募集资金。蒙克不像克伦威尔与兰伯特。他决定用削减议员人数代替解散手段,使残余议会就范。他在2月召回曾被普赖德整肃而驱逐的议员。这些人主要都是长老教派,大多数已心向保王派。君主制度的复辟就在眼前。被驱逐的议员返回议会的当天晚上,撒母儿·佩皮斯①看到伦敦商区"从一端到另一端都人声鼎沸、欢欣若狂,篝火照亮了半边天,四周的人密密麻麻……钟声响彻各处"。议会恢复后,第一个行动是宣布自1648年普赖德整肃以来的所有法案与议事录无效。议员们被一位将军赶走,又被另一位将军请了回来。这十二年间充满了许多无名而又不被认可的事件。他们宣布蒙克是全军的总指挥。"长期议会"中的残余议会由于同意而自行宣告解散。蒙克非常满意即将召开的自由议会,这样的一届议会定会让查理二世重登王位。他从苏格兰行军归来之后,确信英格兰的群众已对政体方面的实验感到厌倦,渴望回归君主制。

最明显的是,人民期望国王应"再度享受他自己的富贵荣华"。这只言片语,出自平民心中,对于贵族与富人也有很大的吸引力。尽管将军与他们的忠实追随者并不乐意,但这些字句以快乐的旋律为翅膀,由一村飞往另一村,由一个庄园到另一个庄园。

直到那时在阿勒山,②

---

① 英格兰文学家,以写日记闻名,叙述了王政复辟等事件。——译注
② 大洪水后诺亚方舟停驻之地。——译注

我希望将她的锚下好；

直到我见到一只和平鸽，

将她极爱的橄榄枝带回水乡泽国。

然后我就等待，直到洪水减退，

它们使我心绪不宁；

我永远都不欢欣，除非听到

国王重登王位的消息。[①]

但是，尚有一大堆麻烦事必须解决。这并不是复仇的时候。如果铁骑军要将国王请回来，那他们以前大力反对他父亲的事情也不能算是无效。此时，不列颠岛潜在的智慧终于发挥作用。在胜利的时刻，许多事都做得过分，"大反叛"期间的原则也有不适当的延伸。必须在理论上而不是在行动上恢复原来的某种理念。蒙克派人传话给查理二世，建议他，除了议会列出的某些例外情况，大赦天下，承诺付清所欠的士兵军饷，并且批准土地买卖。此时英格兰的大部分土地，即财富与名位的主要来源已经易手。所有权的易主是在战场上由胜负决定的，不可能完全推翻。国王可以重享他的荣华富贵，但并非所有的保王派人也可以如此。一定得承认，人们可以保有他们已经得到或仍旧剩下的东西。不许有报复行为。每个人都必须在新的基础上开始公平竞争。

但是已经流了神圣的血。那些流了血而幸存的少数人都被认同。如果每位在议会派的胜利中获利的人能够确定自己不会受到波及或惩罚，便不会反对惩罚弑君者。1649年的行动[②]违反法律，有违议会原来的意愿，并且让全国人民憎恶。就让做那种事的人付出代价吧，这种解决方式多少有些卑劣。不过，这与在英格兰政治事务中扮演重大角色的那种妥协精神颇为相符。

---

① 引自《牛津第十七世纪诗集》，1934年版，第584页。
② 弑君行动。——译注

查理二世忠实的大臣海德接受了蒙克的建议。海德曾经与主君一同流亡，不久便得到克拉伦登伯爵的领地。海德为查理二世拟了所谓的《布雷达宣言》。查理二世在这项文件中承诺，棘手的难题都将交给未来的议会去处理。主要因为海德以律师的角度关心议会与先例，复辟才得以重新带来良好的秩序，使英格兰的传统制度在经过克伦威尔的实验之后能够重新恢复。

相关方面进行的谈判有了结果的时候，新议会的选举开始了。表面上，曾持武器反对共和的人都被排除在外，但是保王派势力强大，此项禁令根本没有任何效果。长老教派与保王派占绝大多数，各郡的共和派与再洗礼派都在他们的面前失利。这两派的武装起义徒劳无功；他们建议将前往法兰西避难的理查德·克伦威尔请回来，也未能如愿。有人提醒他们，是他们自己将理查德·克伦威尔赶下台的。兰伯特从被囚禁的伦敦塔逃脱，准备在战场上解决这个争议。他的人马放弃了他，结果他毫发无损地再度被擒。这场惨败使王政复辟成为定局。蒙克与大部分的军队、伦敦商区的民兵、全国的保王派、大多数新选出的平民院议员，仿佛无事发生。再度回到议会的贵族院议员，全都结合在一起，并且大权在握。贵族院与平民院都恢复了。只要国王一声令下，议会的三个"政治集"①就完整了。

议会匆忙送给流亡的查理二世一大笔金钱，供他使用，不久又忙于准备他的御用深红色天鹅绒家具。一度对国王有仇意的舰队，奉命接他回国。大批群众在多佛候驾。1660 年 5 月 25 日，他登陆上岸，蒙克将军以大礼迎接。往伦敦的路上有如班师凯旋。各阶级的人士都欢迎国王返回他的国家。他们无法控制情绪，流泪欢呼，觉得自己已经得救，摆脱了梦魇。他们现在认为自己进入了黄金时代。查理二世、克拉伦登、历经磨炼的秘书尼古拉，以及少数曾与国王共患难的流浪者，环顾四处而不胜惊讶。这会是几年前他们侥幸脱逃的同一个不列

---

① 贵族院议员、平民院议员及贵族院主教议员。——译注

颠岛吗？还有，查理二世在布莱克希斯看到顺从的铁骑军排列成阵，铁甲与刀枪寒光闪闪，队形威武整齐时，一定会想，自己到底是睡是醒。他藏在巴斯科贝的橡树枝丫中，躲开铁骑军巡逻队的搜捕，距现在只不过八年时光。铁骑军在温宁顿桥将他的拥护者击溃，到现在也才只有几个月。进入伦敦商区又见隆重的感恩场面。市长与反叛过的伦敦市议员领头庆祝这个节日。长老教派的神职人员拦住查理二世的去路，想要在行礼时争得呈献《圣经》的荣誉。议会两院都表示会对他本人与他的权力忠诚。所有的群众，不论贫富、保王派或圆颅党、主教团派、长老教派与独立派，构成了史无前例的和解与欢乐场面。那一天是英格兰至乐的喜日。

＊　　　　＊　　　　＊　　　　＊　　　　＊

不过，历史的巨轮还不曾像许多人可能想到的那样转了整整一圈。这次复辟不仅是君主制的复辟，而且是议会的复辟。的确，它是议会历史上最伟大的时刻。平民院在战场上击败了国王，它终于控制住为这个目的所建立的可怕军队。它已经自行纠正过分的行为，成了这个国家不可挑战、不可争议与最有势力的机构。当年向查理一世提出的有关政体的诉求中，一切正确的意见都已经根深蒂固，甚至根本不必重提。自从查理一世 1642 年年初逃出伦敦后，所有"长期议会"制定的法律与共和时期或护国公主政时期的所有法令，现在都已作废。但是查理一世曾经同意的特权限制仍有效力。他曾经盖过御印的法令也仍旧有效。1641 年的一切法令仍然有效。最重要的是，每个人都理所当然地认为，王室是议会的工具，国王是臣民的仆人。

虽然"君权神授"之说再度得到承认，但是国王的绝对权力却被弃置了。枢密院的刑事裁判权、"星室法庭"以及高等宗教法院都消失了。国王未经议会批准，或者借由巧妙的及有很大争议性的手段而课税的观念已经消失了。此后所有通过的法规都由合法选出的议会之多数决定，国王的命令不能抵制或取代法规。王政复辟实现了皮姆与汉普顿原来寻求的目标，当初他们都曾因紧张的冲突以及战争与独裁政治带来过罪行及愚行，并且有些过度的行为，现在这些行为已经排除了。平民院及习惯法得到了长期的胜利。

　　关于君主的新概念现在已经诞生。过去，议会与查理一世及他父亲产生冲突时，议员便不曾废除全部王权。平民院议员中的律师在这场斗争中首当其冲，他们所争论的主要是习惯法的原则。他们不断奋斗，想让国王遵守法律。这意味着，他们认为《大宪章》所代表的传统法律是让英格兰人免于任意逮捕与惩罚的法律，也是数世纪以来曾在习惯法法庭宣布的法律。议会并不曾争取至高无上的权力，或设法摧毁国王的传统权力，但是却努力控制国王行使传统权力，以使议会或个人的自由得到保障。科克曾经声称，法官是最高的法律诠释者。在没有国王与王室特权的岁月里，出现了一个观念，即议会的法案是最终的权力。这种观念在历史中找不到根源，也不受律师赏识。权力已由律师转到骑兵军官的手里，这些军官在宪政上留下了他们的痕迹。科克声称，国王与议会甚至不能联手压制相关的习俗与传统的基本法，他梦想法官在习惯法的最高法院宣布，何者合法，何者不合法，但是这种想法已经在英格兰永远地结束了。但它在大西洋彼岸的新英格兰存活了下来，后来在反对议会与国王的美国独立战争中出现。

＊　　　　＊　　　　＊　　　　＊　　　　＊

　　王政复辟期间的财政问题，像以往的任何一个时期一样，是个棘手的问题，解决刻不容缓。除了一般开支，还需要大笔经费补发军饷与偿付国王在流亡期间所负的债务。议会拒付护国公统治时所欠的债。国王放弃了他的封建财产的监护权、封地占有权以及其他中世纪残留的权力。议会拨给他一定的年金，加上他世袭的财产，估计总共可达一百二十万英镑。事实上，这个数字相当可观，他与他的顾问们都表示满意。英格兰因为经历了浩劫而陷入赤贫，收税工作严重受阻，安定生活的问题不容忽视。异于平常的支出，查理二世还得仰赖议会，他与克拉伦登都接受这个事实。国王将无法摆脱议会的摆布。

但是国王与议会都不能摆脱军队的支配。这支军队已经发展到四万人，战斗力举世无双，但它即将解散。无论如何，再也不能建立这样的部队了。"不需要常备军"成为所有党派的共同口号。

获得统一的国家所做的决定，有如对溃烂伤口开刀，不论手术是否必要，患者都会感到疼痛而畏缩。保王派感到屈辱，虽然他们的事业后来证明是正确的，却没有让他们在经济上受到的损失得到任何补偿。他们说《大赦赔偿法》事实上是赦免过去的功劳，保护过去的罪行，但是他们的抗议徒劳无功。实际上，仅有将查理一世判处死刑的人将受到惩罚。另一方面，那些在血战中打败他，以及蓄意惩治国王忠实朋友的人反而安然脱罪，甚至于致富。这一切都让保王派感到愤慨。然而，除了士兵以外，每个人都赞成解散军队。可以不经流血冲突而完成此事似乎是奇迹。铁骑军的士兵在舆论面前都感到羞愧。人人反对他们。在他们提供了服务之后，在战场上赢得无数次的胜利之后，努力为国家建立了神圣的政府、约束个人的行为之后，发现自己处处遭人讨厌，将被掷到黑暗的角落。但是他们屈服于舆论。他们领到军饷，解甲回乡，重操旧业。在几个月之内，这个力量巨大、所向无敌的战争机器，可能在任何时刻吞没整个王国与社会的军队，消失在民间，几乎未留下任何痕迹。此后，他们成了勤奋与稳健的典范，表现出与以前一样的勇猛与热诚。

曾经签署查理一世死刑执行令的大约六十人，约三分之一的人已经死了，三分之一逃往他国，剩下的仅有二十个人。查理二世努力地对抗忠于他的议会，尽可能地多救几个人。结果，群起愤激。他要宽待杀害父亲的人，而议会中许多曾经支持这个行动的议员现在却大肆喧嚣，要求惩凶。最后有九个人因弑君而处以极刑。他们是集体罪行的替罪羊，他们对自己的行为感到自豪。哈里森与其他军官都步上了行刑台，深信后代会对他们的牺牲致哀。休·彼得斯是位性情刚烈的传教士，只有他表现出软弱，但是朋友作为从容就义的榜样与强烈的兴奋情绪支持着他。浑身是血、手执大刀的刽子手，在血泊中走近他，然后问道："彼得斯博士，这样子行刑，你觉得如何？"他坚定地回答，这样的待遇已经够好了。

被处决的人数远不及公众的要求，所以在这个血腥的地方又增加了一个额外的项目。但这次没有付出任何生命的代价。克伦威尔、艾尔顿与布拉德肖几年前才以隆重的仪式下葬在威斯敏斯特大教堂，他们的尸首都被人从棺材中拖出来，放在囚笼中，拖往泰伯恩，吊在三角绞架上达二十四小时。他们的脑袋都钉在明显的地方示众，剩下的尸身扔在粪堆上。皮姆与二十位其他议会派人士的尸身也从墓里挖了出来，埋在一个土坑里。与死者进行这种残忍得无法目睹的争战，是凶狠的舆论压力造成的。查理二世为了应付这种舆论压力，宁愿抛掷尸骨而挽救活人。

在英格兰，另有两个人被判死罪，即兰伯特将军与亨利·文恩爵士。兰伯特有辉煌的历史，在共和制最后一年，他随时都可能夺取最高权力。我们曾经提过他要将女儿嫁给亲王的计划。他曾经想成为共和国的行政长官，抢先行动以阻止蒙克；或者在打败蒙克之后，转而做护国公的继承人。他无所畏惧，在军事革命方面深具经验，只不过他失败了。现在，铁骑军的将领，纵横十多个战场的英雄兰伯特，在法官面前受审。他求国王恕罪。国王的弟弟约克公爵是他有力的辩护者。他得到了赦免，到根西岛度过余生，"可以在这个岛上自由活动"，后来迁往普利茅斯，以绘画和研究植物自娱。

亨利·文恩的个性比较强硬。他蔑视求饶行为，为自己辩护时精气神十足，他的论点既吻合法律也合乎逻辑，很可能会得到赦免。但是，过去的一个事件现在成了他的致命伤。人们记得，二十年前他偷了父亲的枢密院会议记录，泄露给皮姆，声称斯特拉福曾建议将爱尔兰军队调到英格兰，如此一来决定了斯特拉福的不幸命运。如果必须要偿还的话，这的确是不该忽略的一笔血债。查理二世表示，并没有饶恕他的想法："他太危险了，如果我们能名正言顺地将他除掉，就不能让他活着。"亨利·文恩欣然而自信地赴义就死。号角齐鸣，淹没了他想对敌视他的群众发表的演说。

王政复辟时，苏格兰只有一位重要人士被处死，即阿盖尔侯爵。他来伦敦参加迎接国王的活动，立即被捕。查理二世期望摆脱这个包袱，将他送回苏格兰，接受贵族同侪与同胞的审判。复辟的查理二世一直尽力将这些令人毛骨悚然的暴行减少到最低。他说："我对将人判绞刑一事感到厌倦。"但是苏格兰的议会顺应当时的民情，急忙将他们以前的领导人兼导师送上了行刑台。阿盖尔怀着坚毅的勇气与虔诚之心就义。但是每个人都感觉到，他的下场与蒙特罗斯的遭遇算是两相抵消了。因此，整体而言，由于查理二世极力营救，在这场紧张的反革命行动中被处死的不到十二人，这多少有损他的威望。查理二世必须享受的讽刺是，宣布这些死刑的正好是犯罪活动的主要从犯与获利者。议会派的领导人物、贵族院与平民院的议员、共和制和克伦威尔治下的高级官员，马上改变立场，坐到审判弑君者的特别法庭上。正是由于这些原因，历史自会评判，应该给这次可悲而又有限制的报复行动留下怎样的臭名呢？

第二十二章　快乐的君主

请国王回国的这届议会是个势力均衡的聚合式团体，代表国家正反两方的势力，它成功地克服了王政复辟引起的严重政治难题。不过，因为它不是国王下令召开的，所以并非合法的立法机构。这个问题被人们认为是致命的缺陷。查理二世认为，如果他进一步采取措施，情况可能会更不好，他只对议会使用自己的权力，追认召集这次议会的行为是合法的。但是，这并没有让议会完全地合法。它不能算是议会，只是个"大会"。1660年年底，大众认为有解散议会的必要。重新恢复对法制的尊重，预防全国通过宗教解决这个问题。得到解放的人民以选举表达欢愉的心情。保王派在王政复辟时毫无作为，他们已被完全打败且受到惊吓，如今他们的机会到了。威斯敏斯特出现了一个大多数议员都反对的清教徒议会，曾与鲁珀特亲王一道冲锋陷阵的人或他们的子弟，在克伦威尔暴政期间隐居在倾圮的家园与损毁的领地，现在他们又走出来了。

英格兰史上最长的议会开始了。这个议会维持了十八年之久，被称为"保王派议会"，更加有意义一点的名字是"领养老金的议会"。最初的议会成员是由不再年轻的人及战场上的伤残老兵组成的。最后议会解散的时候，除了二百人外，其他议员均在补选时被淘汰，取代的通常是议会派或他们的后代。从首次开会起，这个议会在理论上比较像保王派，而非实际执行。议会将一切荣誉归于国王，却无意让国王管理议会。因为支持国王的事业而变得贫穷的地主、士绅们，都不是盲目主张君主制度的人。他们无意与人分享奋斗得来的议会权力。他们准备订立条款，以民兵防御国家，但是民兵必须由郡县的都尉控制。他们确认国王的权力高于武装部队，但是他们也要确保国家唯一的部队受到控制。然而，不仅国王，连议会都没有拥有军队。郡县望族与士绅成了各地的武力收藏者。"保王派议会"凭仗艰辛的经验与长期的考虑，确认了这一点之后，便致力于宗教问题，他们特别注意宗教在政治与社会层面的影响，也极关心宗教本身的利益问题。

从伊丽莎白女王时代到内战时期，各个君主都以《祈祷书》及主教团为基础，以建立统一的全国性教会为宗旨，他们也希望统一英格兰与苏格兰的生活与信仰。靠着克伦威尔的刀和剑，这些目标在完全不同的形式下，以野蛮的方式完成，甚至延续至爱尔兰。现在，教会与国家、议会与宫廷，对此表达强烈的反应，反对这一切。

大法官克拉伦登是首席大臣，在政府中有主导的权力，一整套法案均以他的名字命名。这些法案旨在重建英格兰国教的地位，迫使新教各派处于对立的地位。查理二世采取容忍的政策，而克拉伦登则主张采取理解的政策。但是保王派议会、劳德的追随者，现在由流亡中归来，还有长老教派一些固执的领袖等，妨碍了他们两人的政策。议会认识到，除了英格兰国教之外，确实还有其他的宗教团体。议会决定，即使不消灭这些宗教团体，至少也要让它们失去能力。合并不信奉国教的有明确目标的政治力量，首先在1688年革命时实现了宗教自由，然后又废除教会的特权地位。但是废除教会特权的目标，直到十九世纪工商中产阶级成了各政治组合中的决定性因素时，才得以部分实现。很难确切地评估不信奉国教者对英格兰政治思想的影响。他们继承传统清教徒的严峻、固执及狭隘的特性，但又有广博的学识。或许，一个无所不有并且得到广泛支持的教会最能为宗教事业服务。不信奉国教者提供的各种宗教思想，虽有广大的基础，却不被国教派接受；而以后的三大团体——理性的长老教派、独立的公理会派、狂热的浸礼会派——分别代表了英格兰固有的分歧思潮。

不论结果是好是坏，《克拉伦登法典》是这些思潮的分界线。它破坏了建立统一的全国性教会的所有希望。可能是无意识的，但却是明确的，主教团变成一个教派的领袖，而非一个全国性教会之领袖。它是"伟大的教派""法定的教派""确立的教派"，但毕竟仍旧是个教派。外围是各式各样的反对国教者或不信奉国教者。"大会性质的议会"既然综合了英格兰信奉新教信仰的大多数基督徒，便只能做出妥协。"保王派议会"接受教会分裂，而且因为本身属于较大、较富、较得宠的一派而至感欢欣。他们根据自己的制度建立了一个党派，而不是一个国家。曾经为上帝与国王奋战的乡绅与地主应当有自己的教会与主教，就好像他们现在有自己的民兵与治安委员会一样。

1662 年的《克拉伦登法典》，在某些方面超越了克拉伦登自己的观念。他受到王政复辟感动人心的启发，希望能够统一国家的政教。查理二世也不愿见到政教有巨大的分裂，对不同教派的态度已从不关心变成容忍。他的确不具备宗教情怀。如果一位绅士要信教，或许信奉罗马天主教会让查理二世最为满意。但是，这样子会制造什么样的麻烦呢？难道说国教不是英格兰王位的支柱吗？查理二世希望见到所有的宗教狂热能够冷静下来，并且被削减。为什么要为了以后的世界而烦扰现在的世界呢？为什么要迫害他人，只因其不同意各种让人怀疑又让人争议的救赎之道吗？查理二世比较接受且赞同腓特烈大帝的直率声明："在普鲁士，每个人都必须以他自己的方式上天堂。"但是他无意让自己的个人看法引来麻烦，在各阶段都尽力地采取容忍政策，对其他的政策只是疑惑地耸耸肩。他在"大会性质的议会"上对贵格派的代表说："你们可以确信一件事，没有人会因为言论或宗教信仰而受到迫害，你们可以平静地生活，而且有国王的话保证。"

"保王派议会"严厉地纠正了这种可悲的纵容。《克拉伦登法典》包含一连串的法令：1661 年颁布的《市政府法》要求所有担任市政职务的人声明放弃"神圣同盟与其礼节"。这个公职考试将许多长老派会员排除在外；宣誓不会抵抗，则拒绝了共和派；而根据英格兰教会的礼仪接受圣礼，则将罗马天主教徒与一些不信奉国教者排除在外。这个法案的目的是限制与议会议员选举密切相关的市政官职，市政官职只留给保王派的国教信奉者。1662 年的《一致法》强令教士使用伊丽莎白女王的《祈祷书》，这个版本的《祈祷书》有若干删节并且增添某些有用的部分。《一致法》要求毫无虚假地同意与赞同《祈祷书》中的一切内容，并且迫使他们与大、中、小学的老师同意"奉行英格兰教会的法定仪式"。约五分之一的教士，将近两千名神职人员拒绝服从。他们都被剥夺了圣俸。在这些全面的决策之后，还有其他的强制措施。1664 年颁布了《秘密集会法》，防止被逐出教会的教士向听众传教；而1665 年颁布的《五英里法》则禁止这些教士走出任何"城市、共同镇、自治市镇，或任何他们曾经传教的教区、谋生的地方的五英里之外"。

对那些曾在战场战败，在王政复辟中几乎未扮演任何角色的人而言，此"法典"是胜利者炫耀胜利的具体表现，反映了英格兰宗教生活的分歧。这个"法典"也有助于政党的建立。保王派握有大权，计划联合它的附属势力。国家的所有其他分子，包括不久前才统治过英格兰以及让英格兰恐惧的那些人，出于本能地聚在一起。现在，伯明翰市所在的一大片乡村，正好在任何"城市、共同镇、自治市镇"的五英里之外。英格兰中部地区的不信奉国教者都集聚在此，至今仍享有很高的声誉。因此，王政复辟并未产生任何统一全国的方式，反而制造了两个英格兰，各自具有不同的背景、兴趣、文化与观点。当然也有许多一致之处。麦考莱写道："任官职者与他们的朋友及随从，有时被称为'宫廷党'，他们与那些有时被尊称为'地方党'的人之间，被一条明显的界限划分开来。"后来有些作家证实了他的看法。那些享受官方恩惠，或希望得到官方恩惠的人，自然与那些不想如此的人有不同的利益。但是，除了这个区别之外，另外一条鸿沟也在出现。这条鸿沟在政治生活中划分出保守派与激进派的传统，并且至今仍然存在。我们进入了两大政党的年代，而这两大党派不久就被命名为托利党与辉格党，并且塑造了不列颠帝国的命运，直到 1914 年第一次世界大战的战火，将一切化为乌有为止。

*　　　*　　　*　　　*　　　*

查理二世并不需要为这些影响深远的裂痕负责。他在位的整个时期一直主张容忍。1663 年 5 月，他想将《一致法》暂停实施三个月，但是复职的主教与议员们予以阻挠。他在 12 月颁布的第一项《特赦声明》，宣布要行使国王本来就有的特许权，解除强加在反对国教者身上的宗教一致性或强求他们做的宣誓。但是平民院议员没有意识到这也正是他们要做的事，反而反对任何"借法律建立宗教体制"的阴谋。1672 年 3 月，查理二世冒着极大的风险，颁布第二项《特赦声明》，企图"在所有宗教事务上，对各阶级的非遵奉国教者及拒绝服从国教者，暂停执行所有形式的刑法"。平民院严加反驳，"宗教事务中的刑事法令只有《议会法》能决定暂停实施"。除了这个警告，平民院还扬言拒绝提供拨款。查理二世不禁想起克伦威尔的利剑。就像立宪制度下的君主应做的那样，国王屈服了。议会中的党派分子应该明白，在这个重大时期，查理国王表达的意见几乎是唯一合乎潮流的仁慈主张。

但是查理二世也会为了自己的需要而颁布《特赦法》。宫廷生活永远有无休止的声名狼藉、厚颜无耻的丑闻。他的两位主要情妇是卡斯尔梅恩女伯爵芭芭拉·维利尔斯，以及封为朴次茅斯女公爵、英格兰人称为"卡韦尔鹅母"的路易丝·德·克鲁阿尔，这两个女人伴他纵情逸乐，并且拿外交事务当娱乐。查理二世与葡萄牙的公主布拉干扎的凯瑟琳结婚之后，并没有停止种种放荡行为。她带来了丰厚的嫁妆，约有八千英镑的现款以及丹吉尔与孟买两处海军基地。查理二世对待妻子残暴到了极点，还逼迫她接纳芭芭拉做宫廷女侍。这位文雅、虔敬的葡萄牙公主有一次气到鼻孔出血，晕倒后被抬出宫廷。民众获悉国王纳了一位民间情妇，即明艳动人、性情善良的内尔·格温，她在街上被民众骂为"新教的娼妇"。但是，淫欲与自我放纵的生活，这些比较恶名昭彰的特点只是侮辱了基督教王位。在亚洲的宫廷，这一点却被后宫的神秘色彩掩盖住。

查理二世的淫行让道德败坏流布四方，人们在摆脱了清教徒暴政之后大感轻松，两相作用，驱使更多人想要寻求色情的冒险。受到亵渎的大自然进行了加倍的惩罚。共和时期的议会曾经将通奸者处以死刑，查理二世却以荒诞行为刺伤了贞洁与忠诚这些美德。不过，毫无疑问，全国各个阶层的群众宁可接受罪人的松散统治，也不喜欢圣人的严格管训。英格兰的人民并不希望成为清教徒心目中的上帝子民。他们曾经被人提到超人的痛苦地位，现在则满怀感激地从那个位置堕落。政体冲突与内战造就的英雄时代，以及清教徒帝国可怕的约束形式都不复存在。一切都缩到较小的规模、轻松的步调。查理二世注意到，他身边新一代的男子比精神抖擞的保王派与作风粗犷的圆颅党都要弱得多，而保王派与圆颅党行将殂亡。

不可避免地，在拼命努力一阵子之后，就会有无秩序状态。但这只是一闪即逝的景象。查理二世的身边有一位年轻人，禁卫军中的掌旗官，网球比赛中的伙伴，卡斯尔梅恩女伯爵爱情中的入侵者。查理二世不高兴了。有一天，这个人握着比克伦威尔的剑还要长、要亮的剑，挥动在更广阔的战场上，为不列颠的强盛与自由而抵抗敌人。这就是多塞特郡的乡绅温斯顿·丘吉尔，曾跟随父亲在保王派中作战，并且为圆颅党所伤、处罚与没收财产。查理二世无法为这个家族的忠实拥护者做什么。他试图说服克拉伦登，让温斯顿爵士进入他私人"处理议会两院共同事务委员"的委员会，但是并没有成功。于是他在宫廷中为温斯顿的儿子找到一个工作，做他的随从，还将温斯顿的女儿阿拉贝拉安插在约克公爵夫人府上工作。兄妹二人都充分利用了这些有利条件。约翰·丘吉尔晋升为禁卫军的军官；阿拉贝拉成了约克公爵的情妇，为他生了个儿子——詹姆士·菲茨·詹姆士，即后来有名的战士贝里克公爵。

两位拥有力量与能力、性格呈鲜明对比的人物左右着枢密院，他们就是克拉伦登与后来成为沙夫茨伯里伯爵的阿什利。沙夫茨伯里十八岁就参加了短期议会的革命。"我意识到这个世界不久，就发现自己陷在暴风雨中。"他曾经为圆颅党那一方作战，与克伦威尔一起工作过，他身为长老派的领袖，又曾影响与协助蒙克促成王政复辟。他花了一些时间才崛起，虽然年轻，但也让人彻底信服。没有任何人比他更了解蹂躏英格兰的各种强大力量之结构，这些力量已因为互相残杀而精疲力竭。沙夫茨伯里是消失的统治制度中最有力的代表。他曾经在无政府的岁月里率领长老教派对抗军队，没有人比他更了解独立派的精神。因此，他是枢密院中支持容忍政策的主要人物。毫无疑问，他自始至终都支持国王。他总是意识到铁骑军这些走狗现在似乎已在酣睡。他知道他们躺在哪里及如何将手放在他们身上。他还关心伦敦的情势，伦敦在哪些重大的时刻具有决定性的作用。他对此记忆犹新。在查理二世的整个统治时期，他都支持伦敦，伦敦也支持他。"保王派议会"的立法活动烦恼着查理二世，同样也烦恼着沙夫茨伯里，但两人在行动上或原则上都无力对抗议会多数派。

查理二世在位的前七年，克拉伦登一直担任首席大臣。这位明智、值得尊敬的政治家一直与国王及宫廷的放荡行为、国王情妇们的钩心斗角、国家税收的不足及平民院的偏执角力。他也要对抗查理二世一位宠臣的种种阴谋，此人便是被任为国务大臣及封为阿灵顿伯爵的亨利·贝内特。这位崇尚浮华的人物在查理二世统治时期的政治事务中有着重要地位，有时还扮演着阴险的角色。同时代的人物伯内特主教评论他时表示："他傲慢自大而又厚颜无耻。他有探知国王脾气的本事，精于察言观色，远胜于人。"克拉伦登的女儿已经赢得约克公爵的心，尽管有各种手段可以阻止，且坊间对这位淑女多有诋毁，但婚礼还是庄重地举行了。首席大臣现在成了国王弟弟的岳丈。他的外孙可能会继承王位。贵族对此极其嫉妒，克拉伦登自命不凡的感觉也因为与王室联姻而更加膨胀。

丹吉尔是布拉干扎的凯瑟琳的嫁妆之一，得到丹吉尔让英格兰政府转而注意地中海与东方的贸易。由于王室经济拮据，国王只能等经济好转时才能分出精力，对抗摩尔人的入侵、防御丹吉尔以及对抗海盗的侵袭，以保护地中海贸易。克伦威尔攻下敦刻尔克之后，王室国库每年必须承担起十二万英镑的多余开支，这是正常税收的十分之一。对克伦威尔而言，他有意为了新教而干预欧洲事务。敦刻尔克是他的桥头堡，但托利党的政策已经不是在欧洲行动，而转向大西洋彼岸的"贸易与殖民"。查理听取了克拉伦登的建议，以四十万英镑将敦刻尔克卖给了法兰西。这项交易本身并非不合理，但是却受到很多谴责。克拉伦登被指控收取了重金贿赂。他在伦敦建造的庞大家宅，被人嘲笑地称为"敦刻尔克府邸"。这种指控似乎有失公正，但是却让克拉伦登有了污点。后来，敦刻尔克成了法兰西私掠船的巢穴，更让他落下骂名。

英格兰与荷兰在渔业及贸易方面的海上敌对情势变得很紧张。与克伦威尔的战争结束后，荷兰人恢复了实力。东印度群岛的货物流向阿姆斯特丹，西印度群岛的货物流向弗卢辛①；英格兰与苏格兰的货物通过多德雷赫特与鹿特丹转运到欧洲大陆。在苏格兰沿海捕获的鲱鱼为荷兰议会带来了富足的税收。荷兰东印度公司聚集了东方的财富。因为葡萄牙在孟买的总督顽强地拒绝交出凯瑟琳公主嫁妆中的孟买，所以英格兰在印度尚无可靠的基地。另一方面，荷兰的庞大船队每年数度满载货物绕过好望角。荷兰人在西非海岸也有拓展，他们的殖民地与贸易站不断地增长。他们还挤进新英格兰殖民地，在哈德森河畔建立殖民点。这些行动太过分了。商人们说服英格兰议会，让查理二世燃起爱国热情，让约克公爵渴望海上的荣耀。议会拨出二百五十万英镑的经费用于战争。一百多艘新舰艇建造完成，装备了新式重炮。昔日的保王派军官与克伦威尔旗下的军官联手，共同接受国王的委任。鲁珀特与蒙克各自指挥一支分舰队。海战于 1664 年在西非海岸的外海展开，并且于次年延伸到英格兰的海域。

6 月，一百五十多艘舰艇组成的英格兰舰队，配备两万五千人，

---

① 弗里辛恩。——译注

装有五千门大炮，在洛斯托夫特外海与荷兰舰队相遇，打了一场持久而猛烈的战役，双方的许多将领在此阵亡。克伦威尔时代的海军将领、习惯穿着普通水手服的约翰·劳森受到重伤。在约克公爵身边，他的朋友法尔茅斯爵士与马斯克里爵士被同一枚炮弹击中，双双阵亡。荷兰海军将领科特勒尔与总指挥奥普丹也双双阵亡。在战斗激烈之际，约克公爵坐镇的战舰"皇家查理号"（以前叫"内斯比号"）与荷兰旗舰展开作战。奥普丹冷静果决，坐在后甲板区的椅上指挥作战。英格兰战舰众弹齐发，击中了他的弹药库，将他与旗舰都炸得粉碎。在炮火的威力与使用技巧上，英舰明显超过对方，荷兰人只得战败撤退。

荷兰海军将领德·鲁特由西印度群岛回国，挽救了荷兰共和国的命运。暂时替代约克公爵的桑威奇爵士希望捕获从地中海与东西两印度群岛回来的荷兰商船，船上载着价值连城的货物。但是它们避开了英吉利海峡，朝北行驶，在挪威的卑尔根港避难。丹麦与挪威共同的国王曾经与荷兰人不和，如果英格兰的舰队攻击在卑尔根港口避难的荷兰运宝舰队，他答应考虑让英军留下半数的战利品。不过，英格兰舰队发动攻击的时候，必要的命令尚未送达丹麦守军的指挥官之手，岸上用炮火击退了英格兰舰队。英格兰人很愤怒，与丹麦人交战，迫使丹麦人与荷兰人结为盟友。德·鲁特到达挪威海岸，护送大部分运宝舰队安全进入特塞尔岛。欧洲大陆都认为，荷兰人在战争的第一年能够有效抵抗远远强大于他们的英格兰海军，实在是很了不起。

1666 年 6 月，比洛斯托夫特战役规模更大的海战发生了。路易十四曾经承诺，如果荷兰遭到攻击，他会帮助荷兰。查理二世抗议说，荷兰是侵略者。但法兰西仍向英格兰宣战。英格兰舰队与荷兰舰队在北福尔兰附近对抗了四天。德·鲁特指挥的荷兰舰队装有重型大炮，伦敦城内都可以听到炮声。人们惊慌地意识到，在英吉利海峡对抗法兰西舰队的鲁珀特与蒙克断了联系。第二天，海上炮战结束的时候，英舰寡不敌众。鲁珀特于第三天抵达，恢复了均衡的态势。第四天的形势再次逆转，蒙克与鲁珀特的舰队都损失惨重，双双退入泰晤士河。

德·鲁特获胜。

和以前的情形一样，英格兰人并没有因为战败而气馁。舰队重新完成装备，很快地出海，甚至较以前更强大。他们再度遇到难以对付的敌手，1666年8月4日打败荷兰人，终于大获全胜。不过，荷兰共和国的舰队第三次井然有序地出战，法兰西的舰队也终于在英吉利海峡现身。

英格兰现在已经孤立，甚至连海军也难担重任。交战双方都感到财政困窘。其他的灾难也到来，耗尽了不列颠岛的实力。由1665年的春天起，大瘟疫蔓延伦敦。自从1348年黑死病以来，从未见过如此严重的疫情。在伦敦，瘟疫最猖獗的期间，一星期就有大约七千人死于非命。王室移驾索尔兹伯里，把首都交给蒙克看守，他的胆识足以承受各种紧张情势。丹尼尔·笛福①所著的《瘟疫年纪事》以生动、深刻的风格，为我们重新构建出这场瘟疫的惊惶与恐怖景象。1666年9月的一场大火吞没了受尽折磨的首都，也让瘟疫最严重的阶段过去了。大火在伦敦桥附近一条满是木屋的隘巷中燃烧起来，经强劲的东风助势，火焰乱蹿，势不可当，整整烧了四天。市民认为，大火是再洗礼教徒、天主教徒或外国人的杰作，这种质疑把民众气得要发疯。查理二世返回伦敦，表现出勇气与人道精神。大火在烧毁所有街道后，才在伦敦商区的城墙外面停下来，超过一万三千幢住宅和八十九所教堂及圣保罗大教堂都付之一炬。储藏数月的贸易仓库都毁掉了，对税收十分重要的烟囱税款也化成了灰烬。大火消灭了瘟疫，对于后人而言，真正的灾难不是这个不卫生的中世纪城市的毁灭，而是重建时未采用雷恩②的计划，没有以圣保罗大教堂及伦敦交易所为中心，有计划地修建码头与各条大道。不过，人们仍勇敢地面对重建的任务，圣保罗大教堂壮丽的圆顶，在旧大教堂的灰烬中建起，屹立至今。

战争一直拖到1667年才停下来。查理二世已设法与法兰西及荷兰

---

① 英格兰作家，《鲁滨孙漂流记》的作者。——译注
② 英格兰建筑师。——译注

讲和。缺乏金钱让英格兰战舰无法守住海疆,在谈判进行期间,荷兰人为了促进谈判,让荷兰著名的共和国执政约翰之弟与海军将领德·威特率军从梅德韦河溯流而上。他冲破了防守查塔姆港口的水栅,烧毁了四艘战舰,并且拖走洛斯托夫特战役中击毙海军将领奥普丹的"皇家查理号"。荷兰军舰的炮声随着泰晤士河河水传来,响声雷动。在普遍的愤怒与惊惶下,甚至保王派都说,在克伦威尔统治下不可能发生这样的事。清教徒认为,上帝在借瘟疫、大火以及海战的灾难直接惩罚不道之人,尤其是宫廷。

交战双方都需要和平,因此以不重要的条件完成了和约。英格兰在这场战争中的主要收获是占领了新阿姆斯特丹,该城现在命名为纽约。战争一结束,查理二世与议会便互相指责。宫廷问,当议会让国王经济短缺时,如何能捍卫国家?议会反驳道,国王在情妇与奢侈的生活上挥霍了太多金钱。克拉伦登规劝双方,但也受到双方的抨击。他与议会失和,却又谴责国王的情妇,更糟的是,他让国王感到了厌烦。他遭到各方的弹劾,流亡异乡,在流亡中完成了卓越的著作《反叛史》,此书为他所处的那个时代罩上永久的光环。克拉伦登下台之后,查理二世有一阵子由阿灵顿辅佐,心情比较轻松的时候则由他的好友白金汉辅佐。白金汉是詹姆士一世遇害的那位宠臣之子,个性活泼、机智,生活放荡,曾在决斗中杀死一个受侮辱的丈夫。"保王派议会"对于宫廷的德行与支出日益不满,认为必须扩大政府的基础,自 1668 年起,五位主要的人物被指定为负责的大臣。在此之前,人们经常谈到内阁与"阴谋集团";现在,如果把克里福德、阿灵顿、白金汉、阿什利以及劳德戴尔这五个人名字的首字母合在一起,刚好拼出"阴谋小集团"这个词。

*　　　*　　　*　　　*　　　*

克伦威尔从来就没有认清欧洲大陆上最具影响力的一个事实:在

西班牙与奥地利国势削弱的情况下，法兰西正在崛起。在王位继承者中，少有人能够盖过路易十四的天赋。他正值年轻。法兰西人民在枢机主教马扎然的贤明治理下团结起来，成了欧洲最强大的民族。它的人口达两千万，是英格兰的四倍。法兰西拥有地球上最好的地区，是艺术、学术文化的先驱，军队阵容浩大，实行中央集权，在邻国中犹如鹤立鸡群。它甘愿接受雄心勃勃、手腕高超国王的领导。到 1648 年结束的三十年战争，已经粉碎了神圣罗马帝国在日耳曼的力量。哈布斯堡家族在精神及历史意识上统辖着四分五裂、组织松散的各个日耳曼小公国，既不能行使权威，也无法得到形式上的忠诚，甚至在世袭的领地奥地利，神圣罗马帝国皇帝也都苦恼于匈牙利马扎尔人的仇视、土耳其人无止境的入侵威胁。因此，法兰西的边境既无强国，也无紧密的联盟。佛兰德斯、布拉班特、列日、卢森堡、洛林、阿尔萨斯、弗朗什－孔泰与萨伏依等，全都处在法兰西的野心、武力与外交威胁下。

与此同时，南边的西班牙帝国与西班牙统治家族已明显衰败，给世界投下动乱的阴影。马扎然已经打算，即使无法先将法兰西与西班牙王位合二为一，至少也得将法兰西与西班牙王室结合起来，这样有利于统治世界。马扎然说服路易十四娶西班牙的公主，但她身为法兰西的王后，必须放弃继承西班牙王位的权力；而她放弃继承权是有条件的，西班牙得付出一大笔金钱，当作部分嫁妆。西班牙付不起这笔巨款，路易十四便早早将合并法兰西与西班牙王位视为一生的主要目标。

西班牙的腓力国王再婚，当他于 1665 年过世后，留下了身体孱弱的儿子——西班牙国王查理二世。查理二世苟延残喘了三十五年，是法兰西计划的阻碍。路易十四计划的事业被无限期拖延，断然决定从尼德兰取得补偿。他宣布说，根据布拉班特公国的古老习俗，第一任婚姻的子女在父亲再婚以后，不会受到任何损失。因此，法兰西的王后拥有西属尼德兰的主权，而布拉邦特正是西属尼德兰的重要组成部分。路易十四领导他的人民发动第一次战争时，曾经提出过这些要求。法兰西对这些比利时省份提出要求，西班牙政府并没有太大的痛恨，况且也无力抗拒。但是，如果比利时落入法兰西人之手，荷兰共和国就无法生存下去了。约翰·德·威特领导着荷兰寡头政治集团，一直想在海上与英格兰交战，但是在陆地上与法兰西交手就大大超出了荷兰共和国的实力。更重要的是，这可能会加强约翰·德·威特的对手——奥兰治家族的力量。奥兰治家族的领袖威廉亲王才十七岁，能力惊人。自从"沉默者威廉"①的时代起，奥兰治家族的成员都担任荷兰联省的执政者或首席地方行政官，在战时则出任武装部队总司令之职。与法兰西冲突会给予威廉亲王机会，去要求属于其祖先享有、至今却拒绝给予他的荣誉。约翰·德·威特企图进行谈判，做出了很大的让步。但是路易十四派遣蒂雷纳元帅进入佛兰德斯，占领了西属尼德兰的大部分地区，并且为安抚神圣罗马帝国皇帝而与之订立瓜分土地的条约，这在某种程度上保障了神圣罗马帝国的利益。受到如此骚扰，约翰·德·威特与英格兰缔结合约。查理二世与"阴谋小集团"得到了英格兰驻海牙特使威廉·坦普尔爵士的协助，与荷兰及瑞典三边联盟，共同对抗法兰西。这个新教的组合受到英格兰全国民众的喝彩。查理二世与大臣们发现，自己一夜之间受到民众的热情拥戴。在一长串反抗法兰西的联盟中，这个联盟是第一个，暂时遏阻了路易十四的行动，使其被迫与西班牙讲和。依照1668年的《亚琛和约》，他将弗朗什－孔泰归还给西班牙国王，但是却在佛兰德斯推进了自己的边境。在这些收获之外，还将繁荣的城市里尔变成法兰西最大、最坚固的堡垒。

英格兰与荷兰及瑞典结成的三边联盟在伦敦深得人心，但是未能平息英格兰与荷兰两国贸易上的摩擦。瑞典在一位男童君主统治下国势很弱，不久便改变了立场，三边联盟宣布瓦解。路易十四决定先收买两个海上强国中的任一个，再发动战争。他致函英格兰，并于1670年与查理二世开始进行秘密谈判。查理二世的妹妹亨利埃塔—妩媚的蜜奈特—路易十四之弟奥尔良公爵的妻子，提供了密切沟通的渠道。查理二世急

---

① 威廉一世。——译注

需钱。他向路易十四指出，议会会给他大量资金对抗法兰西，而路易十四会给他多少钱不对抗法兰西呢？如果路易十四付的钱够多，查理二世便不需要召开令人畏惧的议会。这就是可耻的《多佛条约》的基础。

《多佛条约》除了最后公之于世的条款之外，还有一项秘密条款，只有阿灵顿与克里福德及查理二世知道内容。"大不列颠的国王深信天主教信仰中的真理……只要对王国的福利无损……他会立刻宣布自己是天主教徒。笃信基督教的法兰西国王陛下承诺，给大不列颠国王二百万里弗尔①……并以六千步卒协助大不列颠国王陛下。"查理二世一年还能收到十六万六千英镑的补助金。他为了金钱出卖自己的国家，把数目巨大的补助金用在寻欢作乐与情妇身上。他是否有意遵守如此不合常理的承诺是个疑问。无论如何，他并没有打算履行承诺，并且将条约中兑现的大部分现金用在加强舰队上。

《多佛条约》提到第三次荷兰战争，当路易十四觉得时机合宜时，法兰西便会与英格兰联手出兵。1672年3月，路易十四要求英方履行合约。英格兰想与荷兰起争执，并不缺乏借口。一位驻海牙的英格兰外交官写道："我们的任务是与他们决裂，然而却要让裂缝发生在他们的门上。"荷兰舰队打破了既定的惯例，并没有向一艘送威廉·坦普尔爵士的妻子回国的游艇致敬。当英格兰提出抗议时，荷兰人表示愿意妥协。然后，英格兰人策划挑衅行动。英格兰攻击来自士麦那、经过朴次茅斯、溯英吉利海峡而上的荷兰舰队，但是并未成功。战争开始了。英格兰与法兰西在海上集合九十八艘战舰对抗荷军的七十五艘战舰，并且以六千门炮与三万四千人对抗有四千五百门炮的两万名荷兰人。但是天才的海军将领德·鲁特保住了荷兰共和国的尊严。1672年5月28日，在索尔湾的大海战中，德·鲁特趁着英法舰队下锚的时候，突击比他多上十艘的船舰。这场历时长久的海战既惨烈又残酷。萨福克郡海岸上挤满了异常兴奋的观战者，几英里外都听得到隆隆的炮声。

---

① 法兰西旧时的流通货币，一里弗尔当时相当于一磅白银。——译注

法兰西舰队强行出海，但是风向使得他们无法与敌人作战。约克公爵的旗舰"亲王号"遭到围攻。甲板上站着禁卫军的第一连官兵。掌旗官丘吉尔正在这个连上服役。这艘旗舰损失惨重，如同平常一样英勇的公爵被迫将他的指挥旗换到"圣米迦勒号"上。当这艘舰艇也受创无法行动时，他再将指挥旗移到"伦敦号"上。在第二艘旗舰"皇家詹姆士号"上的桑威奇爵士，在舰艇着火、几乎烧到吃水线而沉没时殉国。不过，荷兰人也损失惨重，退出了战斗。

在陆地上，路易十四以可怕的兵力打击处于困境的荷兰共和国。突然之间，没有任何原因或争执，他的骑兵就渡过了莱茵河，大军入侵荷兰。十二万人的法兰西部队首次在枪口边装上刺刀，但并不是插在枪口中，其势不可当。八十三个荷兰据点开启了城门。荷兰人面对着民族灭绝的危机，只好向奥兰治亲王威廉求助。"沉默者威廉"的曾孙现在足以胜任总司令，并没有让他们失望。他发出著名的豪语："我们可以死于沟壑。"他打开堤防上的各个闸口，激烈的河水变成洪水，淹没了肥沃的田地，挽救了荷兰。此时，海牙发生了革命，奥兰治亲王威廉成了联省的执政者。德·鲁特辞职下台，他与他的弟弟在首都被奥兰治集团的暴徒分尸。

1673 年的一整年，德·鲁特都维持着荷兰的海军力量，在多次激战中获得程度不一的胜利。8 月 21 日，他在特塞尔岛外海的大战中击退英法的联手入侵，并且成功地将荷兰的东印度群岛船队接入港内。陆战方面，路易十四亲自上阵。孔德元帅以较弱的兵力在北方缠住荷兰人，蒂雷纳元帅在阿尔萨斯与神圣罗马帝国的部队交战，路易十四由王后与情妇蒙特斯庞侯爵夫人陪同，与整个宫廷在壮观的法兰西军队面前挺进。不久，他选择由五千人卫成的坚强堡垒马斯特里赫特作为攻击目标。他说："大规模的围城比其他的方式更能取悦我。"围攻城池的确比两军厮杀更适合他的军队部署。马斯特里赫特在长期防守之后开城投降，是这场战役的唯一意义。

第二十三章　天主教的阴谋事件

　　1673 年 2 月的议会会议，让查理二世知道他的臣民厌恶对荷兰新教共和国进行的战争，但他容许自己卷入这场战争，并不是自居于英格兰贸易的维护者，而是路易十四的仆人。英格兰人憎恨荷兰人在海上的公然侮辱行为，更嫉妒他们的贸易，但对信仰天主教的法兰西的恐惧与敌视情绪，在欧洲已日益蔓延并成为主流，这种情绪甚至盖过了前者。伦敦风声四起，猜测到国王与他的大臣都曾接受法兰西的贿赂，出卖不列颠岛的自由与信仰。若《多佛条约》中的秘密条款此时公之于世，一定会引起无法估量的政治风暴。沙夫茨伯里虽然未闻此秘密条款，也有所怀疑。早在 1673 年，阿灵顿似乎就已向他暗示了这些事实。机敏果决的沙夫茨伯里退出政府，成了反对派的领袖，这个反对派也像皮姆领导的反对派一样凶猛。平民院对法兰西日增的敌意、对天主教卷土重来的恐惧、国王"对天主教徒的宽容"、约克公爵皈依罗马天主教，这一切在全国各地搅起深沉又危险的动荡，在动荡中占有支配权的国教势力与长老教派及清教徒完全一致。到处都可以听到政治的喧嚣。咖啡馆内人声鼎沸，小册子在流传，补选场面一团骚乱。国王被逼接受忠诚宣誓的法案。没有郑重声明不信"圣餐变体论"[①]的人，就不能在海上或陆上担任官职或接受国王的委任令。这场整肃运动摧毁了阴谋小集团。克里福德是位天主教徒，拒绝发伪誓；阿灵顿因为

---

　　① 天主教信仰的面饼和葡萄酒变成耶稣的血肉之说。——译注

不得人心而遭到解职；白金汉则与国王发生过争执。沙夫茨伯里投票赞成过《宣誓法》，是反对派的领袖。只有劳德戴尔愤世嫉俗、残暴不仁，而又奴颜婢膝，成了苏格兰的主人。

所有的视线都集中在约克公爵詹姆士身上。他的前妻安妮·海德去世后，他与信奉天主教的摩德纳公国的玛丽联姻，遭人猜疑。他是选择掩饰，还是放弃所有的官职呢？这位王位继承人不久就辞去海军大臣一职，而不是服从《宣誓法》。这件事让全国感到惊愕。王后不可能为查理二世生一位子嗣，因此，王位会传给一位天主教徒，而他为了对得起良心，毫不迟疑地牺牲了每项现实利益。现在国教派与反国教派、追随过鲁珀特的战士与追随过克伦威尔的战士等，反对国王及他的政策的势力联合起来，且深具实力。所有的武装部队都掌握在保王派士绅的手中，单单在伦敦便有数千名克伦威尔昔日的兵士。他们现在都站在同一边，由十七世纪第二位伟大的议会战术家沙夫茨伯里率领。在各种联盟中，这股力量成了查理二世最大的威胁。

德莱顿以不朽的诗句记录他对沙夫茨伯里的评价，虽有偏激之处，却也是比较全面的评价：

> 严密的企划与欺诈的谋算皆胜任，
> 贤明、大胆与狂暴的机智，
> 求变、不定的原则与地位，
> 贪权心不悦，罢黜心亦烦；
> 性急如火，自找出路，
> 焦躁、矮小的身躯腐蚀
> 与改造泥砖做的房子。
> 胆大无畏的领航人，
> 乐见危险，当海浪翻高时，
> 他寻找暴风雨；但是，对平静的不适应，
> 让他掌舵进入黑暗的沙滩以炫机智。

这伟大的机智与疯狂相称，

只有细微的差别可以模糊评说。

　　"保王派议会"的力量在每次与王室的争执中都有充分表现。它已经在外交政策上有所发挥，且完全控制国内事务，借《宣誓法》或《弹劾法》这些强硬的策略，逼迫国王更换顾问。现在有了新的发展。约克郡的地主托马斯·奥斯本爵士在平民院凝聚起很大的影响力，为了拯救自己，他不得不大力反对国王。他的政策是将所有受欢迎的因素——内战中支持君主，但现在对宫廷深感愤怒的因素——结合成为一个强大的党派。这个党派主要的理想是实行节约，维护国教，不受法兰西人的支配。奥斯本在枢密院提出这些目标不久便晋升贵族，受封为丹比伯爵，以自己在平民院拥有的微弱但有效的多数派为基础开始执政。为了将追随者团结起来拥护国王，并与反对派决裂，丹比于1675 年提议，任何人没有事先宣誓"一切抗拒王权的行为都算是犯罪"，便不得担任官职或担任任何一院的议员。这是故意要划清界限，反对清教徒与其传统。这个计划要将整个政府在中央与地方的大权都交给保王派，并与其他党派抗争。丹比以腐败的政党运作及史无前例的补选活动，设计了这项计划，在贵族院受到沙夫茨伯里及白金汉的反对，因为这两位前任大臣的反对强而有力，丹比不得不放弃新的具有报复性质的《宣誓法》。

　　在外交事务上，这位新大臣公开与主人唱反调。他反对法兰西的支配地位与干预，因此获得普遍支持。但是，他被迫知悉查理二世与路易十四的秘密条款，而且，因为非常坚持保王派认定的国王应当有相当大个人权力的观念，他不得不代表查理二世向法兰西国王索要金钱。当他设法让约克公爵前妻所生的女儿玛丽与现在著名的新教英雄奥兰治亲王威廉联姻时，他个人的声望达到了顶点，不过也并不十分稳当。这个联姻有极大的影响力。对信奉天主教的法兰西国王的畏惧，让所有人将希望寄托在这位令人敬畏、光芒万丈的荷兰联省执政者的身上。他是查理一世的外孙，新教信仰坚定，举止庄重，天赋出众，血统高贵，已经在欧洲建立了卓越的地位。在娶了约克公爵的女儿——英格兰王位的推定继承人后，他似乎也有继承王位的可能。这绝对不是国王查理二世的看法，更不是他弟弟詹姆士的看法。他们并未将这个危险性看得很严重。查理二世相信，沙夫茨伯里的反对派势力可能因这桩婚姻而削弱，约克公爵却自信自己的继承权无虞。就这样，他们完成了联姻。而曾在狭海上对抗，进行让人难忘的海战的两个海上国家，因这个不平凡的婚事团结起来了。此后，荷兰人与英格兰人在欧洲事务上少有分歧。

* * * * *

就在这个时刻，路易十四对自己在查理二世身上的投资结果感到不满，对于婚事可能会将英格兰带入荷兰体系，对对方强烈维护新教利益一事都极为愤怒。他决心毁掉丹比。他对许多拿了他的贿赂，同时又反对他的英格兰反对派人士透露丹比一直向他索要金钱的事。在仔细地策划之后，这个消息以最有戏剧性的方式在平民院被揭露，在最可怕的时刻炸开。每个人都在谈论要让信奉新教的英格兰屈服于罗马教廷的阴谋诡计。到处都流传着法兰西国王的密约，以及约克公爵似乎要继位的谣言。谣言在蔓延，煽动起所谓"天主教的阴谋"。

一位声名狼藉的教士泰特斯·奥茨博士成了新教的拥护者。他得到了英格兰天主教徒与耶稣会会员写给在圣奥梅尔及法兰西其他天主教中心的虔诚同修的信件。凭这些资料，他指控约克公爵夫人的私人秘书科尔曼阴谋谋害国王，号召法兰西入侵，屠杀新教徒。议会两院中许多负责任的议员都相信奥茨的指控，或者，假装相信这一切指控。于是，有关当局下令逮捕科尔曼。其实他无意对查理不利，但他是天主教活动与通信的中心。他在被捕前成功地烧掉了大部分文件，在被没收的文件中，有不够谨慎的文字，提到要恢复旧信仰，以及天主教对查理二世的态度表示失望等。这些文件在这时让指控增添了真实性。1678 年 10 月，一位行政长官埃德蒙·贝里·戈弗雷爵士审问科尔曼。在案子审理期间，有天晚上，有人发现戈弗雷死在格林贝里山脚下。此山现在名为普里姆罗斯山。谋杀的三个人，名字古怪，叫格林、贝里、希尔。虽然这三个人全因涉及谋杀而被判绞刑，但戈弗雷的死亡谜团却永远没有解开。这件凶案有如火上浇油，驱使英格兰社会更加疯狂。国教徒与清教徒都以刀剑或护身武器武装自己，伦敦人都在谈论：要小心天主教徒以匕首伤人。奥茨在几个月之内成了受人欢迎的英雄，他与任何活着的人一样邪恶，充分利用这些有利条件。另一方面，历经革命的沙夫茨伯里看到了乘风破浪的机会。

蒙塔古是前英格兰驻法大使，与辉格党及清教徒的领袖都有联系，他曝光了丹比所写的一些书信，信中曾提到，六百万里弗尔是让英格兰同意提议中的法荷《奈梅亨条约》的报酬。信中也提到，查理二世期望摆脱对议会拨款的依赖。法兰西人因此项条约可获得相当大的收益。丹比在辩解中宣读了一些其他信件，减轻了这些事情的严重性，但是并未推翻赤裸裸的事实。他的弹劾就此确定，甚至斯特拉福当年也未曾经历过比这更加危险的困境。的确，丹比似乎不可能拯救自己的生命。查理二世希望暂缓处置他的大臣的死刑，这个程序有部分的不公正，且丹比的行为仅是为了取悦国王。最后，查理二世在 1678 年 12 月解散了"保王派议会"。

这届议会达十八年之久，其间多次休会。议会是在保王派对王政复辟充满热忱时诞生的。当查理二世深信，议会会将他降到威尼斯共和国总督的地位时，它便结束了。在时间的长短上，这届议会超过了"长期议会"。为了立宪制度而与王权对抗时，它在很长的一段时间都胜过富有朝气的上一届议会。它确立了保王派在"大反叛"最后胜利的时候获得的一切利益。它在有限的范围内及后人所能了解的推定之下，恢复了王权以及君主制度的合法性。它也建立了议会对财政的控制权，让大臣们对贵族院与平民院更进一步负责。它建立在一块岩石上，这岩石就是英格兰政体中的议会势力与新教势力。这些力量虽然有严重的分歧，但是汇集起来后，在 1688 年发动了革命。

*　　　　*　　　　*　　　　*　　　　*

查理二世毁掉这个长期支撑他的支柱时，无意信任任何一个党派。他希望新科议员不要像旧保王派议员那样严格死板、墨守成规、固执己见。他以为全议会比沙夫茨伯里占较优势的伦敦闹市区来得友善。但这一切仍旧是幻想。全国其他地区较首都更加富有敌意。各地都在享受着选举。他们用候选人的钱开怀畅饮、热情地争辩，就像查理一世时期"短期议会"之后发生的情形一样，所有反对国王的名人又重新当选。一百五十名忠于宫廷的议员中，仅三十人当选。情况与1640年的情况并无不同。但是，有一项确定的不同，国王与全国都经历过一场不期望重复的混乱。整个英格兰都担心内战、担心会引起克伦威尔式的暴行。父亲命运的阴影老是紧随国王身后。到了此刻，查理二世只想不计代价地拯救王权与他自己。他顺从民意，向敌对的议会让步。丹比面临被褫夺公权，但他很高兴自己被囚禁在伦敦塔，被人忘记了五年。接下来，他还有别的戏要演。

受到打击的对象是约克公爵詹姆士。查理二世已经命令他不要参加枢密院，现在则劝他离开英格兰。约克公爵于是前往"低地国家"，随行幕僚中有位非常年轻的英军上尉，曾在法军中任上校的约翰·丘吉尔，这个人是他信任的副官，善于理事。查理二世在国内感到安心后，便开始面对反天主教的猛烈风暴。奥茨与追随的其他做伪证者，千方百计对付天主教徒中的知名人士，开启了恐怖的时代。他们借着做伪证与买通证据，将许多无辜的天主教徒送上了行刑台。查理二世尽全力保护他们，当他的努力徒劳时，就只好让血腥的迫害活动继续下去。他对人生有了愤世嫉俗但颇为深厚的认识，流亡岁月中的经历，对他也很有影响。他明知有些人无辜，却签署了死刑执行令，而他之所以忍受着臣民强加于他的死刑执行令，并非出于不良的动机，而是因为他的行为有了重大的改变。他改变了安乐、懒散、不问政事的态度。他看到他的生命与王朝濒临危险，因此着手运用起所有的资源与治国才能。现代的研究者对他运用的政治手腕，越来越赞扬。他最后五年统治期间，是他一生中最荣耀的时期。他与沙夫茨伯里的致命决斗是激动人心的插曲。强中自有强中手。开始的时候，他似乎任由这位可怕的臣子摆布。但是借着时间与情绪操纵，以及有如神助的才智，查理二世终于成了胜利者，让双手沾满无辜者鲜血的沙夫茨伯里在流亡时去世。

对抗的中心是《排斥法案》。防止天主教继承人成为国王，是全国大多数人的目标。什么都可以，就是不能忍受这样的情况。那么谁将继承王位呢？沙夫茨伯里寄望于奥兰治亲王威廉，他更喜欢的是查理二世与露西·沃特斯的私生子——蒙茅斯公爵。这位公爵年轻、有魅力、浪漫、英勇、出类拔萃。我们受人爱戴的新教公爵是婚生子还是私生子呢？一般人相信，查理二世与露西曾经缔结过某种形式的婚姻。据说"结婚证书"放在一个"黑盒子"中。结婚证书被教皇的使节盗走了。现在，英格兰较有权力的集团要建立蒙茅斯的合法地位。他们想要一位国王，一位信奉新教的国王，在立宪制度下产生、属于英格兰国教的国王，带着平民血统将使他推动维护新教势力的明确政策：对抗路易十四用天主教统治欧洲的野心。只有一个人能够解决这个问题。查理二世只要承认蒙茅斯是他的继承人，就可以让自己摆脱各种烦恼，也足以保障国家的前途。没有任何事物能使查理二世背叛继承权。他是好色者、放荡者、不可知论者、艺术的爱好者，他只对一件事情忠心，即王室血统与合法继承权。不论此事对他自己及他的王国多么痛苦，他都认为将王位传给弟弟是神圣的职责。与这位弟弟的美德与恶行相比，他知道自己不配戴上英格兰的王冠。不管怎么说，"黑盒子"的传奇到现在还在流传。而在这个时代，我们都已获悉，不幸的蒙茅斯的后代，一位柏克卢公爵发现并且毁掉露西·沃特斯的结婚证书，也毁掉了君主制度的危机。

新议会召开时，平民院较上一届议会的平民院更加好斗，由反天主教的绝大多数构成。新议会立即弹劾丹比；当弹劾不顺利时，干脆褫夺他的公权，判以死刑。新议会集中力量推动《排斥法案》。这个措施背后有重大原因。当法律禁止天主教徒在英格兰担任职位时，为什么要由一位天主教徒行使王权与特权呢？查理二世拼命地提出折中案。他无法容许议会改变凭血统继承王位的传统。玫瑰战争就是这样发生的。但是，他提出了一些非同小可的限制，如果这些限制被接受，并且被执行，就会在英格兰创立严格限制的君主立宪制。一位天主教君主得不到所有神职人员的支持。任何天主教徒都不得担任议会中任何一院的议员、担任任何官职或收到信任的差事。国王驾崩时仍在开会的议会，将持续一段时间；若已休会，便不用再发召集令，可自行复会。法官要由议会同意才能任命。最后，查理二世正式放弃了父亲长久奋斗才争取到的兵权。控制民兵的都尉、副都尉以及海军的军官都将由议会任命。但是当时人们普遍认为，任何限制都不可能加诸在天主教国王身上。《排斥法案》以压倒性票数通过了，查理二世亲自驾临，再度解散议会。

然而，这个短命的立法机构留下了一座纪念碑。它通过了《人身保护法》，确立及加强了个人不受政府任意逮捕的权利。根据这块土地上的现有法律，英格兰人，不论伟大或卑微，若在公开的法庭无法出示对他不利的理由，下狱数日之后就必须释放。查理二世并未反对这个法案。在这个时候，对立的两派势均力敌，以至于他的朝臣、官员或以前的大臣都需要这种保护。他以诺曼底人的法语说了一句传统的话："王意欲之。"[1]而在世界上任何说英语的地方，例如不列颠国王或是美国联邦政府行使权力的地方，所有守法的人都可以自由呼吸。独裁政治在现代已经吞没许多重要的国家，这些国家映照出出自英格兰

---

[1] 国王批准议案。——译注

人的政治天才的法规优点，甚至最粗心、最无知、最卑微的人也不会视若无睹。

新教的浪潮再度席卷，选民都投票反对约克公爵成为国王。热心的、值得尊敬的神职人员设法劝詹姆士回到祖先与未来臣民所属的教会。他依然执拗，好战的天性又添加了信仰的热忱。约克公爵不会做出一般世人的妥协，他的作为像纳瓦拉王国的亨利①为了王冠所做的一切。对他而言，最好的做法是流亡、贫穷、死亡，最好的结果是国家因内战而毁灭。对立双方的主要动机值得敬佩，但是却无情地导致了长久的磨难。今日，在天主教教会以它不朽的权威对抗暴政之际，世人很难明白，天主教在 1679 年让英格兰陷入的局面和史密斯菲尔德刑场、火焚新教徒的大火、圣巴托罗缪的大屠杀、西班牙的无敌舰队以及"炸药阴谋"等历历在目的景象相比，到底有何差异。

---

① 亨利四世。——译注

第二十四章　辉格党与托利党

查理二世看到新的议会不能为他纾困，便让议会又休会了差不多一年。期间，我们首次看到"辉格党"与"托利党"两个名称，这两个党派将使不列颠岛分裂达两百年左右。争执不休的根源仍是宗教方面的问题。在查理二世的统治时期，自由的观念离开了宗教基础。英格兰的整个思想冲出宗教纠葛的峡谷，奔向风光稍欠秀丽但却更为宽广的地方。宗教纷争的推动力曾是政治进展所不可缺少的，之后便退居第二位。肮脏卑鄙、毫无理性、无法控制的党派斗争取代了阴沉的教条与教派战争。

1680 年，新议会召开之前，掌握全国大权的士绅开始对猛烈的新教运动感到不安。在沙夫茨伯里的煽动行径中，保王—国教徒分子日益认清他与奥利弗·克伦威尔有同样可怕的特征。内战与所谓的"共和国"等令人憎恨的记忆困扰着老一辈人。如果城镇中有成千上万的人签署了排斥约克公爵继承王位的请愿书，则乡间对于向国王提出的这些也普遍憎恶。没有任何党派可以在"请愿者"及"憎恶者"这样的标签下生存。他们与其说是为自己命名，倒不如是为对方命名。"辉格党"这个词描绘的是刻薄、固执、伪善、视钱如命的苏格兰长老教派。抢夺产业与庄园大宅的爱尔兰天主教匪徒则被称作"托利党"。双方都不乏互相诋毁的能力。"托利党人是个怪物，带着英格兰人的面孔、法兰西人的心肠与爱尔兰人的良心。这个生物的额头大、嘴巴宽、大腿后侧柔软，又没有头脑。他们有点像野猪，会根除政体……以晦暗不

283

明的政策同时炸掉我们的两个自由支柱——议会与陪审团；让前者变为巴黎议会,后者变成响应法官喜好的工具。"[1]另一方面,辉格党人"什么都不说,只谈启示与预言、宗教方面的收获、内在的精神活跃、宗教的传播和精确的概念……他们带着鼻音,热心地讲话却并没有增加什么功效。……他们的嘴带着小号角,每一个言辞都是颠覆。他们的祈祷是由一派胡言、神圣的狂吼、炯炯有神的瞪视、叹息、啜泣、苦恼、喘气与呻吟等组成。他们为国王祈祷,但是,却比正直的人接受《盟约》时有更多的保留"[2]。

从这些轻蔑与仇视的表达中,可以看出英格兰如何勉强地逃过另一场残酷的武力清洗。然而,辉格党与托利党之名不仅突出,而且受到与其有紧密关系的人的珍视与吹嘘。它们渐渐地进入英格兰民族的整个生活,并且以连续不断的形式表现出这个民族的气质类型。它们为英格兰的福祉做出令人难忘的成就而益增光彩,两党都尽力地拓展与壮大英格兰的未来。虽然对抗的议题随着时代而变迁,党派的结合也有诸多变化,党派忠诚度与党派的名称却由各家族一代代传下去。演说家与著名作家都以骄傲的言辞表扬之。

处于困境的查理二世没有与他的第四届议会对抗。他采取的权宜之计让人想起"大咨询会议",这是他父亲四十年前曾经拟定的计策。英格兰驻海牙的特使威廉·坦普尔爵士是反法政策的主要拥护者,也是让路易十四的《亚琛合约》受阻与反法三国联盟的设计者,为枢密院提出减少人数但集中权力的计划。两党共三十位要人,一半持有官职,一半立场超然,取代旧的、秘密的、曾共同签订《多佛条约》的阴谋小集团或内阁。王室的政策不论对错与否都应当公开,人们认为秘密外交应该结束。查理二世此时已与路易十四完全决裂,原因是路易十四在英格兰反对派当中广为散布他曾贿赂查理二世的事。查理二世接受了坦普尔的计划。一个受到赞扬的枢密院成立。国王任命反对

---

① 引自戴维奥格所著的《查理二世统治下的英格兰》,1934年版。
② 同上。

派的领袖沙夫茨伯里为枢密院院长。这些出自善意的努力百事无成。各种压力太大，三十人组成的枢密院，不久便内部发展出处理所有事务的一个小圈子。沙夫茨伯里绝对未因重新任用、担任官职而受到安抚。他并未放弃领导的对抗运动与反对党派。相反，他利用地位推展他们的利益。议会于1680年召开时，他再度拥护《排斥法案》，事业到达了顶点。他似乎将王室大臣的权力与初期叛乱领袖的威望集于一身。《排斥法案》在平民院通过，但是在贵族院中引起斗争。

这场斗争未流血便宣告结束了，大部分应当归功于将"骑墙派"这个词发扬光大的政治家。哈利法克斯侯爵乔治·萨维尔是天主教与法兰西二者的对头。他算得上是罕见的人物，集冷静沉着、擅长判断与行动果决于一身。他能够以极端分子才有的坚定不移的态度坚守中间路线。他能够更换立场，或随波逐流或逆流而行，但都不会失去力量或拥有的尊敬。他从来不躲避公然的抨击，在对所有的"骑墙派"的攻击与诽谤中，依旧昂然而立。德莱顿用笔描绘出的那些动荡日子中的许多人物，唯有哈利法克斯侯爵的形象有如纽坦[①]，最令人喜爱。

姑且试尝

一下较坏的方案，然后选择较好的一方。

这并非简单的选择，也是改变平衡，

唯有勇者可以造就这么大的影响。

哈利法克斯侯爵曾经激烈地反对丹比伯爵，却在贵族院中破坏《排斥法案》。由于很难推出另一个王位继承人，他的任务便变得容易多了。在反对詹姆士的人当中，有些人支持詹姆士的长女玛丽——赫赫有名的奥兰治亲王威廉的妻子，因为英格兰王室的血液也在她的血脉中流着。沙夫茨伯里打过这个主意，但后来却决定支持查理二世的私生子

---

①《旧约全书·撒母耳记下》中的人物，奉耶和华之命去见大卫，面斥大卫之罪。——译注

蒙茅斯。他将蒙茅斯弄进枢密院，编入反对派的组织。辉格党人捏造虚构的故事，说蒙茅斯是合法的继承人。尽管如此，查理二世仍极为钟爱这个英俊、威武的儿子。查理二世身受压力、面对危险，难道他不会采取安全又容易的方式，宣布蒙茅斯为婚生子吗？但是，查理二世永远不会容忍这个恭顺的解决方案，同时议会也不赞成这个法案，因为它的每位成员都通要过世袭权力的严格解释，以拥有土地、财富与权力。英格兰国教拒绝借着替私生子加冕而抗拒天主教。贵族院以六十三票对三十票否决了《排斥法案》。

*　　　　*　　　　*　　　　*　　　　*

反对"天主教阴谋"的怒火，在一些人受害丧命之后渐渐平息。1680 年 11 月，最后一位受害者斯特拉福爵士在行刑台上宣称自己清白无辜。围观的人大喊："我们相信你，爵士。"奥茨与其他人用来掩饰自己的种种谎言变得越来越薄弱无力。法官都开始注意到，让天主教徒送命的证据有矛盾与不恰当之处。人们的情绪惊惶，以至于阴谋无法持久。查理二世与路易十四断绝关系的事实，缓和了政治激情。查理二世看出，可趁机召集一个比较喜欢的议会。刚为查理二世立下高功的哈利法克斯反对解散议会。他认为，1680 年 11 月的议会仍能有所作为。但是，在枢密院做过全盘讨论之后，查理二世根本不理会多数人的意见，说："各位先生，我已经听够了你们的意见。"于是，三年内的第三次选举开始了。但是，这是对选民的挑战，促使他们支持上次投票表决的人选。结果，大多数议员重新当选，没有带来决定性的改变。

一般人很快获悉，议会将在牛津召开，查理二世在那里不会受到伦敦商区与沙夫茨伯里称为"白衣会会员"的学徒挟持。然后，双方都集合到牛津。查理二世将卫队调到牛津，并派部队把守伦敦到牛津的数处要津。辉格党的贵族带着武装家臣抵达，并以绅士决斗时的敌意注视着宫廷骑兵与卫士。平民院议员都是四五十人一批结伙前来，伦敦的议员还带来武装市民。一场实力的较量即将发生，没有任何人可以排除流血的可能性。大多数平民院议员仍然决心支持《排斥法案》。

查理二世似乎准备了两个公开的行动方案。他请克拉伦登的儿子、约克公爵的内弟劳伦斯·海德——一位干练的金融家，精确地检查给予国王的终身正常税收的状况。国王能严事搏节而"自力更生"吗？在这估算中，查理二世最先想到的是维持海军，即使与情妇大事享乐之际，他还是要继续发展海军。海德报告说，根据议会原来批准的关税与国内消费税，以及议会进一步批准的税收来看，国王不可能履行职责。严格控制开支赤字就不会变得很大。海德接下来与路易十四谈判，最后达到的共识是：英格兰以不反对法兰西在欧洲大陆的野心活动为条件，每年可以获得十万英镑的补偿。一般人认为，查理国王得到这些援助，就能够挣脱穷凶极恶的议会摆布。英格兰现在已走到历史的一个衰退期，其情形有如约翰王在压力之下让英格兰变成教皇的采邑。现代的研究者从宪法的观点出发评断查理的行动，对一位君主以一年十万英镑的代价出卖国家外交政策很反感。但是，如果将今日的标准应用在议会的宗教不宽容主义，以及沙夫茨伯里派的残暴行为上，人人都应该受到谴责。

而且，查理二世实际上无意采用他的，或说是他口袋里的这个可耻政策，除非对议会失去任何希望。他不顾国人的担心，要走极端，将王位传给一位天主教徒。他绝不允许毁掉世袭继承的神圣原则，但除此之外，他可以做出各种看起来乱糟糟的保证。詹姆士若继承王位，也只是名义上的国王。这个王国将由护国公及枢密院共同治理。推定继承人皈依罗马天主教的情况，不应当让他失去王位，但是应夺走其所有的实际权力。行政事务应当掌握在新教徒之手。如果詹姆士生了儿子，这个孩子将教育为新教徒，在成年后登基。但詹姆士没有儿子，只有两位坚信新教的女儿——玛丽公主与安妮公主。她们先后主政。护国公一职，除了奥兰治的威廉外，无其他人选。

毫无疑问，查理二世同意这样的安排，然后才得以蔑视法兰西，并且与荷兰及信新教的日耳曼王侯结盟。没有人能轻易地指责这个策略。事实上，这个策略也透露出查理内心的挣扎。但是沙夫茨伯里别有打算。他与所有的党人想让蒙茅斯登上王位。议会还未召开，他的敌意就已经很明显。查理二世在演说中感叹上届议会好搞派系活动的无理行为。平民院重新选出上一届议长。他在谦虚的致辞中暗示，他未看出他们的行为举止需要有所改变。沙夫茨伯里仍是枢密院的成员，在某种意义上仍是政府的一部分。他与查理二世展开严肃的对话，震惊了在场的许多重要人士。他将一份文件交给查理二世，要求宣布蒙茅斯为继位者。查理回答，这违反法律且有违正义。沙夫茨伯里说："如果你仅受到法律与正义的约束，那么就依赖我们，把事情交给我们。我们将制定一些法律，能带给国家和平所需的措施维持合法性。"查理二世反驳说："不要幻想了，我绝不会屈服，也不会受威吓。通常人的年纪愈大愈胆怯。对我而言，情形刚好相反，而且对我剩下的生命而言，绝对不会让任何事玷污名誉。我身边自有法律、情理与思想正确的人相佐。我尚有教会支持。"他指着在座的所有主教说："没有任何事物能让我们分离。"

两天之后，即 1681 年 3 月 26 日，平民院召开决定性的会议。一位重要的枢密院成员对平民院透露查理二世心中的想法：在詹姆士统治时期设立新教护国公职位的计划。查理或许是明智的，他想让此种讨论进行下去。但牛津是两个武装派系彼此冲突的营地，任何时间都可能爆发事端。詹姆士会为宗教信仰牺牲一切，查理二世同样会为世袭原则应付所有挑战。为了防止爱子蒙茅斯驱走他的弟弟——所有麻烦的来源，查理二世敢冒任何风险。

平民院通过了排斥约克公爵继承王位的决议。接下来的星期一，两顶轿子前往议会。第一顶轿子中坐的是查理二世，王冠放在他的脚下；第二顶关闭着的轿子中放着国王的节杖与朝服。于是，查理二世前往在牛津大学几何学院开会的贵族院。平民院正在讨论一个控告诽谤活动的国王裁判权问题，一位议员正凭着理论叙述《大宪章》对这件事的影响，这个时候黑衣侍卫前来敲门，召他们前往贵族院。大多数的议员认为这显示了国王顺从他们的意愿。他们看到国王穿着朝服，坐在御座上，不免感到惊讶。当贵族院议长以国王的名义宣布再度解散议会时，他们更是惊骇。

没有什么人能预料这一决定的后果。四十年前，苏格兰议会曾经拒绝依国王的诏书解散。一百年后，法兰西的国家议会退守位于凡尔赛宫的网球场，以保证议会继续存在。但是英格兰内战有如一剂药，仍在 1681 年的英格兰人身上发生作用。对法律的尊重麻痹了他们的行动。查理二世在护卫队护送下退居温莎。沙夫茨伯里努力地想将解散的议会转变成革命性质的代表大会，但是没有人听从。查理二世正确地冒了险。前一天，议会还视自己是负有守护国家命运责任的卫士，准备从事可怕的斗争。次日，议员们乱成一团，争夺运输工具，以便载自己回家。

从此时起，沙夫茨伯里的运气开始下滑，贤明的哈利法克斯的权势开始上升。处决天主教贵族与其他人已引起明显的反应，议会服从第三次解散让这些不满的反应表现出来。两个月内，查理二世感到自己的力量足够强大，可以酝酿以叛乱之名对沙夫茨伯里起诉。这位奇人的身体现在几乎只剩下最后一口气，虽然精神依旧，但健康却已崩溃。他几乎无法举步，让他的追随者感到气馁。米德尔塞克斯地区的大陪审团忠于他的主张，在呈堂控告他的诉状上写下"不学无术"的字样。这意味，他们发现证据不足。他依法获得了释放。同时，他的一位追随者已经在牛津被判了绞刑，罪名与沙夫茨伯里在伦敦逃脱掉的指控一样。沙夫茨伯里无法再继续奋斗。他提议叛变，谋害王室似乎是叛变的一项初步行动。他在这个紧要关头逃往荷兰，希望得到荷兰人的支持，不过却在几星期后于海牙去世。他无法与英格兰议会制度的几位主要缔造者相提并论。他身为清教改革人士，了解党派游戏的每个步骤，但是他故意让手上沾满了无辜者的鲜血。最重要的是，他设法使自己的党派与宗旨都得到胜利。他一生的工作并没有为英格兰留下任何遗产。他像皮姆一样令人畏惧，但是他的名声却是不同的层次。

*　　　*　　　*　　　*　　　*

　　现在，吸引每个人的问题是：会不会发生内战？克伦威尔所有的势力都骚动起来。的确，人们都心怀恐惧，如果詹姆士登上王位，他们就必须选择成为天主教徒，不然就要被烧死在火刑柱上。詹姆士于1682年5月流亡归来，让他们益增恐惧。自从科尼特·乔伊斯将国王自霍姆比府邸押走，只有一代时间而已。圆颅党前任军官"汉尼拔"·朗博尔德，曾于难忘的1月30日在白厅行刑台附近值勤，如今住在纽马克特公路旁的拉依舍，那里的地势十分险恶。五十名狂热的铁骑军若埋伏在此，当国王与约克公爵詹姆士赛马归来时，可以很容易地打败人数很少的护送队伍。除了这个阴险的计划，还有一个发动大规模武装行动的阴谋。几年之后，要将詹姆士推下王位的许多势力，但不是全部，此刻已在准备。辉格党的许多贵族与权势者曾经在一起密商。幸好纽马克特发生意外大火，焚毁了大部分的街区，查理与詹姆士比预期提前几天返回，安全地经过拉依舍。几个星期之后，这项阴谋败露了，连累一大批人。

　　这个消息传遍全国，日益强大的保王派有了强烈的反应。消息改变了整个局势，辉格党一心想利用天主教的阴谋，让普通百姓相信罗马天主教徒大概会杀害国王。此时的情况恰巧相反，是辉格党人或清教徒在阴谋杀害国王。英格兰人对君主制满怀尊敬。查理风度优雅，有一些危险却又吸引人的恶习，人们担心他死后会使他那信奉天主教的弟弟成为国王，更是增加了他的个人受欢迎程度。从此时起，查理二世已获全胜。哈利法克斯敦促召开另一次议会。但是国王对这些动乱已经受够了。他使用路易十四的补助，正好能够支付生活费。当三十位天主教徒被伪证所陷害，查理不得不签署死刑执行令，采取报复手段也就不足为奇了。

　　有两位著名人物被卷入。罗塞尔爵士威廉与阿尔杰农·西德尼。他们都不曾图谋杀害国王，但是罗塞尔爵士私下做过叛乱的准备工作。西德尼被发现持有未发表的学术性文件，文件旨在为抵制王权的做法辩解。保护国王的托利党的保王派已经摆脱了顾虑，转而振奋起来，大肆喧嚣要进行报复。查理将罗塞尔爵士、西德尼与亨利·文恩爵士均视为君主制的敌人，只不过对西德尼的罪名定得稍轻一点。公开审判后，两人都前往行刑台。罗塞尔爵士拒绝向不抵抗王权屈膝来换取自己的生命。西德尼在最后一刻仍维护辉格党的基本原则。教会、政府与这两位不屈不挠的人展开激烈的争论。他们对什么都不屈服。兰克在动人的评论中说："这件事情有这个世纪的特别特征：宗教观点与政治言论都在争夺至尊地位，形成了无法改变的信念，而赋予一种坚定的、内在的影响，这影响提升到党派对抗的纷争。像掷骰子一样，人们若不能获得权力而发扬信念，便必须面对刑场上复仇的斧钺。"

　　这些牺牲都意义深远。为宗教殉难的人前赴后继。新教、天主教、清教、长老教派、再浸信派和贵格派等，都曾经毫不畏缩地在这可怕的路上行进。国家政务大臣与公众人物都因处置不当而下台，弑害查理一世者傲然面对最后的死刑。这些人是为了党派利益而牺牲的首批殉难者。分支繁多的贝德福德家族，维护罗塞尔爵士的名誉；而对他们的称号感到满意的辉格党人世代都崇敬这些拥护其原则与利益的杰出斗士。他们长久颂扬"汉普顿战死沙场，西德尼于行刑台成仁"所捍卫的事业。辉格党现在走入历史。当我们明白自由统治原则对现代人是多么珍贵，因而要在目标各异与彼此误解的世界中奋斗，以争取承认与许可时，也就必须要向那些在历史久远的过去明白地宣扬此等原则的人们致敬。

　　查理二世在国内的权力此后一直不再受到质疑，他有能力进行反击。辉格党的据点都位于自治市与城市。这些据点依靠特许状来控制地方政府与行政长官的职务。它们在议会选举中的影响力变得岌岌可危。靠着压力与操纵，托利党人在伦敦当选为地方行政司法长官，从此可以组成可靠的陪审团，严厉处置违法的辉格党人。像沙夫茨伯里那样无罪开释的事情再也不可能发生。托利党人在伦敦成功，又在其他各省相继获得胜利。根据令状，要求辉格党的市政当局提交长期行使特权的合法证明。让王室法官满意的是，这些特权多半是不合法的。在这些压力下，怀着仇视心理的市政当局只有向国王低头，乞求国王发放新的特许状。乡绅阶级一直嫉妒自治市的特权，便支持政府。如此一来，在乡下受到排挤的辉格党，在城镇的权力同样受到削弱。不过，他们竟然还维持着政治上的生机，并靠此存活下来，真是非同小可。而且，时势的演变很快就恢复了他们的统治地位。

胜利在握的查理二世违反自己的意愿，千依百顺地遵守法兰西资助者规定的外交政策。他的生活日益节俭，情妇们开始关心起自己的前途，互相争夺邮政局岁收中稳定拨出的年金。受到年费照料的只有舰队。路易十四继续从事侵略，反对自由与新教信仰。他的军队在西属尼德兰横行，染指斯特拉斯堡，侵略日耳曼的各公国。他在欧洲风光、称霸。在伊丽莎白与克伦威尔的统治下，英格兰是欧洲事务的重要部分，而此时除了国内政治之外，萎缩成一个安静、心满意足的社会，为了贸易与殖民地而忙碌，还要专心照料国内事务，而且它们较容易处理。

在大海的彼岸，英格兰势力四面八方地出击，常常都是当地人当机立断的结果，而非伦敦当局有计划的指示所致。英格兰的贸易正在印度与非洲西海岸扩展。哈德森湾公司是在 1669 年创立的，已设立首批贸易站，并且正在加拿大北部建立势力。在纽芬兰的海岸，英格兰渔民已经复苏王室最早的殖民地。在美洲大陆，英格兰人几乎占领了整个东海岸。夺取纽约、开拓新泽西，将南北两大殖民地联结起来。内陆地区的宾夕法尼亚州正开始成形，在贵格派业主威廉·佩恩领导下，成了全世界被迫害者的避难所。南面的两个卡罗来纳州都已建立，并且为纪念国王而得到命名。

在查理二世统治时期的末叶，美洲的殖民地已有大约二十五万移民者，其中从非洲用船运来、数目日增的黑奴还不包括在内。各殖民地的地方议会都坚定维护英格兰人的传统权利，反对伦敦王室大臣的干预。或许当时适逢王政复辟，伦敦人都沉迷在欢乐与宿仇之中，并没有多少人能预见到这些相对而言，小而遥远的美洲殖民地的广大远景。但有个人看到了这远景，此即温斯顿·丘吉尔爵士。他在垂暮之年出版了一本书，名为《神圣的不列颠》，赞美不列颠君主制的伟大与悠久，但麦考莱对此书却不以为然。丘吉尔引以为荣地写到了不列颠在十七世纪的新境界，"延伸到那些极遥远的美洲，那里现在成了我国的一部分，并且阳光普照，发展迅速，将比本土拥有更为雄厚的力量"。这一切都是以后的事。

*　　　　*　　　　*　　　　*　　　　*

排斥约克公爵詹姆士登基的话题已成往事。他此刻热烈支持法兰西在欧洲的目标。他并未从过去的逆境和磨炼中得到教训，仍梦想着借法兰西的武力让英格兰重新皈依罗马天主教。他自己的个人声望再度恢复，但是他当时的行为并未被人忘记。

> 不列颠王室的光荣，
> 老吉米[①]重返民间。

这是托利党打油诗人对他的歌颂。他恢复了职掌。名义上，他再度成为海军大臣。他对再无任何幻想的查理二世细述，强硬外交是具有效力的。为了眼前的使命，他应该鼓足勇气，硬起心肠。

查理二世仅五十六岁，外表精神焕发而又身强体壮，但纵情声色的生活已破坏他的体质。若仅把他描述成贪恋酒色之徒，也低估了他

---

① 约克公爵詹姆士的昵称。——译注

的性格力量与才智。他一生都在不休不止地奋斗。年轻时目击与经历的悲剧，成人时经历的险遇与穷困，为维持王位而经历的二十五年中令人困惑的政治斗争，可恨的"天主教阴谋"又想逼他顺从，这一切全在晚年累积成为经验。英格兰大火已烧尽将灭，但余烬犹温，可供疲倦的查理国王暖手。

哈利法克斯较以往更受宠信。他仍旧敦促查理二世冒险召集新议会。查理二世本来可能同意这个建议，但突然在1685年2月中风躺下了。医生对他施以令人痛苦的治疗，可是回天乏术。他带着超然的态度面对每个凡人都要感激的死亡，还带着歉意说："垂死之际居然还如此令人烦恼。"詹姆士随侍在侧，为他送终。老神父赫德尔斯顿是他在巴斯科贝橡树避难前，提供过帮助的教士，被人秘密带来，期望恢复他对罗马天主教的信仰，并施予最后的圣礼。除了世袭的君主制，查理对于世间或阴间都不太相信。他想凭他的权力做国王，愉快地生活。他愤世嫉俗但并不残忍，对世事并不怎么关心，但又并非一味容忍。他对王室海军的关注，值得国人心存感激。

第二十五章　信奉天主教的国王

　　自詹姆士一世登基统治以来，王室与议会之间的对抗就支配着英格兰人的生活，现在又回到此对抗的起点。八十年来，令人害怕的事件与命运中最明显的起伏涨落，已经差不多将君主制带回到都铎时代的专制地步。在历经马斯顿荒原战役与内斯比战役、处决了查理一世、奥利弗·克伦威尔独揽大权、在陷入军事无政府状态、剧烈的王政复辟、在围绕着"天主教阴谋"而形成的野蛮革命之后，查理二世依然能够不依赖议会的帮助而统治三年。然后，将一个新教国家的王位传给一位信奉天主教的继承者。对于曾经生活在这个艰苦时代的人而言，君主制似乎十分重要，甚至连怀有敌意的宗教障碍都无法阻止合法的继承人在不列颠臣民崇敬的效忠声里登上王位。

　　詹姆士二世曾经在兄长查理二世统治的最后两年里扮演领导角色。查理借着顺从、时机、丧权辱国的外交政策等为斯图亚特王朝争得胜利，且被詹姆士二世所用。对詹姆士二世而言，继承王位似乎是为他常维护的概念辩护。他认为，要成为真正的国王，就得依路易十四在欧洲建立的模板那样，建设训练有素、装备精良、忠心耿耿的舰队与常备军。军事指挥对他有强烈的吸引力。他曾经在蒂雷纳的麾下作战，在海上浴血争先。他的首要目标是建立忠于王室及他本人的陆上、海上的军事力量，这种力量是打开所有门户的钥匙。吵闹的议会，只想到政治的骄傲贵族，因恢复地位而胜利的主教团，喧闹的辉格党以及阴沉、徘徊不去的清教徒，一旦见到英格兰的国王握起沉重的、淬炼过的利剑，都得各就各位。每个人都对奉行君主专制制度的法兰西散发的强盛光辉感到敬畏而又着迷。法兰西民族的一切争执都已平息，它的力量在伟大国王统治下团结起来。这是这个年代的重要事实。不列颠群岛何以不能采用同样的方法，晋升到同样强盛的地位呢？

但是在这背后，詹姆士国王还希望他所有的人民与天主教修好，治愈基督教国度因长期不和而造成的创伤，至少也要让英格兰基督徒具有宽容精神。这种精神是不是他的唯一目标，尚有争议，詹姆士二世是皈依罗马天主教的信徒，也是个偏执狂，会为了信仰做任何牺牲。结果，他失去了王位，儿子在他之后继承这事业，也得到同样的下场。宽容自然是振兴天主教的第一步。詹姆士二世决心保卫天主教徒不受迫害。为了策略的考虑，又将保护推及非国教者。他肯定地说，他追求的是宽容，这一点在内心时刻不忘，他会明智地使用特许权，力争成为所有人民的真正父亲。

这些宏大的计划占满詹姆士二世果决、顽强的内心。新教徒从来都不怀疑，如果获得了专制权力，他就会像路易十四一样，以无情的方式使用这种权力。詹姆士二世登基那年，法兰西国王废除了《南特敕令》，以恶名昭彰的龙骑兵平定了胡格诺教徒的最后反抗。从现在仍旧保存的信中，可见詹姆士二世赞同法兰西君主的迫害行动。另一方面，他在统治期间从来不敢超越一定的容忍界限。他未能完成政策的第一阶段，就被人推翻，丢了王位，因此无法证明政策的最后结局。他后来在流亡中与天主教苦修派①的小修道院院长兰斯通信往来，有六十封信存世，从中可见他所表达的天主教徒信仰与容忍精神。但如果能回到英格兰，他最希望的仍是他人对他的容忍。一旦詹姆士二世获得专制权力，而英格兰这个信奉新教的民族还信赖他的容忍与慈悲，那就真是愚不可及。

他们并没有那样做。他们以极不信任的态度漠视詹姆士二世假借

---

① 又作西多会中的特拉普派教徒。——译注

容忍之名所走的每一步。根据他的性格、个人经历、坦率承认的不动摇的信念，以及天主教教会此时的整个特性，他们深信，一旦他持剑在手，他们的选择不是望弥撒便是上火刑柱。

世事在不止息的轨道上往前滚动。查理二世突然驾崩，对他十分钟爱的儿子蒙茅斯是锥心之痛的打击。当时蒙茅斯在荷兰，算得上是位逍遥的亲王，跳舞溜冰，与美丽的情妇温特沃思夫人快乐地厮混。因此，他在消磨时光，直到英格兰新教徒的情绪与他父亲的宠爱为他赢得他自认为与生俱来的权力为止。然而，他突然发现，他此后要打交道的不是一个宽恕一切的父亲，而是一个不会宽恕任何事并且喜欢算总账的叔父。奥兰治的威廉在海牙愉快地款待他，但是在知道查理二世死讯的那天，威廉考虑到有关国家的种种原因，命令他离开这个国家。威廉建议他接受罗马皇帝的委任去打土耳其人。但是蒙茅斯身在流亡分子的掌握之中，四周都是参与"拉依阴谋"、后来脱逃的亡命之徒。他们说："要求你应得的权力。现在不做，便永远没有机会！"蒙茅斯与温特沃思夫人一起可能会有相当快乐、安适的生活；但是这些脾气恶劣、心情狂乱的亡命之徒推着他走向绝路。他们全都怀念1681年离开时的英格兰。蒙茅斯的眼前也浮现着他出巡英格兰西南部的盛况。整个英格兰难道不会为"我们所爱的新教公爵"挺身而起，去反抗信奉天主教的国王吗？三只小船载着阿盖尔伯爵之子小阿盖尔，以及"汉尼拔"·朗博尔德前往英格兰订立盟约。其他三只小船载着参加"拉依阴谋"的人或沙夫茨伯里的追随者，陪同蒙茅斯去接受危险的挑战。

詹姆士二世像理查德·克伦威尔那样轻松地登基。他采取的步骤都可以深谋远虑地抓牢王权，而登基时发表的声明则安慰了不安的国人，试图消除民众心中相信他力图报复或倾向于专制的疑虑。他说："我迄今时常冒个人安危去捍卫民族，而我将与任何人一样全力以赴，保护国家所有的正当权利与自由。"他宣布自己决心在政、教两个领域中维持由法律建立的政府制度，说："英格兰的法律足以让国王成为伟大的君主。"他会维护王室的权力，但不会侵犯任何人的财产。据称，他甚至还宣布过："没有任何人会察觉到我有任何的私人宗教意向。"不过，从感到自己实际已经是国王的那一刻起，他在即位之后的第二个星期天就公开到他的小教堂去望弥撒。诺福克公爵走到他的前面，在教堂门口停了下来。国王说："公爵，令尊会走进教堂去。"公爵反驳说："陛下的父王若是在世，是不会来此地的。"

他公开奉行罗马天主教的信仰，使英格兰国教的神职人员立即感到不安。这个影响过了一段时间又传到乡村。他所发的声明被普遍地接受。他必须召集议会，以便恢复因查理二世的辞世而告危的王室税收。选民为他选出了一个忠心耿耿、态度友善的新平民院，新议员表决给予他终身税收。税收可以随着贸易而增长，数目几乎达到每年二百万英镑。爱德华·西摩尔爵士是个坚定的托利党人，对于自己在英格兰西部的选举管理大发雷霆，警告平民院不得轻率行事，并且催促暂缓执行决议。詹姆士二世受到议会的鼓励，决定寻求立宪之道。他知道自己想拥有什么，并且希望议会同意如愿。在任命大臣方面没有决定性的人事变动。哈利法克斯接着做咨议大臣的领导人。每个人都期盼新国王加冕。

就在这个时刻，蒙茅斯于 1685 年 6 月 11 日登陆了。他在海上航行了十九天，尽量碰运气避开英格兰军舰的搜寻。一进入距波特兰岬不远的莱姆里吉斯港，他立刻受到民众的欢迎。他发表公告，维护母亲婚姻的合法性，并且谴责詹姆士二世是谋害查理二世的篡位者。一天之内，便有一千五百人加入他的部队。信使快马加鞭将这信息送到白厅之后，詹姆士二世初次为手中握有王权而得意。他没有大军，但拥有王室骑兵与一个龙骑兵兵团，由他信任的军官兼代理人丘吉尔爵士指挥，还有已放弃丹吉尔前哨而撤回的柯克上校所指挥的两个正规步兵团。全部的统治势力都团结起来，以护卫国王。议会誓与国王共存亡。他们褫夺蒙茅斯的公权，并且悬赏取他的首级。议会还给予额外的军费。民兵都集合了起来，纷纷响应护王的大举。法兰西的移民路易·杜拉长居英格兰，曾被册封为费弗沙姆伯爵，奉命指挥国王的部队。丘吉尔行军抵达蒙茅斯要去的那个地点。蒙茅斯与此时已达六七千人、满腔热血的部队长途行军，经过汤顿与布里奇沃特前往布里斯托尔。布里斯托尔关起城门，蒙茅斯只好由巴思与弗洛姆绕回来，在登陆一个月之后再度返回布里奇沃特。丘吉尔与柯克会师，对蒙茅斯穷追不舍，费弗沙姆伯爵率领的部队也渐渐逼近叛军。

不管普通百姓多么热忱地支持蒙茅斯的事业，这位不快乐的公爵还是知道自己已经穷途末路。他获悉阿盖尔与朗博尔德在苏格兰登陆，因寡不敌众而被擒获，即将处决。蒙茅斯剩下最后一个机会：夜间突袭王室部队。费弗沙姆驻扎在塞奇高沼的营地遭到突袭。但是蒙茅斯未能预见到布塞克斯莱茵河的深沟，双方无法短兵相接地进行肉搏战。丘吉尔机警、主动地夺得控制权。英格兰西边的农人与矿工虽然受到十六门大炮的攻击，侧翼及背后又遭到王室部队的冲杀，可是仍发挥当年铁骑军一样的韧性奋战。他们坚守阵地，但无情的追逐加上整批的处决，最后结束了几无成功希望的战斗。蒙茅斯在战场逃脱，几天后被人捕获。他并未求饶，也不会得到饶恕。当他犯了滔天大罪，命运已定时，詹姆士二世却赐见他，因而遭到一些人的责难。蒙茅斯在行刑台上宣布："我是为英格兰国教的新教教徒而死。"随侍在侧的神职人员插嘴说："那你就必须承认，'不抵抗主义'自有其道理。"国教教徒竟然将他们难堪的理论延伸到此种地步。

首席法官杰弗里斯爵士奉命派到英格兰西部处理众多的俘虏。这位残酷、能干、无耻的法官以"血腥的巡回审判"而得到可憎的名声。他将两三百人处以缓刑，大约八百人被流放到巴巴多斯，直到现在，那里还有他们的子孙。宫廷侍女争相贩卖这些可怜的奴隶来牟利；詹姆士二世准备将这位无情的法官擢升为大法官。那时，人们的注意力不时集中到丘吉尔身上，他接到休林斯家族两位被判死刑的年轻浸礼会教友的请愿书。他能不能帮助他们的妹妹见到国王呢？他为她施展了自己的影响力。"但是，小姐。"他把手放在壁炉台上对她说，"我不敢保证有多少希望，并且也不敢说像大理石一样的国王的心肠会怀有同情之心"。休林斯家族的两位年轻人终于被处以极刑。

奥兰治亲王威廉的作为表现出了他的治国才能。他根据一项条约，派了三个步兵团协助詹姆士二世，欣然完成了任务。他甚至提议要亲自指挥他们。另一方面，他并没有竭力阻止蒙茅斯跨海长征。如果蒙茅斯赢的话，英格兰就会有一位信奉新教的国王，这位国王一定会加入抵抗路易十四的联盟。如果失败的话，就永远地消除了威廉与他的妻子玛丽继承英格兰王位的最后阻碍。在这两个可供选择的方案中，亲王实现了最渴望的一个。

$$*　　　　*　　　　*　　　　*　　　　*$$

詹姆士二世正处于权力的高峰。击败叛军并且防止了一场内战发生，这使得全国重新拥护国王。他立即利用了此情势。詹姆士二世所称的"杰弗里斯的运动"一结束，便马上向枢密院建议废除《宣誓法》与《人身保护法》。兄长查理二世的这两个可恨遗物，对他而言的似乎是主要的抨击目标。紧急时，他曾经任用了许多信奉天主教的军官。他决定将他们留在人数增加了两倍的新军中。枢密院院长哈利法克斯指出，这种做法会公然触犯一些法令；掌玺大臣诺斯也警告主人，这种做法会招致危险。哈利法克斯丢掉了枢密院院长之职，从枢密院除名。不久诺斯去世，在"血腥的巡回审判"中弄得两手是血的首席法官杰弗里斯代替他，且被任命为大法官。森德兰伯爵罗伯特·斯宾塞在同年接替了哈利法克斯的枢密院院长职务，兼任国务大臣，成为詹姆士二世的首席大臣。森德兰是个令人费解的人物，侍候过查理，又投靠詹姆士二世，还为威廉三世效劳过。他因为改变立场而飞黄腾达，现在成了取悦主人的天主教徒。没有人比他更懂得几大家族的政策与意愿，这使他成为君主身边不可缺少的人物。

议会于11月9日召开第二次会议，詹姆士二世在会上提出了他当前的目标。他有条理、直率地宣布民兵实在无用。他们在蒙茅斯装备

300

差劲的农民队伍面前两度临阵脱逃。要维护国内的太平与秩序，必须建立强大的常备军。他也言明，不会在信奉天主教的军官刚刚为国效力之际，就将他们辞退。这两个要求动摇了友善的议会，甚至它的基础，这就是深厚、显著的保王派精神。它最可怕的梦魇是常备军，它最贵重的宝藏是英格兰国教。恐惧与困惑纠结着所有的议员，袭击他们的世俗感情与宗教感情，让不安和愤怒滋长。刚过去的危险情势唤醒了旧有的忠贞情绪，激励着托利党的贵族与乡绅追随国王，而且教会也坚持着，不抵抗国王。他们都准备宽恕叛乱期间违反《宣誓法》的军官。平民院另外追加七十万英镑拨款，用来加强王室的武力。议员们十分恳切，仅仅要求重新保证王室特权不会践踏议会的许多法案，并且保证维护新教。詹姆士二世给予了令人生畏的答复。

贵族院里有胆量的辉格党人德文希尔、著名的前任大臣哈利法克斯、枢密院成员布里奇沃特伯爵与诺丁汉，还有伦敦主教亨利·康普顿（他的父亲曾为查理一世在纽伯里战斗而死），这些人全都拥护民族的权利。他们订好了进一步讨论的日期，并且邀法官裁决国王决策的合法性。詹姆士二世尚未将法官全部换成他的党人。他看得很清楚，法官与贵族院即将给出的裁决，会对他存心解救与偏袒的天主教徒构成很大障碍。他重施查理二世于1681年在牛津解散议会的手段。11月20日，他突然在贵族院出现，将平民院议员召集到贵族院，并且宣布议会休会。在身为国王期间，他再也没有召集过议会。

詹姆士二世靠着休会手段摆脱了议会的反对力量。接下来，在公元1686年一整年，詹姆士国王努力解救他的教友。首先打算废除对付军中天主教徒的《宣誓法》。他所咨询的法官都持反对态度。在撤换了许多法官之后，高等法院面貌焕然一新，安排了一个测试性的案子：黑尔斯对哥顿。黑尔斯是位天主教徒，被任命为朴次茅斯总督，他的马车夫哥顿控告他与人共谋舞弊；哥顿要求五百英镑，作为普通告密者举报违反《宣誓法》者的奖金。黑尔斯提出王室特许权为保护，法庭批准了此提议。詹姆士二世得到法院的支持之后，特许一位帕特尼的助理牧师继续享有圣俸，虽然他已经成了天主教徒。同时，詹姆士二世将信奉罗马天主教的贵族都安插进枢密院。国王得寸进尺，设立了一个"教士委员会"，这个委员会几乎与以前"长期议会"所毁掉的教会高等宗教法院一样，主要的功能就是防止英格兰国教的神职人员反对天主教人士传教。康普顿主教已经被革除了枢密院的官职，现在奉令暂时停止行使伦敦主教的职权。

这些行动使整个王国动荡不安。詹姆士二世正在用专制手段来恢复天主教，但这些手段比专制政体本身更可怕。律师们都察觉到，成文法与王室特权之间有直接冲突。他们宣称，国王应遵守法律，而且要遵守议会制定的法律——成文法。普通律师全都支持这个要求。

到了这一年年底，詹姆士二世已经赶走许多忠实的朋友，让每个人焦虑不安。曾经让他自《排斥法案》中脱身的哈利法克斯正在乡下思考应付之道。1684 年由伦敦塔释放的丹比已经放弃了对教会与国王的幻想。他看出，幻想永远不会在一位天主教君主的统治下成真。蒙克将军的儿子阿尔比马尔已经离开军队。曾经忠心耿耿拥护詹姆士二世抵抗蒙茅斯与阿盖尔的议会不可能再召集起来，也不会再发生冲突。议会的两院议员都在他们的佃农中间生活，忧愤交集。保卫合法的堡垒、支持不抵抗王权的斗士——英格兰国教感到惶惶不安，仅有劳伦斯·海德，即现在的罗切斯特伯爵对于主教与神职人员还有强大的影响力，出面阻止了强烈的抗议之声。詹姆士二世显然在颠覆英格兰的信仰与政体。

在 1686 年与 1687 年，詹姆士二世中止议会的活动，并且使用特许权将罗马天主教放在重要的位置上。辉格党与托利党之间的鸿沟越来越小。詹姆士二世正让挑战他兄长的政党与支持他兄长的政党联合起来。他采取的是大胆、狡猾但又算计错误的政治手段。他只救助信奉天主教的臣民，后来也会帮助同样受到压迫的不信奉国教者。如果辉格党与托利党联手，王室武力支持的天主教徒与非国教徒的联盟就会与之对抗。威廉·佩恩是贵格派教徒兼朝臣，是大西洋彼岸宾夕法尼亚殖民地的建立者，在当朝与前朝都很有影响力。詹姆士二世将佩恩视作一位有能力、有技巧的辅臣。就这样，国王摧毁了障碍，并且设法用不相称、不牢固的新支柱把王位支撑起来。

1687 年 1 月，海德兄弟双双倒台。两人长期以来对自己的官职都感到不愉快。长兄克拉伦登在爱尔兰被忠实追随詹姆士二世的罗马天主教的蒂尔科纳尔伯爵慑服；他的弟弟罗切斯特在白厅被森德兰征服。1687 年 1 月 7 日，罗切斯特失去财政大臣之职，三天后克拉伦登由蒂尔科纳尔取代。海德兄弟的朋友本以国王之名统治苏格兰，现在也被两位天主教徒接替。这些改变代表了詹姆士二世统治时期的另一个明确阶段。议会于 1685 年年底休会之后，保王派与国教信徒开始对国王不满。随着罗切斯特下台，发动革命的阴谋也开始了。

詹姆士二世在募集军队。查理二世以前的军队人数大约有七千人，一年要花二十八万英镑。詹姆士已经有两万多人马，每年需要六十万英镑维持。三支禁卫骑兵队，每支都强大得有如一个兵团，王室警卫骑兵队、十个兵团的骑兵或龙骑兵，两营禁卫步兵与十五营前线步兵，除此之外还有卫戍部队，都于 1686 年 2 月武装起来了。每个夏天，詹姆士都在豪恩斯洛建立一个大兵营，让伦敦人印象深刻。1686 年 8 月，这个军营已容纳大约一万人。一年后，费弗沙姆集中一万五千人与二十八门大炮。詹姆士国王时常前往军营，争取军官队伍的好感。他允许将装有轮子的木制小教堂拉到营地中心，安置于骑兵与步卒之间，供官兵在其中望弥撒。他观看部队的操练，与费弗沙姆、丘吉尔及其他将领进餐。他继续将信奉天主教的军官与爱尔兰新兵送到军队。一位对新教士兵散发煽动叛乱的小册子的国教牧师约翰逊被戴上头手枷，从纽盖特监狱一路鞭打到泰伯恩，送上绞刑架。他因为这支勇不可当的军队而感到欣慰。从克伦威尔以来，还不曾见过这样的军队，在英格兰，没有任何武力可以匹敌。他日益擢升天主教徒的位置。贝里克公爵已十八岁，被任命为朴次茅斯的总督，天主教徒则在赫尔与多佛尔坐镇守卫。最后，连英吉利海峡舰队的统率者也是信奉天主教的海军将领。

第二十六章　一六八八年的革命

　　奥兰治亲王威廉紧盯着詹姆士国王的行事方式。戴克维特是位品格崇高的荷兰人，在海德兄弟革职不久，充当威廉的特使抵达伦敦，一方面代表威廉请求詹姆士采取缓和的措施，一方面则了解一下反对派领袖。戴克维特看出所有政治人物都反对宫廷，便明言他们可以得到威廉与玛丽的帮助。在过去几个月，詹姆士与他的天主教党羽一直想把安妮公主变成他的继承人，条件是皈依天主教。安公主府邸叫作"斗鸡场"，她圈子中的成员都是信仰坚定的新教徒。康普顿主教是她宗教上的指导者，约翰·丘吉尔是她信任的顾问，丘吉尔的妻子莎拉更是她的密友。仅是听到詹姆士有此计划的传闻，便已将这群人团结在了一起。安妮公主听到有人建议她改变信仰，又惊又气，让她有心殉教。这群紧密团结在一起的人，态度都很坚定，在后来的斗争中扮演了重要的角色。戴克维特离开英格兰之后，丘吉尔于 1687 年 5 月 17 日写信给威廉，向他保证："我忠于我的宗教信仰。与此种信仰相比，我个人的地位与国王的恩宠都微不足道。除在宗教方面外，国王可以指挥我做其他所有的事。请上帝做见证，我对国王的恩典感受极深，甚至乐于牺牲自己而效力。"但是他也表示："虽然无法过圣徒一样的生活，我仍决定，若是有机会，必定表现出殉教者的决心。"

　　詹姆士国王仍在继续挑衅。他颁布了第一项《信教自由声明》。声明的全部内容正是议会先前反对的，只是运用王室特权取代了议会的法案。他强行派了一位天主教徒去当牛津莫德林学院的院长，驱逐抵制的研究员，进一步引起骚动。7月，詹姆士计划接待教廷大使阿达。萨默赛特公爵接到主持欢迎仪式的命令，但拒绝服从，理由是：宗教改革运动曾经宣布，承认教皇的官员是不合法的。詹姆士说："我不受法律的约束。"萨姆塞特公爵回答道："陛下自然可以，但我并非如此。"于是，他丢掉了所有的官职。

依现代的说法，詹姆士国王制定了他的政治纲领。第二步是建立政党，第三步是借政党组织一届有权废除《宣誓法》的议会。只有少数人有选举权。在乡下，可由都尉与地方行政长官操纵选举，城镇与城市则由市政当局操纵。因此，詹姆士将精力用到这些事情上。都尉，其中包括许多有势的地方权贵，拒绝帮他组成他所喜欢的议会，都被免职；天主教徒或效忠宫廷的提名人选则取代他们的位置。市政府与地方法院大幅变更，以保障天主教徒与反国教者获得最充分的代表权，甚至是取得优势。政府硬要地方当局支持国王的政策。将天主教徒与反国教者置于英格兰国教徒及保王派之上，甚至取代他们，破坏了、也改变了复辟时建立的社会结构。这不仅冒犯最傲慢与最有钱的贵族，也同样冒犯广大民众。在反抗王室时，有钱有势的阶级都得到过没有选举权民众的支持。

为詹姆士辩护的人夸大了英格兰天主教徒的人数。有人甚至声称，尽管经历好几代的迫害，英格兰仍有八分之一的人信奉旧的信仰。不过，英格兰旧的天主教家庭，除了得宠的个人之外，都深深地担心国王会轻率地冒险。教皇自己，根据罗马教廷的政策，对詹姆士冲动不以为然，教廷的英格兰特使也敦促詹姆士谨慎行事。但是国王却狠下心来，加强军备。

过了几个月，仍旧在谈判。国教教区牧师讲道时反对天主教。哈利法克斯发表了强有力的《致不顺从国教者书》，以对抗詹姆士拉拢英格兰国教徒的企图。伯内特主教由海牙写信给英格兰国教徒，呼吁国教徒坚定地反对国王的政策，不必理会"不抵抗国王"之教义。奥兰治亲王威廉并不掩饰自己的观点。由于世界上最有权力的法兰西君主在法兰西实行天主教的"宽容"政策，每天都有可怜的受害者在英格兰海岸登陆，英格兰的全国人民对天主教的恐惧与仇视加剧。所有的社会阶级与政党都知道法兰西宫廷与英格兰宫廷有共鸣且密切合作。他们看到自己今生及来世关心的一切都受到威胁，也就没有太多的顾忌与犹豫，以不可阻挡的决心走上图谋叛变的路。

＊　　　＊　　　＊　　　＊　　　＊

在《奈梅亨条约》签订后的十年，路易十四达到了权力的巅峰。英格兰被国内的争执弄得四分五裂，已经无力插手欧洲事务。哈布斯堡帝国同样因奥斯曼帝国的入侵与匈牙利的叛乱，停止了在西方的行动。路易十四意识到自己的支配力量，试图恢复且扩展查理曼帝国的昔日版图。他想让自己成为帝国王位的候选人。他在密谋一个计划，想让西班牙与其在新大陆的帝国置于法兰西国王的统治之下。他无休止地入侵邻国。1681 年渡过莱茵河，占领了斯特拉斯堡。1684 年炮轰热那亚，包围卢森堡，在西班牙边境集结部队，要求得到日耳曼西北部大片土地。邻国在冷酷的侵扰之下，只有退缩在痛苦与恐惧中。他鞭打胡格诺派教徒也与教皇做最激烈的争斗。他统率与管束法兰西神职人员，就像对付军队那样。他掌握所有教会的税收与圣职授予权。他要求控制俗世，也在许多方面控制宗教。法兰西天主教会出于爱国而服从他的命令。持分歧意见的人都被摧毁，就像胡格诺教徒所受到的沉重打击。

教皇英诺森十一世，在许多代教皇中出类拔萃。这位教皇当过军人，非常讲求实际，行事干练的品德散发出现代光辉，照亮了一代又一代。他举止文雅、性情宽容、心存慈悲、眼光宏远澄澈，并且有不屈不挠的意志与泰然自若的胆识。他像当时的其他政治家一样，了解欧洲政治的均衡。他不赞同法兰西对新教教徒的迫害。他谴责使用手段让人皈依的做法。基督是不曾使用过武装的使徒。"人必须被引导到教堂里，而不是被拖进去。"他撤销了法兰西主教团的所有宗教权力。他发布褫夺教权与逐出教会的敕令，最后卷入了正在形成的抵抗法兰西称霸欧洲的联合行动。另一方面，他安抚信奉天主教的神圣罗马帝国皇帝，同时，也与加尔文教派的奥兰治亲王威廉来往。就这样，缓缓地、断断续续地，共同的动机超越了阶级、种族、教条与私利的障碍，在数以百万计的心中滋长。

在英格兰，1688年的秋天就像1642年一样，一场内战逼近了。群集的武力已与查理一世在诺丁汉展开旗帜的日子大不相同。詹姆士国王拥有大批装备精良的正规军，外加威力强大的炮兵。相信自己掌握着即使不是当时最庞大的，也一定是最有战斗力的舰队。他可以请求爱尔兰与法兰西给予武装协助。可靠的天主教总督所控管的主要海港与弹药库都在他的掌控下。他拥有十分可观的税收。他认为国教教会已被"不抵抗国王"的原则弄得无力相抗，小心翼翼地不让议会召开，杜绝其集体行动。另一方面，反对他的不只是辉格党人，还有王室的所有老朋友。曾经参加过王政复辟的人，为他的父亲在马斯顿荒原与内斯比两役作战或阵亡者的子弟，曾因"神授君权"原则而长久遭受迫害的教会，为查理一世的国库而熔化金银餐具与送年轻学者参加王室军队的大学，利益与君主制似乎紧绑在一起的贵族与地主阶级，这所有俯首听命但内心却怒火中烧的人现在都准备抵抗国王。与1688年的情况相比，英格兰的贵族或国教派从来没有面对过更严峻的考验与更强烈的民族使命。他们从不退缩，也从不怀疑。

在这个广大的神秘联盟中，有两个不同的政策。由哈利法克斯与诺丁汉领导的"温和派"力促谨慎与拖延。他们声称，大臣内部正在分裂，并没有如詹姆士希望的，会有许多人皈依天主教。他永远无法得到一个支持他的议会。尚未有任何行动证实他实际叛国。"温和派"告诫：要记住，一旦战争开始，常备军会如何尽其职责。要记住塞奇高沼战役。"如果你们不将事情弄砸，一切都会很好。"另一方面，是由丹比领导的"行动派"。他居于重要位置，是第一个确定要亲自将威廉与外国军队带入英格兰的人。与丹比在一起的尚有辉格党的其他领袖——什鲁斯伯里伯爵、德文希尔以及其他的一些人。早在1688年春天，他们便邀请威廉进军英格兰，威廉答复，如果适时接到英格兰主要政治家的正式请求就会出兵，并且准备9月前来英格兰。5月底，他们已在全国展开叛乱的阴谋。详细计划都已拟妥，神秘人物来来去去。

现在军队的态度非常重要。如果部队服从命令为国王而战，英格兰会被内战弄得四分五裂，没有任何人能预见它的后果。但是如果部队拒绝战斗，或被任何手段阻挠而无法参战，许多重大的议题就能不必经由流血斯拼而获得解决。虽然并没有实际的证据，但可以确定的是，这场革命的阴谋集团肯定有个军事核心。这个核心在军队中自行形成，或至少在高级将领中形成。所有的阴谋者，不论文者或武者，最高的目标都是不动用实际武力就可以逼迫国王就范。这的确是丘吉尔酝酿已久的意图。与他密商的有由丹吉尔撤回的两个兵团中的上校——柯克与特里劳尼、指挥禁卫军队的格拉夫顿公爵、奥蒙德公爵与其他许多军官。现在的情势有如万箭齐发。

*　　　　*　　　　*　　　　*　　　　*

4月底的时候，詹姆士宣布了第二次《信仰自由宣言》。他下令每个教堂宣读。5月18日，七位主教，由受人尊敬的首席主教①威廉·桑克罗夫特带头抗议。神职人员都服从教会中的上司，未宣读此声明。詹姆士因而愤怒。他见到正在削弱的教会居然背离他宣扬的不抵抗国王的主张，便要求将这些主教以扰乱治安与诽谤的罪名交付审判官。他的大臣森德兰现在彻底震惊，力劝他不要采取如此极端的手段。大法官杰弗里斯甚至都告诉克拉伦登，国王的做法逾矩。但是詹姆士依然坚持己见，下令进行审判，主教们拒绝保释，结果都被关进了伦敦塔。

---

① 坎特伯雷大主教。——译注

人民一直希望，让国家紧张的情势会随着詹姆士国王的驾崩而消逝。只要推定的继承人玛丽或依序的下一位继承人安妮公主登基，信奉天主教的君主与信奉新教的人民之间的对抗便可结束。爱好和平的民众可以耐心等待暴君去世。但是 6 月 10 日，审判主教的案子仍旧悬而未决，王后却生下一子。因此，英格兰人民面前便出现了另一代天主教国王，这样的生活将无止境地延续至未来。

以前主教们都受人憎厌，不受欢迎，现在却成了全国的偶像。他们登上平底船前往伦敦塔的时候，大批群众欢呼致意，其中含着敬意与政治上的同情。主教团首次发现自己与伦敦的民众结成同盟。他们于 6 月 15 日被带回到威斯敏斯特，6 月 29 日在法庭受审，同样的场面又重复出现。审讯一直持续到很晚，陪审员整夜聚在一起。次日，主教们都被宣布"无罪"，人们欢声雷动，称赞这项判决。主教们离开法庭时，大批的人民，其中包括一辈子反对主教团的人，都跪下祈求主教们给予祝福。但军队的态度更加重要。詹姆士国王到豪恩斯洛军营，离去时听到大声地欢呼。他问："众人在吵闹些什么？""陛下，没什么事，士兵们很高兴主教们都无罪开释。"詹姆士说："你说这是'没什么事'？"

当天晚上，这件令人高兴的大事在庆祝的炮声与喧嚣的人声中宣布，行动派的七位主教领袖在什鲁斯伯里的府邸聚会，在那里签署发出致威廉的著名书信。信的语调冷静、讲究实际。信中说："如果情势的发展能使殿下今年及时赶到这里施以援助……签署此信的我们必将迎接殿下登陆。"签署者是什鲁斯伯里、丹比、罗塞尔、康普顿主教、德文希尔、亨利·西德尼与拉姆利。这封信由乔装成普通水手的海军将领赫伯特交给海牙政府，该信签署者的名字遍布于不列颠，旨在对国王发动战争。什鲁斯伯里以前是天主教徒，后来皈依成为新教徒。他将自己的产业抵押，募得了四万英镑，渡海与威廉会合。丹比在约克郡从事募兵，康普顿往北方"去看他的姊妹们"。德文希尔自 1685年后便隐居在查茨沃恩，将佃农组成一个骑兵团。斯图亚特家族男性继承人诞生，让威廉的野心受到打击，不禁愤而高呼："现在不做，便永远没有机会！"他准备远征英格兰。

亲王的诞生对全国人民是如此残酷的打击，以至于他们听到这个消息后，不管是真心还是故意，都表示不相信。从一开始就有人怀疑王后婚后这么久才怀孕一事。天主教徒祈祷者与调解者满怀信心地预测王后会生儿子，这让各方人士都深信，王后生子一事是个诡计，甚至有传闻说，在官方篝火的灰烬尚未自街头清除之前，一个孩子被盛在长柄炭炉中偷偷带入圣詹姆宫。由于詹姆士国王不够谨慎，婴儿出生时，在场的都是天主教徒、天主教徒的妻子或外国人。坎特伯雷大主教缺席了，那天已被带入伦敦塔。海德兄弟两人都未奉召进宫，虽然两人都是枢密院成员，也是詹姆士国王的妻舅，两位有权继承王位的公主的舅舅。他们于婴儿出生时，不在场是很不自然的事。对威廉负有专责的荷兰大使也未受到邀请。或许，更重要的是，安妮公主不在场，她与丘吉尔一家同在巴恩，一定得证明这个婴儿是假冒者才行。英格兰的新教徒真诚地坚持合法继承原则，因此只有此法可以逃避天主教徒继承王位这个无法容忍的事实。他们将长炳炭炉的传闻奉为政治信仰的基本信条。直到许多年后，这个问题已经没有任何实际的重要性时，他们才弃置一边。

丘吉尔于 8 月重新提起十五个月以前对威廉做的保证，并写了一封亲笔信给威廉，此信至今保存在世。当时，如果信的内容泄露出去，就会抵上他的性命。"西德尼先生将让你知道我的打算，我认为这是对上帝与我的国家应尽的义务。我将荣誉交付到殿下手中，我想我的生命是安全的。如果你认为我还应当做其他任何事，你可以命令我。我将完全遵命，决心为上帝乐于给予你意志与权力去保护的宗教献身。"不过这位非凡的人在此时扮演的仍是个附属角色，继续担任军中官职与执掌指挥权。毫无疑问，他意图在时机来临时运用对部队的全部影响力，与詹姆士国王对抗。他希望以此种方式逼国王服从，再不然就剥夺国王的所有抵抗力量。他真诚的目标与欺诈的方法是一样的。他行动起来，仿佛正在指挥军事作业。何况,欺骗与阴谋本来就无法分开。

310

奥兰治亲王威廉带着荷兰部队与荷兰舰队，每天隔海注意法兰西集结的大军。他麾下有六个英格兰与苏格兰的兵团，这是远征军的核心。信奉新教的欧洲与英格兰都同样期望他能成为反抗路易十四暴政与侵略的斗士。但是，在入侵英格兰之前，他必须获得荷兰议会的许可。在法兰西全军已经集结妥当、随时准备进攻之际，仍不易说服忧心的荷兰居民或受到威胁的日耳曼王侯，让他们知道自己最好的安全机会是派荷兰军队去英格兰。不过，威廉说动了勃兰登堡的腓特烈三世，并从后者那里得到由绍姆贝格指挥的部队。日耳曼的其他王侯默许了腓特烈三世的态度。大多数信奉天主教的西班牙人都将政治考虑置于宗教考虑之上，并不反对推翻天主教国王。教皇已经解除了神圣罗马帝国皇帝在宗教方面的疑虑。所有这些不同的利益与信念都被结合在一个策略中，这个具有远见、心胸宽广的策略只有在面对共同的危险，又对危险有深刻的认识时才会产生。

然而，现在视法兰西的行动而定。如果法兰西的军队向荷兰进军，威廉与荷兰就得全力对付法军，英格兰就只好任其听天由命。另一方面，如果路易十四渡过莱茵河，进攻勃兰登堡与日耳曼公侯诸邦，那么威廉的远征军就能够起航前往英格兰。不过，路易十四迟迟按兵不动。如果詹姆士一直愿与法兰西结盟，路易十四就会入侵荷兰。但是，詹姆士有爱国的豪情，也有宗教上的盲从。他到最后仍然举棋不定，以致荷兰人认为他将与法兰西结盟，而法兰西人认为他将与荷兰结盟。因此，路易十四决定他最好的期望是英格兰经过内战而变得衰弱，在9月底挥军前往莱茵河中段。由那时起，威廉便可以自由行动。荷兰议会授权他进攻英格兰。詹姆士败亡的时刻已经来临。

*　　　*　　　*　　　*　　　*

秋季一周周地过去，激动与紧张布满不列颠岛，由重大力量参与的阴谋正在进行。国王想把蒂尔科纳尔为他募集的一些爱尔兰罗马天主教部队抽调几个兵团到英格兰，产生了具有危险性的征兆，因此他终于放弃了这个计划。所有阶级的人对爱尔兰人与天主教徒的仇视与恐惧，在一首侮辱与嘲笑交织着的民谣"利利布雷洛"中表现了出来，它像我们自己时代中的"蒂皮柏拉蕾"一样，挂在所有人的嘴上，进入所有人的耳中，将战争的秘密信息送入心底。这首打油诗般的歌词，是沃顿爵士所撰，深谙普通百姓的思想和表达方式，但无法证明它与威廉或入侵、叛乱有关。歌词给军队留下了深刻的印象。伯内特主教说："那些没有见过这种情景的人根本无法产生这种印象。"每个人都注视着风向。所有的人都注意风向。谣言四起。爱尔兰人要打来了，法兰西人要打来了，天主教徒正准备屠杀新教徒，英格兰王国要卖给路易十四了。没有什么是安全的，没有人可以信任。法律、宪法、教会，全都处于危险中，但是即将出现一位救星。只要东风一起，他就会亲率大军跨海前来，将英格兰从天主教的压迫与奴役中拯救出来。沃顿写了一首名义上针对蒂尔科纳尔的对偶体诗，耐人寻味：

啊，为什么他留在后面那么久？

呵！凭良心说，它原来是新教的风。

新教的风正吹向人们的心，由阵阵的强风变成了凶猛的风暴，不久就会吹过北海！

威廉各种声势浩荡的准备工作，以及整个英格兰惊人而愤怒的情绪吓坏了森德兰与杰弗里斯。这两位大臣劝国王撤销整个政策。必须马上召集议会，不要拖延。必须停止所有更具侵犯性的天主教措施，并且与国教会和解。10月3日，詹姆士同意废除教士委员会，关闭罗马天主教神学院，恢复莫德林学院信奉新教的研究员的资格，实施对抗天主教徒与不信奉国教者的《一致法》。革职的都尉应邀继续他们在郡县的职掌。自治区的特许权都归还给难以对付的市政当局。詹姆士恳求主教，请他们不要计较过去，并且敦促托利党的乡绅重掌地方法官的官职。在统治的最后几个月，詹姆士被迫放弃自己树立的旗帜，牺牲所有的目标，安抚他惹起的愤怒。但为时已晚。

10月19日，威廉扬帆启航。他的小军队是信奉新教的欧洲人的缩影——荷兰人、瑞典人、丹麦人、普鲁士人、英格兰人与苏格兰人，以及一群境遇堪怜、极度忠贞的法兰西胡格诺教徒，为数一万四千人，登上了大约五百艘船，并由六十艘战舰护航。威廉曾经计划在英格兰北方登陆，丹比与其他贵族也准备在那里与他会师。但是他被强风驱了回去，风又带着他穿过了多佛海峡，经过英格兰与法兰西海岸上的人潮眼前。11月5日，他在多佛海岸的托贝港口登陆。有人提醒他，当天是"炸药阴谋事件"的周年，他对伯内特说："你现在对'命运预定说'有何想法？"

詹姆士起初对这消息并未太震惊，他希望将威廉困在西部地区，并由海上阻碍威廉的通信。他将派遣到约克郡的部队调回南部地区，而将索尔兹伯里定为王室军队的集结地点。在这个危急的时刻，詹姆士国王可以像奥利弗·克伦威尔事业鼎盛时一样，统率大规模的军队迎战。几乎有四万正规军都领王室军饷。四千人左右的王家苏格兰部队到达卡莱尔，爱尔兰军队的三千主力还未赶到切斯特，而且至少七千人必须留下来捍卫伦敦。11月19日，在詹姆士国王到达索尔兹伯里时，已经有两万五千人马集结于该地，几乎是威廉远征军的两倍。这是英格兰训练有素的常备部队的一次最大集结。

但是，众叛亲离的事接二连三地发生，打击着君王。克拉伦登伯爵的长子康伯里爵士是王室龙骑兵的军官，想带三个骑兵团投奔到威廉麾下。受到许多警告的詹姆士打算逮捕丘吉尔。丘吉尔与格拉夫顿公爵本想带走大部分的军队，却失败了，在11月23日晚上，与四百名军官、士卒逃离王室军营。同一时间，安妮公主由莎拉·丘吉尔陪伴，康普顿主教带路，逃出白厅，匆匆北行。此刻，叛乱四起。丹比在约克郡、德文希尔在德比郡、德拉米尔在柴郡。巴思爵士将朴次茅斯献给了威廉。后来成为海军将领的乔治·宾代表舰队的所有舰长抵达威廉的指挥部,向他报告说,海军与朴次茅斯任由他调度。许多城市相继叛乱。英格兰民族借着一场自发的骚乱与詹姆士一刀两断。

詹姆士国王发现不可能抵抗,便与那些仍在伦敦的贵族院议员、枢密院顾问开会,接受他们的建议,与奥兰治亲王威廉展开谈判。同时,入侵的军队继续朝伦敦挺进。詹姆士将妻儿送到国外,并于 12 月 11 日晚上从白厅的王宫偷偷溜走,过了泰晤士河,骑马直奔海岸。他的努力让他的王国变成无政府状态。他将印章投入了泰晤士河,传令费弗沙姆解散军队,然后奔往达特茅思,以便在那里弄到一些船只驶往爱尔兰。关于爱尔兰人进行大屠杀的荒诞谣言,传遍全岛。伦敦的暴民抢劫外国使馆,所谓"爱尔兰之夜"的惊惶与恐惧扫遍首都。若不是仍旧在伦敦开会的枢密院采取果决行动,秩序无疑会全然崩溃。他们艰难地压制了这场风暴,迅速承认威廉的权威,恳求他快马加鞭到伦敦。

实际上,詹姆士已登船逃亡,但他错过了海潮,被渔夫与达特茅思的镇民抓到并拖到岸上,押回伦敦。在经过数天的痛苦焦虑之后,他再度逃脱。这一次,他成功了,而且远离英格兰,一去不返。这位失策的君主在下台和逃亡时名誉扫地,但历史已为他恢复了尊严。他为宗教所做的牺牲,赢得了天主教教会的长久尊敬。因而,他虽然一生流亡,却一直保有王者的尊严与名誉。

图书在版编目（CIP）数据

丘吉尔论民主国家：发现美洲新大陆 ／（英）温斯顿·丘吉尔著；刘会梁译．
——上海：上海三联书店，2017.3
ISBN 978-7-5426-5859-3

Ⅰ．①丘… Ⅱ．①温…②刘… Ⅲ．①英国－历史－通俗读物 Ⅳ．① K561.09

中国版本图书馆 CIP 数据核字（2017）第 042440 号

本书中文简体字译文由左岸文化出版社授权

丘吉尔论民主国家：发现美洲新大陆

著　　者／	〔英国〕温斯顿·丘吉尔
译　　者／	刘会梁
责任编辑／	陈启甸
特约编辑／	谭秀丽
装帧设计／	Metis 灵动视线　TEL.010-85983452
监　　制／	李　敏
出版发行／	上海三联书店
	（201199）中国上海市都市路 4855 号 2 座 10 楼
印　　刷／	三河市华润印刷有限公司
版　　次／	2017 年 3 月第 1 版
印　　次／	2017 年 3 月第 1 次印刷
开　　本／	710×1000　1/16
字　　数／	230 千字
印　　张／	20.5

ISBN 978-7-5426-5859-3/K · 414

定　价：35.00元